BUR
Rizzoli

Nella stessa collana

Stefania Andreoli
Mamma, ho l'ansia

John Gottman (con Joan DeClaire)
Intelligenza emotiva per un figlio

Asha Dornfest
Mamma no stress

Dorothy Law Nolte e Rachel Harris
I bambini imparano quello che vivono
I ragazzi imparano quello che vivono

Andrew G. Marshall
Proteggi il tuo matrimonio dai figli

Daniele Novara
Litigare fa bene
Punire non serve a nulla
Urlare non serve a nulla

Anna Oliverio Ferraris
Il cammino dell'adozione
Dai figli non si divorzia
Piccoli bulli e cyberbulli crescono
Pronti per il mondo
Tuo figlio e il sesso

Gustavo Pietropolli Charmet e Laura Turuani
Narciso innamorato

Elisabetta Rossini e Elena Urso
I bambini devono fare i bambini
Di bambini e altre magie

Laura Turuani e Davide Comazzi
Mamme avatar

Caro Lettore,

la collana Parenting che qui presento è il frutto di una collaborazione con BUR nata per offrire a tutti – genitori, educatori, insegnanti – alcuni strumenti **per conoscere meglio i ragazzi di oggi**, i loro rapporti e le loro esigenze.

Nella mia esperienza di terapeuta, fondata sull'attenzione al mondo dei bambini e degli adolescenti, ho riscontrato nell'ultimo decennio un aumento della domanda di supporto da parte degli adulti, sempre meno a loro agio nella comprensione delle nuove generazioni. La società di oggi muta sempre più velocemente: **i ragazzi di oggi non sono i ragazzi di vent'anni fa**, e nemmeno di dieci. Sempre più, quindi, gli adulti faticano a reperire nella memoria della loro gioventù gli strumenti, e gli esempi di vita, utili a capire i più giovani. Allo stesso modo, anche molti libri che hanno aiutato generazioni di adulti e insegnanti nel loro difficile compito ora cominciano a mostrare i segni del tempo, proponendo modelli e soluzioni sempre meno efficaci.

Per questo motivo abbiamo intrapreso con BUR un lavoro di ricerca di testi adatti al mondo di oggi: lo abbiamo fatto da lettori, proponendo libri stranieri importanti per il pubblico italiano; da editori, andando a ritrovare quei titoli "classici" che ancora oggi hanno molto da dire; soprattutto lo abbiamo fatto da ricercatori, proponendo **tematiche nuove e sviluppandole in testi inediti, grazie ad alcuni tra i più autorevoli conoscitori del mondo dell'infanzia e adolescenza**. Una pubblicazione completa, quindi, che parta dalle esigenze più pressanti di genitori ed educatori e offra loro **conoscenze reali e soluzioni concrete** ai problemi che si trovano ad affrontare ogni giorno.

Questo è l'obiettivo del nostro lavoro: proporre in un percorso esaustivo tutti gli strumenti che servono a intraprendere questo importante **viaggio verso la comprensione e la costruzione della nuova famiglia**.

Perché se il mondo è cambiato radicalmente, e i nostri figli sono così diversi, rimangono immutati il privilegio e la gioia di poterli accogliere alla nascita, accompagnarli nella crescita e aiutarli a diventare adulti.

Ed è per loro che noi abbiamo bisogno di diventare **genitori e insegnanti nuovi**, che sappiano comprenderli e offrir loro il supporto necessario: questa è la missione della collana Parenting.

Gustavo Pietropolli Charmet

GUSTAVO PIETROPOLLI CHARMET è uno dei più importanti psichiatri e psicoterapeuti italiani. È stato primario in diversi ospedali psichiatrici e docente di Psicologia Dinamica all'Università Statale di Milano e all'Università di Milano Bicocca. Nel 1985, con l'appoggio di Franco Fornari e con altri soci, ha fondato l'Istituto Minotauro di cui è stato presidente fino al 2011. Attualmente è docente della Scuola di Psicoterapia dell'Adolescenza ARPAD Minotauro, presidente del CAF Onlus Centro Aiuto al Bambino Maltrattato e alla Famiglia in Crisi di Milano e Direttore Scientifico dell'Osservatorio Giovani IPRASE di Trento. È autore di numerosi saggi sull'adolescenza.

RINA MAE ACOSTA
MICHELE HUTCHISON

I BAMBINI PIÙ FELICI DEL MONDO

Il metodo olandese per un'educazione libera e senza ansie

BUR Rizzoli parenting

ISBN 978-88-17-09592-1

Titolo originale dell'opera:
The Happiest Kids in the World

Traduzione di Elena Cantoni

Prima edizione BUR Parenting settembre 2017

Seguici su:

Twitter: @BUR_Rizzoli   www.bur.eu   Facebook: /RizzoliLibri

Per i nostri figli

La famiglia di Rina

Rina Mae

Sono un'americana di origini asiatiche e vivo in una cittadina olandese insieme a mio marito Bram e ai nostri due figli. Sono nata nella Bay Area di San Francisco, ma adoro l'Europa.

Bram

Mio marito è olandese e lavora come imprenditore. La cosa che ama di più è il *papadag*, il giorno del papà, che dedica a Julius e Matteo.

Bram Julius

Il nostro primogenito è un bambino vivace che ama le scoperte, le favole della buonanotte e l'*hagelslag* (la granella di cioccolato).

Matteo

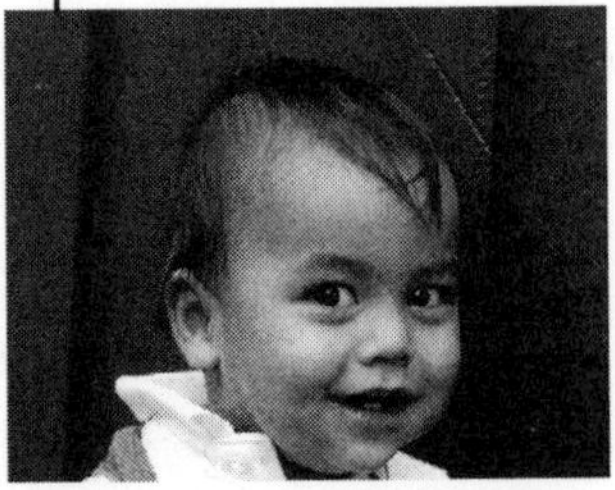

Questo bimbo sorridente è il nostro secondogenito. All'inizio dormiva poco ma adesso ha trovato un ritmo perfetto: mangia, dorme e gioca.

La famiglia di Michele

Michele

Sono originaria delle Midlands, ma mi sono trasferita in Olanda quand'ero incinta del mio primogenito. Se non sono impegnata a tradurre o a scrivere, mi dedico al giardinaggio.

Martijn

Mio marito è un editore. È olandese ma, guarda caso, è un anglofilo appassionato e adora cucinare.

Benjamin

Il nostro primogenito ha da poco cominciato la scuola media. La sua passione è la danza.

Ina

Nostra figlia è una ragazzina dinamica e sportiva, con uno spiccato talento per la matematica.

Il modo migliore di educare i bambini è renderli felici.

Oscar Wilde

Introduzione

Giardinetti. In cima alla scaletta di uno scivolo, due piccoli si spintonano per decidere chi scenderà per primo. Sedute su una panchina, le due madri sono assorte nella loro conversazione, assaporano un cappuccino da asporto e il sole pallido del pomeriggio. In lontananza un cane abbaia, e là accanto un bambino procede sulla sua bicicletta senza pedali, seguito dal nonno con un passeggino. Un gruppetto di ragazzini più grandi, con le tute da ginnastica, imbocca la pista ciclabile pedalando a tutta velocità. Ridono e scherzano tra loro, tenendo le mazze da hockey un po' troppo vicino alle ruote. Superano una mamma che pedala più lentamente, con un bambino sul seggiolino del manubrio e un altro appena più grande in quello dietro il sellino. Sul prato, alcune bambine stanno giocando a palla in cerchio, e i loro strilli felici riempiono l'aria mentre, su uno slargo di cemento, i coetanei maschi si allenano con lo skateboard. Nessuno dei bambini in età scolare è accompagnato da un adulto.

Questa scena felice non è tratta da un film. È solo un normale mercoledì di primavera al Vondelpark di Amsterdam, ma vedreste le stesse cose ovunque in Olanda.

Secondo un rapporto UNICEF del 2013,[1] i bambini olandesi sono i più felici del pianeta. La ricerca ha messo a confronto il benessere dell'infanzia di ventinove nazioni tra le più ricche e industrializzate del mondo. L'Inghilterra si è classificata al 16esimo posto e gli Stati Uniti al 26esimo, appena prima di Lituania, Lettonia e Romania (i tre Paesi più poveri del sondaggio).[2] I bambini olandesi si sono aggiudicati il primato in tutti i campi analizzati: benessere materiale; salute e sicurezza; istruzione; comportamenti e rischi; condizioni abitative e ambientali. I punteggi più alti in assoluto riguardavano le categorie di istruzione e comportamenti e rischi; nella prima di queste due l'Inghilterra risultava 24esima (25esima l'Italia, *NdR*). Alla domanda diretta, il 95 per cento dei bambini olandesi si è definito felice.[3] Molti altri sondaggi e indagini hanno confermato i vantaggi di crescere in Olanda, per esempio le ricerche condotte dal Child Poverty Action Group inglese e dall'Organizzazione mondiale della sanità (OMS). Prima del 2013, l'UNICEF aveva pubblicato un altro rapporto, nel 2007: fu il primo a identificare l'Olanda come un esempio principe di prosperità dell'infanzia. In quel documento, Inghilterra e Stati Uniti erano ultimi in classifica.

Altre ricerche recenti indicano che gli olandesi sono più felici dei coetanei americani anche nella primissima infanzia. Esaminando le differenze di comportamento nei primi mesi di vita, i ricercatori hanno scoperto che

[1] *Il benessere dei bambini nei paesi ricchi*, Centro di ricerca innocenti dell'UNICEF, aprile 2013; questo rapporto è basato su ricerche condotte dall'Organizzazione mondiale della sanità, http://bit.ly/2rZbjhl.

[2] L'Italia si è posizionata al 22esimo posto [*NdR*].

[3] In Italia l'85 per cento [*NdR*].

i bambini olandesi appaiono più sereni, più sorridenti, allegri e socievoli di quelli americani. Quando piangono, si lasciano consolare più in fretta, mentre i piccoli americani si dimostrano più spaventati, tristi e frustrati. Gli psicologi attribuiscono queste differenze ai diversi sistemi educativi dei due Paesi. Sono dati sconvolgenti, e per noi è incomprensibile che nessuno ne parli.

Entrambe abbiamo sposato un uomo olandese e stiamo crescendo qui i nostri figli, e al nostro sguardo di straniere (siamo nate rispettivamente in America e in Inghilterra) la felicità dei bambini olandesi è parsa subito evidente. La scena descritta sopra dovrebbe darvi un'idea del perché: i piccoli qui godono di una libertà negata ai loro coetanei nei nostri Paesi d'origine. Ecco altri fattori che li distinguono dai bambini inglesi e americani:

I bambini olandesi

- Dormono di più
- Hanno pochi o zero compiti a casa durante le elementari
- Si esprimono liberamente, e gli adulti li ascoltano
- Vanno a scuola da soli in bicicletta
- Giocano all'aperto senza che nessuno li sorvegli
- Consumano i loro pasti in famiglia
- Trascorrono più tempo con i genitori
- I loro passatempi sono più semplici, e nessuno si scandalizza se i loro giocattoli sono di seconda mano
- E, non ultimo, hanno il privilegio di mangiare *hagelslag* (granella di cioccolato) a colazione!

In Olanda l'infanzia significa molta libertà, gioco e pochissimi stress scolastici. Di conseguenza i bambini olandesi sono una piacevole compagnia. Superata la sorpresa per i loro modi diretti, si dimostrano socievoli, amichevoli, chiacchieroni, sinceri e senza peli sulla lingua. Sono solleciti, pronti a prendere l'iniziativa, e non pretendono un'attenzione costante da parte degli adulti. Sono capacissimi di intrattenersi da soli.

Con questo non vorremmo darvi l'idea che passino tutto il tempo a saltare dalla gioia, sprizzando entusiasmo o intonando *Happy* di Pharrell Williams da mattina a sera. Semmai intendiamo che si tratta di bambini consapevoli e sicuri di sé, in grado di stringere rapporti profondi con le famiglie e amicizie leali con i coetanei, di trovare affetti e il proprio posto nel mondo. È il genere di felicità cui hanno accesso i bambini quando i genitori li ascoltano e rispettano le loro opinioni.

Gli adolescenti cresciuti con questo metodo educativo sono i più sicuri, responsabili e rispettosi che avrete occasione di incontrare. I teenager olandesi non sono ribelli. Non assumono atteggiamenti arroganti ma dimostrano un'autostima autentica e matura. In Olanda nessuno si scandalizza se due fidanzatini passano la notte l'uno a casa dell'altra; inoltre il Paese vanta anche una delle percentuali più basse al mondo di gravidanze minorili. Sono ragazzini posati, e pronti ad affrontare le difficoltà e gli ostacoli della vita adulta.

L'approccio anglosassone alla pedagogia è improntato all'idea della *tabula rasa* di John Locke, un filosofo del XVII secolo convinto che il bambino sia plasmato in tutto e per tutto dall'ambiente. Secondo alcuni, quest'idea ha prodotto genitori ipervigili, che tendono a imporre le proprie opinioni e a interferire di continuo con i comportamenti dei figli. Di conseguenza, questi sono sottoposti a forti pressioni – devono rendere, conformarsi, soddisfare aspettative – e non hanno la possibilità di crescere secondo il proprio ritmo. I genitori inglesi e americani di oggi sono molto più coinvolti nelle vite dei figli rispetto alle generazioni precedenti e tendono a credere che un bambino abbia bisogno di essere monitorato ogni istante della giornata. Il tratto che contraddistingue i genitori moderni in Inghilterra e negli Stati Uniti è l'ansia. I nostri amici rimasti in patria si sfiniscono da soli; ogni decisione presa per i bambini è gravata da dubbi, ripensamenti e sensi di colpa. Come mai, invece, i genitori olandesi sembrano tanto sereni? Perché non accusano la fatica e le angosce così comuni altrove, e non si sentono in dovere di assistere i figli in ogni momento?

Per reputazione, l'Olanda è considerata un Paese permissivo, con un'alta soglia di tolleranza rispetto al sesso, alla droga e all'alcol, ma dietro le apparenze si nasconde un segreto gelosamente custodito: in realtà la mentalità olandese è piuttosto conservatrice. La società olandese ruota intorno alla vita famigliare, e al suo perno: il bambino. I genitori hanno un atteggiamento sano nei confronti dei propri figli: li considerano individui a sé stanti, non proprie appendici. Sanno che il successo non porta necessariamente la felicità, ma che le persone felici sono meglio preparate a realizzarsi. Ridefinendo il significato di successo e soddisfazione, hanno ridotto in modo drastico le ansie, lo stress e le aspettative tipiche dell'educazione moderna. Per loro il successo comincia con la felicità – quella dei figli e la propria.

Lo stile educativo olandese combina la giusta dose di partecipazione a una sorta di benevolo *laissez-faire*. È autorevole, non autoritario. Gli olandesi credono nei valori della famiglia tradizionale, ma arricchiti da una comprensione moderna della personalità unica del bambino e dal rispetto delle donne ben oltre il ruolo di madri. La norma in Olanda è la sobrietà: le famiglie tendono a preferire attività semplici e a basso costo, evitando il superfluo.

La società ha lottato con successo per conseguire un equilibrio invidiabile tra vita professionale e personale.[4] Campioni europei del part-time, gli olandesi lavorano in media ventinove ore la settimana, trascorrono almeno un giorno su sette con i figli, e dedicano tempo a se stessi. Le madri olandesi non si annullano per i figli. Trovano sempre il modo di ritagliarsi uno spazio privato, esterno a maternità e lavoro. Robuste, abituate a vivere all'aria aperta e sicure di sé, queste mamme non cominciano a stressarsi subito dopo il parto per perdere i «chili di troppo». E non si accollano i compiti che i bambini sono in grado di svolgere da soli: credono fermamente nell'importanza di favorirne l'indipendenza, per gradi e secondo l'età. Sono donne assertive e libere da nevrosi. Non sono afflitte dai sensi di colpa e dalla competitività tipica delle madri anglosassoni.

I padri olandesi non temono di sembrare femminucce. Contribuiscono alla pari con le compagne all'accudimento dei piccoli e alla gestione della casa. Badano ai figli

[4] Dati sulle ore annue lavorate pro capite, Organizzazione per la cooperazione e lo sviluppo economico (OCSE), https://stats.oecd.org/Index.aspx?DataSetCode=ANHRS.

nei giorni liberi e li mettono a letto la sera. Per le strade, i papà con carrozzina e marsupio sono tanti quante le mamme. E se capita che il bambino si ammali, i genitori fanno a turno a prendere un giorno di permesso per occuparsene, in genere senza intralci od ostracismi da parte dei datori di lavoro. I padri olandesi camminano a testa alta, sono molto diretti e se ne infischiano se noi stranieri li prendiamo in giro per la messa in piega ingellata, i pantaloni rossi o le giacche a vento gialle.

Per contro, i genitori delle altre nazioni sono sempre in affanno, stressati dalle proprie aspettative non realistiche e preoccupati del giudizio altrui. Partono dal presupposto che, per crescere bene, un bambino abbia bisogno di tutto il tempo, il denaro, le risorse e le attenzioni che un genitore possa dargli (anche a costo di sforzi sovrumani). È una convinzione radicata soprattutto nella cultura anglosassone, e la società punta subito il dito contro le donne che non soddisfano l'ideale di abnegazione e funambolismo, giostrandosi tra le mille attività dei figli e tenendosi sempre al passo con le novità. Ma da quando essere un buon genitore significa asservire la propria esistenza a quella dei figli? E perché ci siamo convinti che la vita in famiglia debba significare solo fatica senza mai un attimo di piacere?

Alla base di questo atteggiamento competitivo e ipercritico c'è la tendenza sociale a misurare e confrontare il valore di un genitore in base ai risultati scolastici dei figli. Conosciamo tutti gli orpelli tipici delle famiglie borghesi nei nostri Paesi: marsupi ergonomici, passeggini spaziali, merendine organiche, scuole private costosissime, allenamenti sportivi, lezioni di musica... I giardinetti si sono tramutati in un campo di battaglia tra genitori. Un'amica newyorkese ci ha descritto le lotte agguerrite per aggiudicarsi un posto in un asilo nell'Upper East Side. Genitori e bambini di tre anni devono affrontare un rigoroso processo di selezione, ed essere respinti è una vergogna, peggio che venire abbandonate sull'altare. La corsa comincia persino prima della nascita, con il concepimento calcolato al secondo per garantire che in futuro il bambino sia sempre il più grande (e quindi, così si ritiene, il più intellettualmente avanzato) della classe. New York e Londra sono le capitali della maternità competitiva, che da lì si irradia ad altre città, periferie e campagne. Essere genitori è diventata un'impresa durissima, e la scuola una zona di guerra.

Mentre qui, in questa piatta nazione dell'Europa occidentale, i genitori affrontano la faccenda in tutt'altra maniera. E il risultato sono i bambini più felici del mondo. Il poeta tedesco Heinrich Heine scherzava: «Quando verrà l'Apocalisse, io mi trasferirò in Olanda, perché là accade tutto con cinquant'anni di ritardo». In effetti, qui si respira davvero un'aria d'altri tempi. I bambini godono di una libertà enorme. Vanno a scuola in bicicletta, e nel pomeriggio giocano per strada e incontrano gli amici, il tutto senza accompagnatori adulti. A tavola partecipano alla conversazione, e le famiglie condividono moltissime attività. Gli allievi delle elementari non hanno compiti a casa e non devono superare esami. La loro infanzia è un'età dell'oro, un paradiso perduto che altrove si conserva soltanto nelle foto in bianco e nero, nei vecchi film e nei libri di Enid Blyton.

Ma possiamo davvero definirla «d'altri tempi»? Non sarà per caso che invece è progressista e persino pionieristica, fondata su principi pedagogici perseguiti con piena coscienza e intenzionalità? E se così fosse, quali aspetti di questa visione del mondo permettono ai bambini di vivere un'esistenza tanto sicura e spensierata? Possibile che l'Olanda sia immune ai pericoli che affliggono gli altri Paesi?[5]

L'Olanda è una nazione ricca dell'Europa occidentale, con tutti i vantaggi e i problemi tipici del Primo mondo, compresi la criminalità, gli omicidi e i rapimenti. Quello che invece non ha è una stampa sensazionalistica sempre pronta a far leva sulle ansie dei genitori, che per parte loro qui conservano un invidiabile senso delle proporzioni: valutano con lucidità i rischi reali e si comportano di conseguenza. Gli olandesi hanno un termine per questo atteggiamento: *relativeren*. Significa soppesare i pro e i contro e, invece di preoccuparsi del rischio ipotetico di rapitori, pedofili o catastrofi naturali, preparano i bambini ad affrontare quelli più concreti, come l'annegamento o gli incidenti stradali, accertandosi che sappiano nuotare, andare in bicicletta e che stiano attenti quando attraversano la strada.

Un fattore cruciale è che, a dispetto di un debito medio per nucleo famigliare tra i più alti d'Europa e di un certo grado di malcontento, in Olanda la diseguaglianza sociale ed economica è molto inferiore rispetto a Inghilterra e Stati Uniti. Gli standard di vita sono buoni, anche se non perfetti per tutti. Nel rapporto UNICEF del 2013, l'Olanda si classificava quarta dopo Svizzera, Irlanda e Norvegia

[5] Nella categoria di salute e sicurezza del rapporto UNICEF del 2013, l'Olanda si è posizionata al quinto posto, dopo i Paesi scandinavi (Islanda, Svezia, Finlandia) e il Lussemburgo. L'Italia al 17esimo [*NdR*].

nella categoria di condizioni abitative e ambientali.[6] Con questo, il clima è implacabilmente umido (gran parte del territorio è sotto il livello del mare) e la sovrappopolazione un problema non indifferente. Il cielo sempre grigio può essere deprimente. Insomma, l'Olanda non è il paradiso.

Partendo dalla nostra esperienza di madri immigrate, vi daremo un quadro dell'approccio olandese all'educazione dei bambini. Michele, i cui figli sono un po' più grandi, si concentrerà sui bambini dalle elementari in su, e Rina su quelli di età inferiore ai cinque anni. Abbiamo interpellato altri genitori e parlato con i loro figli, cercando di carpire il segreto che le loro controparti inglesi e americane hanno dimenticato o perso di vista. Perché l'educazione olandese produce bambini sereni e adolescenti socievoli? Possibile che la formula magica sia la granella di cioccolato a colazione? Dipende dal fatto che i bambini olandesi pedalano ovunque per conto proprio oppure dall'atteggiamento rilassato dei genitori? Dalla preferenza per i parti in casa? Dalla passione per i latticini? Dalle vacanze in campeggio? Dal sistema scolastico? Condivideremo con voi i momenti di illuminazione sperimentati strada facendo e faremo il possibile per comunicarvi tutte le dritte possibili per crescere i vostri figli come quelli olandesi: felici.

[6] L'Italia si è posizionata 21esima [*NdR*].

1

Alla scoperta dell'Olanda

Rina a Doorn, un pittoresco paesino olandese immerso nei boschi

La mia indagine sulla felicità dei bambini olandesi comincia a casa mia. La mia famiglia vive a Doorn, un paesino di diecimila anime nel bel mezzo di un parco nazionale e abitato da giovani famiglie, pensionati, amanti della natura e persone in cerca di un ritmo di vita più lento. Qui i bambini giocano lungo strade alberate, preparare deliziosi pancake e cioccolata calda in casa è considerato una virtù, le famiglie mangiano waffle al caramello appena sfornati alle bancarelle del mercato ortofrutticolo, l'aria profuma di barbecue in primavera ed estate e di legna bruciata in autunno e inverno, e il modo più semplice di farsi nuovi amici, giovani o vecchi, è una passeggiata nei boschi. Il tutto a 8816 chilometri di distanza da San Francisco, la città in cui sono nata e cresciuta e in cui ho vissuto buona parte della mia vita.

Sono ancora in contatto – sia pure a distanza – con

quel passato californiano, grazie ai post su Facebook, alle fotografie su Instagram e alle chiacchierate via Skype, ma adesso vivo in un'altra dimensione.

Immigrati dalle Filippine, i miei genitori hanno sempre faticato e lavorato tanto, rinunciando a tutto per i loro figli; in casa nostra, il mantra «abbiamo sacrificato tutto per offrirvi un futuro migliore e una buona istruzione» si ripeteva come un disco rotto. I traguardi scolastici fissati per me e i miei fratelli erano ambiziosissimi, e la minima difficoltà o battuta d'arresto equivaleva a una vergogna e a un'umiliazione per l'intera famiglia. L'idca di garantirci un'infanzia felice passava in secondo piano, appena un dettaglio rispetto all'impegno ben più pressante di sfiancarsi di lavoro e risparmiare per pagare la retta della scuola privata e il mutuo della casa, mettere la cena in tavola, mandare soldi ai parenti rimasti in patria e dimostrarsi all'altezza dei vicini. L'infanzia non era considerata una gioia, più un calvario da sopportare.

Per ironia della sorte, adesso anch'io sono emigrata, dagli Stati Uniti a un paesino olandese, e proprio come i miei genitori sto crescendo la mia famiglia in un Paese straniero ed esplorando un diverso stile di vita, in una cultura lontanissima da quella delle mie origini.

E tutto a causa del colpo di fulmine per un uomo d'oltreoceano, uno studente universitario olandese che mi era letteralmente atterrato sulla soglia di casa. Mia cugina Grace, che l'aveva conosciuto all'Università della Florida, si era messa in testa che fossimo fatti l'uno per l'altra. Al tempo io frequentavo la facoltà di Medicina a Philadelphia ed ero troppo presa dallo studio per darle retta, così lei aveva deciso di prendere l'iniziativa, e con una visita improvvisa l'aveva portato a conoscermi. Era l'ultima settimana che Bram avrebbe passato negli Stati Uniti, prima di tornare in Olanda per terminare la tesi di master.

Nessuno crede più all'amore a prima vista. E io non mi aspettavo certo di aprire la porta a un affascinante europeo che poche ore dopo il nostro primo incontro si sarebbe dichiarato pazzo di me. Per mia fortuna ebbi il buon senso di dargli una chance, a distanza di sicurezza, sia chiaro: seimila chilometri, per l'esattezza, e un oceano intero. Il nostro fu un corteggiamento vecchio stile, ma con qualche ingrediente squisitamente moderno. Oltre alle e-mail, lui mi scriveva lunghe lettere d'amore, e spesso chiacchieravamo via chat o al telefono. Per la prima volta in vita mia fui costretta a domandarmi cosa volevo davvero dalla vita, e mi resi conto che non era diventare dottore.

Bram mi chiese di sposarlo durante una vacanza a Parigi, e la cerimonia si tenne a San Francisco. Così, un decennio dopo, eccomi qui, in un cottage in affitto degli anni Trenta immerso nei boschi, a interrogarmi sulle differenze tra la cultura olandese e quella americana, e a cercare un terreno comune tra le due. Di Bram mi ero innamorata subito, ma ho impiegato parecchio ad affezionarmi all'Olanda. Per dirla tutta, i primi sette anni sono stati durissimi. Lo shock culturale è stato sconvolgente, assoluto e destabilizzante. Le giornate erano sempre buie, piovose e grigie, e io soffrivo di SAD, la depressione stagionale, undici mesi l'anno. Ma il problema non era solo il clima. Tutto qui mi sembrava troppo angusto, e non apprezzavo per niente l'abitudine olandese di offrire consigli non richiesti.

Doe maar gewoon...

Gli olandesi hanno un'espressione valida per ogni aspetto della vita nazionale: *Doe maar gewoon dan doe je al gek genoeg*; o, in forma abbreviata: *Doe normaal*. Tradotto significa qualcosa come: «La normalità è già assurda quanto basta», e il senso è: «Datti una calmata».
Gli stranieri lo interpretano in un'accezione negativa, vedendolo come una pressione sociale ad adeguarsi allo *status quo*, rassegnandosi alla mediocrità invece che aspirare a qualcosa di meglio. In realtà significa accettarti così come sei. La vita non è una foto impeccabile da pubblicare su Pinterest. Non c'è alcun bisogno di affannarsi tanto. Gli olandesi amano ciò che è autentico e genuino, e sanno che la vita reale è complicata e piena di imperfezioni.
E per quanto riguarda l'essere genitori, *doe maar* significa fare del tuo meglio senza dannarti verso standard irraggiungibili. Bisogna essere realistici. Nessuno è perfetto.

Quando restai incinta del mio primogenito, Bram Julius, ero piena di ansie. Forse «angosce» è il termine più appropriato. Volevo dare a mio figlio quello che a me era mancato: un'infanzia felice. Così mi lasciai irretire dal mito della mamma perfetta, una visione idealizzata (e senza la minima attinenza con la realtà) in base alla quale avrei dovuto vivere in totale simbiosi con il mio bambino, prodigandomi per lui con pazienza inesauribile e una comprensione telepatica. Assimilai tutti i consigli (non richiesti) su permessi e divieti in gravidanza, e le varie (e contraddittorie) strategie parentali. Mi iscrissi ai corsi prenatali e di yoga per gestanti e studiai con dedizione religiosa ogni fase dello sviluppo nel primo anno di vita. Animati dalle migliori intenzioni, gli amici e i parenti americani mi tempestarono di poster didattici, tutorial di YouTube sul linguaggio dei segni per neonati, manuali di svezzamento rispettosi della personalità del bambino, libri del Dr. Seuss e DVD di *Sesame Street*.

Cominciai anche a interrogarmi sui pro e i contro di ogni asilo possibile e immaginabile: quelli con il metodo Montessori e Dalton, scuole cattoliche e steineriane. Dopotutto, pensavo, c'era una finestra limitata per preparare mio figlio alle selezioni per la scuola materna, quando la commissione d'esame l'avrebbe guardato negli occhi e gli avrebbe domandato: «Allora, quali traguardi hai raggiunto nei tuoi primi trentasei mesi di vita?». (Non potevo escludere che io e mio marito tornassimo ad abitare in California.)

Da gestante immigrata entrai in contatto con una gran quantità di altre madri straniere ma che parlavano la mia stessa lingua: inglesi, canadesi, australiane e neozelandesi. Per gli olandesi, siamo tutti inglesi, punto. Spesso vengo indicata così dagli olandesi della vecchia generazione: «*Zij is Engels*» (È inglese). Decisa a emergere dall'isolamento, a superare lo shock culturale ed esorcizzare la paura sotterranea di ridurmi a casalinga disperata, lanciai un blog, *Alla scoperta dell'Olanda*, in cui parlavo delle mie esperienze di espatriata. Mi sembrava un ottimo sistema per unire le mie passioni: la scrittura, la fotografia e la famiglia. Era anche un modo sincero di comunicare con altre *Engels* stabilite in Olanda, presentando una sorta di biglietto da visita virtuale. Forse vedendo le mie foto e leggendo il mio diario online a qualcuna sarebbe venuta voglia di fare amicizia.

All'inizio l'approccio olandese alla maternità mi lasciò piuttosto delusa. Visto dalla prospettiva della mia formazione – un misto di senso di colpa cattolico e di etica del lavoro da immigrati –, l'atteggiamento delle madri qui appariva lassista, egoista e pigro. Guardavo con sospetto i parti in casa, con la sola assistenza di una levatrice e, se possibile, senza antidolorifici. Gli olandesi non portavano i propri bambini di età prescolare a lezione di musica o a corsi di «arricchimento» cognitivo, e non si preoccupavano di iscriverli alla materna «giusta». Dovevano essere pazzi.

Mio figlio aveva un anno quando mi imbattei in un articolo secondo il quale, in base a una ricerca dell'UNICEF, i bambini olandesi erano i più felici del mondo.

Prego?

Il perseguimento della felicità è un ideale profondamente radicato nella psiche americana. Per permettere ai nostri figli di conseguire l'ambito traguardo, noi puntiamo a essere genitori perfetti, cioè – secondo i nostri parametri – intrattenitori e supervisori attivi ventiquattro ore su ventiquattro.

A quanto pareva, invece, i genitori olandesi riuscivano nell'intento *en masse* e senza il minimo sforzo. Forse dovevo davvero darmi una calmata, e provare a prendere spunto da loro. Possibile che essere madre potesse addirittura rivelarsi piacevole?

Così cominciai a osservare il comportamento degli altri genitori intorno a me, analizzando le differenze tra i rispettivi approcci, e feci amicizia con i bambini del circondario, che si divertivano come matti a giocare con mio figlio, il più piccolo dell'isolato. Infine, una sera, riportai sul blog il distillato delle osservazioni: *Gli otto segreti dei bambini olandesi, i più felici del mondo*. Era il mio primo tentativo di entrare nella mammo-sfera, e il pezzo divenne virale in rete, trovando risonanza tra i genitori di ogni parte del pianeta.

◆ ◆ ◆ ◆

Oggi sono in piena modalità iperattiva da mamma californiana. Mi sto affannando in preparativi per la festa del terzo compleanno di Julius. (Sia lui sia mio marito si chiamano Bram, perciò nel suo caso userò il secondo nome, per evitare confusioni.) A parte i parenti olandesi, l'elenco degli invitati comprende vari espatriati con figli più o meno coetanei. Anche loro si sono convertiti all'atteggiamento rilassato degli olandesi. Si sono disintossicati dallo stakanovismo, e la cultura olandese del part-time ha cominciato a conquistare persino i più carrieristi. E come me, tutti loro sono sostenitori fanatici dei benefici di questo approccio.

Al momento, però, sono tutt'altro che rilassata. Mi sto dannando in ritocchi e dettagli dell'ultimo minuto: le guarnizioni della pizza fatta in casa, la frittura degli involtini primavera, l'aggiunta di un'altra spruzzata di succo di lime al guacamole e la cottura dei noodle con manzo e verdure in stile vietnamita. Forse la coreografia da Club di Topolino e il buffet di dolci, con torta al doppio strato di cioccolato, cupcake red velvet, tartufi al cioccolato e frollini italiani tradiscono le mie origini straniere. Faccio del mio meglio per integrarmi, ma di tanto in tanto cado ancora preda di crisi da «ninja dei fornelli».

Bram scuote la testa, divertito, e i miei suoceri restano allibiti alla vista di un banchetto simile. Mia suocera Marcia non capisce proprio perché mi sia prodigata tanto. Io però non riesco a scrollarmi di dosso l'idea che il tempo, l'impegno e la dedizione profusi nella festa di compleanno di mio figlio siano una misura diretta del mio amore per lui. Certo, è una faticaccia, e non sono neanche tanto sicura che lui ne apprezzi i risultati. Le feste dei bambini olandesi cui abbiamo partecipato in passato erano molto più semplici e senza tanti fronzoli, riservate ai parenti stretti e magari a qualche vicino, con una fetta di torta a testa e gli adulti seduti a chiacchierare del più e del meno per tre ore mentre i bambini scorrazzavano e giocavano per conto loro.

Per gli olandesi, i compleanni e le ricorrenze in genere sono soltanto un'occasione per stare insieme. Appena arrivati, i nostri ospiti si congratulano con il festeggiato ma anche con i genitori e i nonni. Gli auguri riguardano tutti i presenti. Inutile dire che, le prime volte, io trovavo piuttosto strana questa tradizione. Con il tempo, però, ne ho compreso il significato. Come l'uso di portare pasticcini in classe o una torta in ufficio, dimostra che per gli olandesi il senso autentico di un compleanno è dare, non ricevere. E questo mi piace.

Mio figlio mi corre incontro, euforico. «La torta, mamma!» È il momento delle canzoncine. Il pubblico di quattrenni si riunisce intorno alla torta posta davanti a Julius. La prima canzone è *Tanti auguri a te*, cantata in inglese e seguita dalla versione olandese, *Lang zal hij leven* (Lunga vita a te). Io preferisco questa, perché culmina in un coro di hip-hip-hurrà, e il festeggiato alza le braccia in un gesto di vittoria.

E mentre guardo Julius che spegne le sue tre candeline, non posso non pensare: «È proprio un bambino felice».

Michele vive nel villaggio-metropoli di Amsterdam

Io e Rina ci siamo appena imbarcate nel nostro viaggio alla scoperta della felicità dei bambini olandesi quando mi capita una giornata che riassume alla perfezione la mia nuova vita qui. È primavera, il cielo è terso, e io mi trovo negli appezzamenti adibiti a orti e giardini appena fuori la circonvallazione esterna di Amsterdam. Da aprile a ottobre ci vengo quasi ogni weekend.

Gli uccelli cantano, e uno di loro emette un richiamo ripetitivo: *cia-ui cia-ui cia-ui*. Armata di sarchiatore, io sono intenta a sradicare le erbacce dalle mie piantine di fragole e lamponi. A due metri dal mio orticello trascurato, mio figlio Benjamin, di dieci anni, e il suo amico Floris stanno aiutando mio marito Martijn a montare il trampolino rimasto in garage durante l'inverno. I due ragazzi lavorano bene insieme, e si impegnano con tutte le loro forze a stendere le molle tra il telo elastico e la struttura portante. Ina, la mia secondogenita di otto anni, non c'è. Stamattina presto ha telefonato al suo migliore amico, Tijn, ha inforcato il monopattino ed è andata a giocare da lui.

Quella che mi circonda è una scena serena e armoniosa, illuminata dal sole e corredata dai narcisi. Appena il trampolino è montato, i due ragazzi fanno a turno per esibirsi in salti e capriole. Io prendo in giro Floris, domandando se il telo possa reggere il suo peso e controllando la capacità massima indicata. A undici anni, l'amico di mio figlio è alto quasi quanto me. È un tipico ragazzo olandese, robusto e con i piedi enormi. Al confronto, il mio bambino anglo-olandese sembra un nanetto da giardino. Molti sostengono che dipenda dagli ormoni della crescita contenuti nel latte, ma io sospetto che la parte del leone l'abbiano fatta i geni.

Due ore dopo sto ancora sarchiando il terreno. È un compito impegnativo, e i topi hanno scavato gallerie sotto le pianticelle. Gli olandesi amano la vita all'aria aperta e sono devoti ai loro orti urbani. Ci passano un tempo infinito (e ben superiore al mio), e i loro appezzamenti sono impeccabili. A dieci minuti da casa mia si estendono cinque o sei spazi verdi suddivisi in lotti dove, diversamente dagli inglesi, gli olandesi non si limitano a coltivare qualche ortaggio, stipando gli attrezzi alla rinfusa in un capanno malandato. No, loro fanno le cose in grande: costruiscono cabine di lusso con tanto di pannelli solari, acqua corrente e allacciamento del gas e, data la passione nazionale per il campeggio, nei fine settimana i prati diventano una distesa di tende e roulotte. Il lotto in cui mi trovo io è popolato da pensionati allungati ad abbronzarsi sulle sedie a sdraio, bambini che sguazzano nelle pozzanghere e uno stuolo di appassionate del giardinaggio, con la schiena china e il foulard in testa. Il complesso comprende un campo da calcio, una sabbiera e un campo giochi comune, oltre a una grande mensa collettiva che serve birra e snack agli adulti. Nei weekend si organizzano tornei di carte, tombola e karaoke.

Stufi delle acrobazie, Ben e Floris si sono stesi a pancia in giù sul trampolino. Parlano a raffica, inventando e reinventando i loro scenari immaginari: sono lanciatori di missili, astronauti, nuotatori, tuffatori olimpionici, trapezisti; vivono su un pianeta senza forza di gravità; hanno i superpoteri; riescono a eseguire diciassette salti mortali all'indietro consecutivi; sono stati rapiti e rinchiusi in una casetta su un albero; riescono a liberarsi, saltano fuori dalla casetta e atterrano di nuovo sul trampolino. Si raccontano barzellette, alcune persino a spese dell'estremista di destra Geert Wilders, e ridono di semplici giochi di parole. Ben fa un resoconto entusiasta del sabato passato al club di teatro, spiegando quanto si è divertito dietro le quinte, tra una prova e l'altra.

Io domando a Floris se non deve ripassare per gli esami. Lui mi guarda sbalordito. «Certo che no!» Che strana idea, dice la sua espressione. L'ho chiesto perché i due ragazzi sono nella fase di transizione tra elementari e medie, e Ben mi ha spiegato che Floris non è ancora sicuro di farcela. Eppure nessuno dei due accenna alla prova imminente. Il pensiero non sembra proprio sfiorarli. Oggi è domenica, e i test finali si terranno da martedì a giovedì. Le prove – dette CITO – sono l'equivalente dei vecchi esami di quinta elementare già aboliti in Italia, o degli Eleven Plus ancora in vigore in Inghilterra. La differenza è che in Olanda non si viene né bocciati né promossi. I voti servono a valutare le predisposizioni degli allievi per poi avviarli ai vari indirizzi – classico o scientifico, tecnico o professionale. In altre parole, il momento è davvero cruciale, e potrebbe condizionare i ragazzi per il resto della vita, determinandone le scelte di carriera.

Per la verità, io sono piuttosto in ansia per il CITO. Io e Martijn siamo quasi certi che nostro figlio non avrà risultati stellari. Finora il suo rendimento è stato buono – ha persino saltato un anno – ma Ben tende a distrarsi e non dà il meglio di sé nei test a scelta multipla. Ha il vizio di contrassegnare la prima risposta che gli sembra giusta senza nemmeno leggere le altre. Nelle poche simulazioni d'esame non ne ha azzeccata una! Fosse dipeso da me, lo avrei aiutato a ripassare e a esercitarsi, come avrei fatto in Inghilterra. Ma Cynthia, la sua insegnante, una quarantenne molto posata e mia coetanea, mi ha chiesto esplicitamente di non interferire.

«Non possiamo rischiare di metterlo sotto pressione» mi ha avvertita in tono eloquente, come se pretendere qualcosa da un figlio fosse un peccato mortale.

Il suo era più un imperativo categorico che un consiglio, e l'esperienza mi ha insegnato a non sottovalutare mai le olandesi. Adesso più che ingaggiare battaglia batto in ritirata. Le donne di qui sono imponenti, molto più forti e assertive di me. Gli uomini sembrano giganti buoni, ma le loro compagne sono temibili. E poi Cynthia aveva l'aria di parlare con cognizione di causa, e sembrava avere la situazione sotto controllo. Così, contro i miei istinti, ho deciso di fidarmi di lei.

Ben ha già compilato l'elenco dei dieci istituti che vorrebbe frequentare, in ordine di preferenza. Agli open day cui ha partecipato tutti lo hanno incoraggiato a scegliere le scuole in cui si era sentito più a suo agio. Dopodiché lui e Cynthia ne hanno parlato insieme. Io e suo padre siamo stati coinvolti solo come consulenti, in posizione di secondo piano. È stato Ben a informarsi in prima persona degli indirizzi di studio, dei metodi didattici e delle reputazioni delle varie scuole, a chiedere agli amici più grandi delle loro esperienze e a calcolare le distanze da casa.

L'istituto in cima alla sua lista è molto moderno, con un accento sulle arti liberali e corsi di cinema e teatro compresi nel curriculum. Il secondo in classifica è lo stesso che ha frequentato suo nonno, un *gymnasium* vecchio stampo più concentrato sulle materie liceali, anche in questo caso scelto in parte per l'offerta di corsi di teatro. Diversamente da mamma e papà, Ben ha un talento innato per il palcoscenico. Già da piccolissimo adorava trovarsi al centro dell'attenzione, e ha cominciato a esibirsi persino prima di imparare a parlare. E al momento è molto più concentrato sulle prove del musical messo in scena dalla scuola, in cui ha il ruolo di protagonista, che sugli esami. Per lui il culmine delle elementari sarà la sera della prima, non il CITO.

Martijn mi ha spiegato che ai suoi tempi il corpo docenti delle elementari decideva il futuro indirizzo degli allievi senza il minimo contributo da parte delle famiglie. A quanto pare il parere dei genitori non ha mai contato molto, in Olanda. Forse si intende questo quando si definisce «bambino-centrica» la cultura olandese. Dopotutto è il bambino stesso a dover frequentare la scuola, non i suoi genitori. Purtroppo, però, la prassi americana ispirata alla «formazione concertata» insieme a mamma e papà si sta facendo largo anche qui, quantomeno tra le famiglie più benestanti, e questo mi preoccupa. I genitori che partecipano in forma diretta alla preparazione scolastica dei figli e assumono tutori privati hanno perso di vista il valore portante del sistema olandese, cioè l'idea di ridurre al minimo lo stress.

Per fortuna nel nostro distretto scolastico i desideri del bambino e il giudizio degli insegnanti hanno ancora la priorità rispetto alle ambizioni dei genitori.

A giugno scopriremo quale sarà la scuola media di Ben. In termini di istituti, c'è solo l'imbarazzo della scelta: quelli che offrono corsi adatti a lui sono ventiquattro, e tutti quelli che abbiamo visitato mi sono sembrati ottimi. Confidare che tuo figlio sia in grado di compiere la scelta giusta è molto meno stressante per un genitore. Adesso il distretto scolastico ha importato un sistema di «abbinamento» di stampo newyorkese. L'idea è di collocare i bambini nella scuola più prossima possibile alla prima della loro classifica. La famiglia ne indica dieci e il distretto garantisce un posto in una di quelle elencate, almeno in teoria. Di fatto siamo al primo anno di sperimentazione, quindi faremo da cavie.

Prima funzionava a estrazione. Dato che i posti nella mezza dozzina di scuole più gettonate erano – e sono ancora – limitati, a un allievo poteva capitare di aggiudicarsi quella che aveva scelto (e in genere funzionava così) oppure di venire smistato altrove. Gli olandesi adorano i sistemi a lotteria, forse perché escludono ogni forma di nepotismo e favoritismo. Sembrerà strano, ma sono anche contrari ai metodi meritocratici. Non ci sono colloqui di ammissione, e i voti non influiscono sulle assegnazioni. Per me è un concetto alieno, perché nella mia cultura ottenere il massimo dei voti è considerato la corsia preferenziale per avere successo nella vita. Quando ero bambina, gli esami erano un incubo, tanto che cominciai a soffrire di attacchi di panico. Prima di un esame mi ritrovavo regolarmente a rigettare in bagno. Una volta, in particolare, a una prova di matematica, scoppiai in singhiozzi e scappai fuori dalla sala. Quando il preside riuscì a riacciuffarmi ero già quasi in strada.

Da adulta mi sono resa conto che avevo interiorizzato le ambizioni dei miei genitori per il mio futuro. La mia famiglia aveva addirittura cambiato casa, trasferendosi apposta nel bacino di utenza di una *grammar school* (le scuole inglesi a orientamento più liceale, *NdR*), per darmi accesso al meglio dell'istruzione statale. A scuola ero brava – una vera secchiona, per la verità –, ma ciò che mi spingeva a impegnarmi tanto era il terrore di deludere mia madre. Per giunta, all'età di Ben, praticavo il nuoto a livello agonistico, con allenamenti quotidiani e frequenti trasferte nel weekend in tutto il Paese, per partecipare alle gare insieme alla mia squadra. E anche in piscina vomitavo regolarmente nei bagni, attanagliata dall'angoscia di non migliorare il mio record personale. Tutta la mia infanzia è stata un percorso a ostacoli, con l'assillo di arrivare sempre sul podio.

Quando, undici anni fa, mi sono trasferita in Olanda, il problema delle scuole non mi toccava proprio. Ero al nono mese di gravidanza e il progetto era di raggiungere Martijn ad Amsterdam per trascorrere con lui i sei mesi di permesso di maternità,[1] per poi tornare a Londra e riprendere un lavoro che adoravo. Ero una stakanovista che puntava a una carriera in editoria. Il mio bambino sarebbe cresciuto al nido e nelle materne del nord-est di Londra. Alle scuole avrei pensato dopo. Fino a quel

[1] In Olanda il congedo di maternità è più breve rispetto a quello inglese (che arriva a 52 settimane, 26 obbligatorie e 26 facoltative, *NdR*), un raro esempio di ritardo olandese in materia di assistenza a madri e bambini.

momento il mio matrimonio di pendolarismo estremo – con una doppia traversata del mare del Nord ogni fine settimana – aveva funzionato a meraviglia, e io ero convinta (o mi illudevo, come avrei scoperto in seguito) di poter proseguire così anche da genitore. Durante la mia prima infanzia mio padre era spesso via da casa, a lavorare sulle piattaforme petrolifere, perciò nel mio quadretto mentale di famiglia i padri avevano un ruolo opzionale: un errore madornale.

Mi resi conto della realtà quando mi ritrovai alle prese con un neonato urlante. I bambini piccoli richiedono una quantità enorme di tempo e di energie. Come sarei riuscita a conciliare l'impegno di mio figlio e quello di un lavoro a tempo pieno, per giunta con tutti gli stress della vita londinese? Cominciai a informarmi sulla possibilità di fermarmi ad Amsterdam, e mi fu subito evidente che i vantaggi sarebbero stati parecchi. La città è piccola e si gira tranquillamente in bicicletta, quindi non mi sarebbero toccati gli andirivieni quotidiani sui vagoni stipati e soffocanti della metropolitana e sugli autobus scassati di Londra. I genitori olandesi sembrano più rilassati, e i piccoli scorrazzano liberi ovunque, persino nei ristoranti! I figli di mia cognata sono ragazzini socievoli e beneducati, e il sistema scolastico nazionale è unificato, quindi niente divario invalicabile tra scuole pubbliche e private, tra i ricchi e i poveri: un'attrattiva enorme. Magari trasferirmi poteva essere una buona idea? Presi il coraggio a due mani e decisi di restare ad Amsterdam.

Ogni volta che tornavo a Londra organizzavo una rimpatriata con le amiche e con il tempo sono venute a galla differenze notevoli tra le nostre vite di mamme. All'inizio non sembravano tanto gigantesche. Il ricorso a nidi e tate, per esempio, è diffuso anche in Olanda. Ma dopo qualche anno, e soprattutto in vista dell'inserimento a scuola, è diventato evidente che i due Paesi operano in modo molto diverso. Secondo un recente sondaggio del «Telegraph»,[2] l'istruzione privata di due bambini inglesi, dall'asilo alle superiori più tre anni di università, costa 600.000 sterline. Io e mio marito non ci saremmo mai potuti permettere un esborso simile, come peraltro buona parte dei nostri amici londinesi. Nel loro caso, l'alternativa è trasferirsi in un distretto con una buona scuola statale, e alcuni l'hanno fatto.

La mia amica Helen, che vive nel Surrey e lavora nel centro di Londra, mi ha confessato che si sente in colpa per non poter offrire le scuole «migliori» ai suoi figli. «Se non li iscrivi alle private, hai mancato al tuo dovere» mi ha detto. E mi ha guardata con invidia quando le ho spiegato che in Olanda tutte le scuole sono statali. Le private esistono soltanto per gli stranieri di passaggio (per esempio la British School, la scuola americana e quella internazionale).

Per contro, la mia amica Selma, che vive nel ricco quartiere di Knightsbridge, ritiene che le scuole private pretendano troppo. La direttrice dell'asilo le aveva appena fissato un colloquio per parlare dello «scarso rendimento scolastico» del figlio. Il problema era che il bambino non aveva ancora imparato a memoria tutte le tabelline. Selma è inorridita: suo figlio ha cinque anni, ed

[2] http://www.telegraph.co.uk/finance/personalfinance/pensions/12000288/We-earn-190k-a-year.-Do-we-need-to-sell-our-flat-to-afford-private-school-fees.html [Guadagniamo 190mila sterline l'anno. Dobbiamo vendere la casa per pagare la retta?].

era già stato bollato come un caso disperato. In Olanda, lo «studio» comincia solo a sei anni. Fino a quell'età, l'accento è sui giochi strutturati.

E questi sono soltanto due esempi. Molti dei problemi che assillano gli inglesi in ambito di istruzione ed educazione dei figli qui sono inesistenti. So che il confronto non è del tutto equo: Amsterdam è minuscola rispetto a Londra o a New York, e in una città tanto piccola la vita è più semplice. Tuttavia le differenze non si limitano alle dimensioni. I genitori inglesi e americani esercitano un controllo ben più stretto sulle giornate dei figli, e dedicano un mucchio di tempo a scarrozzarli a destra e a manca perché da soli i bambini non muovono un passo. D'altra parte, quale persona sensata permetterebbe a un bambino di andarsene in giro per conto suo, quando ogni giorno i media annunciano un nuovo «allarme pedofili»? L'Olanda non ha una stampa scandalistica perciò, anche se non possiamo escludere la presenza di pedofili, almeno la minaccia non è gonfiata a dismisura. Molte scuole delle grandi città inglesi hanno sistemi di sicurezza paragonabili a quelli di un carcere. Per entrare nelle elementari dei figli di una mia amica, a Londra, bisogna passare dai metal detector. In Olanda non vedreste mai niente di simile. Nelle scuole olandesi non c'è alcun tipo di controllo all'ingresso. Il che non significa che siano il facile bersaglio di kamikaze; solo che la percezione del rischio è proporzionata all'incidenza reale.

Quando Selma mi ha confessato che le mancavano le energie per organizzare le vite sociali dei suoi figli, io l'ho guardata allibita. Perché avrebbe dovuto farlo? Lei mi ha spiegato che i bambini delle città inglesi non si accontentano più di una sgambata ai giardinetti. Adesso esigono attività costose, gite e intrattenimenti organizzati. A casa pretendono videogiochi all'ultimo grido, megaschermi con effetto surround e una quantità di altri passatempi preconfezionati. Mi ha raccontato di un pomeriggio in cui, dopo averli accompagnati al bowling, aveva riportato suo figlio e un amichetto a casa. Dopo mezz'ora, l'amico aveva voluto telefonare alla madre per chiederle di andare a prenderlo. Il motivo? Si annoiava perché non avevano «niente da fare». Da quando i bambini hanno perso la capacità di giocare?

Molte mie amiche hanno messo in standby la propria carriera per sopperire agli impegni della maternità. Le pressioni sono insostenibili. I genitori sono talmente angosciati al pensiero di non offrire ai figli il trampolino migliore possibile da essere precipitati in una spirale di perfezionismo. La nostra generazione è la prima dopo la Seconda guerra mondiale a non essere diventata più ricca dei genitori. Sappiamo benissimo che essere il primo della classe, laurearsi con il massimo dei voti, diplomarsi al conservatorio o qualificarsi per le Olimpiadi non facilitano l'esistenza, e non sono una garanzia di successo e di felicità perpetui. E tuttavia costringiamo i nostri figli a impegnarsi con tutte le loro forze, spingendoli verso traguardi sempre più ambiziosi nella speranza di garantire loro un futuro sicuro e il benessere nella vita adulta.

Per contro, le scuole olandesi non esercitano pressioni verso il «successo», né sugli allievi né sulle famiglie. Non ne sono immuni, ma il clima è molto meno teso. I bambini vanno a scuola volentieri, e quando non sono in classe giocano all'aria aperta. E non è proprio questo che vorremmo per i nostri figli, una vita scolastica piacevole e tempo libero per giocare? Ma come mai i genitori olandesi non si preoccupano del rendimento scolastico dei propri figli?

Per farmi un'idea della situazione, ho interpellato le madri del mio club di lettura mensile. Io sono l'unica non olandese, e le altre sette rappresentano un campione di ricerca perfetto, se pure non proprio scientifico, con figli dai sei ai dodici anni. Dopo aver spiegato il tema del mio libro, ho rivolto la domanda a loro – «Perché i bambini olandesi sono tanto felici?» – chiedendo di rispondere senza rifletterci troppo. «La felicità non consiste nell'avere tutto, ma nell'accontentarti di ciò che hai. I nostri figli accettano il fatto di non diventare campioni mondiali di calcio. Sanno affrontare la realtà» risponde una di loro. «I bambini olandesi sono liberi di esprimersi, e partecipano alle conversazioni degli adulti» suggerisce un'altra. «I genitori possono lavorare part-time, quindi hanno più tempo da passare con i figli» è il parere di una terza. E infine, il motivo numero uno: «I bambini sono liberi di giocare. E di uscire per conto loro».

La vita a Londra è l'opposto dell'atmosfera rilassata che si respira ad Amsterdam e, appena arrivata qui, io sono rimasta incantata dall'approccio educativo dei genitori olandesi. Diversamente da Rina, non ho fatto alcuna fatica a scrollarmi di dosso il mio retaggio culturale: mi sono liberata subito dei valori inglesi per abbracciare quelli della mia patria acquisita. Ma per quanto convinta che l'Olanda sia un luogo ideale per i bambini, non vorrei darvi l'impressione che sia un paradiso. Non è facile integrarsi, e poi diciamo la verità: il clima fa schifo.

♦ ♦ ♦ ♦

A metà pomeriggio lasciamo il nostro appezzamento verde, inforchiamo le biciclette e andiamo a prendere un gelato ai margini del parco vicino a casa. Ben intravede sua sorella Ina in lontananza. Sta giocando con un gruppo di otto o nove bambini, tutti sotto i dieci anni. C'è anche il suo migliore amico, Tijn, ma di genitori neanche l'ombra. Ben decide di fare una sorpresa a Ina appena finito il gelato, ma poi ci mettiamo a chiacchierare e la perdiamo di vista. La rivediamo sulla strada del ritorno. Ci precede di parecchio, sfrecciando sul marciapiedi a bordo del suo monopattino, con la giacca in mano e i capelli al vento. Anche lei è diretta a casa. Le avevo chiesto di tornare per le quattro e mezzo, e devo correre per raggiungerla e aprirle la porta. «Uff» sospira lei, le sue guance rosee. «Ho giocato al parco per quattro ore e mezzo di seguito!»

Sono orgogliosa di lei. Questa mattina ha organizzato da sola la sua giornata, telefonando al suo amico, ha giocato al parco tutto il pomeriggio ed è rientrata all'orario stabilito. Ina è un maschiaccio, felicissima di tirare calci a un pallone per ore di fila. Ma se non intervengo, è altrettanto capace di incollarsi all'iPad o alla Wii, come quasi tutti i bambini della sua età. L'esempio dei genitori olandesi mi ha insegnato a incoraggiarla a giocare all'aperto senza supervisione, concedendole per gradi una libertà sempre maggiore (è un argomento che tratteremo in un capitolo successivo del libro). I bambini non hanno alcun bisogno dell'attenzione costante dei genitori. Si arrangiano da soli. Perciò la soluzione è ideale sia per loro sia per gli adulti.

E come Rina, è questa l'infanzia che voglio per i miei figli.

2

Maternage della madre

Rina sperimenta l'assistenza offerta in Olanda alle neomamme

Manca poco alla nascita del mio secondogenito, e io mi sento al tempo stesso nervosa e risoluta. Voglio partorire a modo mio. Non che chieda l'impossibile: solo una bella dose di sedativi e antidolorifici e qualche giorno di tranquilla convalescenza in clinica insieme al mio neonato.

Rientro per un soffio nella generazione del millennio (il gruppo anagrafico di persone che oggi ha tra i trentacinque e i diciotto anni di età), ma da rappresentante della categoria sono abituata a decidere in prima persona ogni aspetto della mia quotidianità: acconciatura, abbigliamento, alimentazione, attività sportive, frequentazioni sociali e stile di vita. Aspiro a essere indipendente e consapevole – proprio come gli altri ottanta milioni di *millennial* cresciuti nella convinzione di essere tutti unici, come i fiocchi di neve. Ho studiato a fondo ogni tipo di assistenza al parto – prima, durante e dopo – e ne ho distillato un piano tagliato su misura per me. Sono convinta che questo dimostri quanto ami il mio bambino e quanto desideri che abbia sempre il meglio in ogni cosa.

Salvo per un piccolo particolare. Sono incinta e dovrò partorire in Olanda.

«Qui è tradizione partorire in casa, con la sola assistenza di una levatrice e senza anestesia» spiega Mariska, la mia vicina di casa sessantatreenne, mentre beviamo un caffè. Mariska è un'infermiera in pensione e figlia di medici, perciò ha esperienza in materia. «Gli olandesi non vedono gravidanza e travaglio come una malattia, ma come eventi normalissimi» aggiunge.

Qui l'atteggiamento pragmatico nei confronti dei figli comincia addirittura prima della nascita. Diversamente dal resto del mondo, dove la gravidanza è medicalizzata in ogni suo aspetto, in Olanda gestazione e parto sono considerati momenti naturali della vita, e partorire in casa è la regola, con l'unica eccezione delle donne ritenute ad alto rischio di gravi complicanze. È un approccio *nuchter* (assennato e ragionevole), e gli olandesi vanno fieri del proprio buonsenso. Per loro, partorire nella privacy domestica è il modo più logico di accogliere il nuovo arrivato in famiglia.

Il concetto di casa come lo intendiamo oggi non esiste da sempre. Secondo alcuni storici,[1] la parola ha acquisito i suoi connotati emotivi nei Paesi Bassi del XVII secolo, con un anticipo di cento anni rispetto al resto d'Europa. La classe media olandese ricca e urbanizzata è stata la prima a potersi permettere un alloggio anche modesto ma riservato al solo nucleo famigliare (mamma, papà e figli). «Inter-

[1] Raymond de Vries, *A pleasing birth* [Un parto piacevole], Temple University Press, Philadelphia 2004.

no» ha assunto il significato di luogo preposto alla vita di famiglia, con i bambini come fulcro, e «casa» è diventata sinonimo di comodità, domesticità, intimità e sicurezza.

«Ti ho mai detto che ho partorito mio figlio minore, Tjerk, in quella che adesso è la tua stanza da letto, durante una bufera di neve?» domanda Mariska, dopo un sorso di caffè. «È stato venticinque anni fa.» Poi si guarda intorno nel salotto, presumibilmente ricordandone l'aspetto di allora. In origine, il cottage in cui abito apparteneva a lei e al marito. Quando i tre figli sono cresciuti e hanno abbandonato il nido, la famiglia ha diviso la proprietà e venduto il cottage, e Mariska e suo marito hanno costruito la casa dei loro sogni sul terreno restante.

Io mi sono sempre considerata uno spirito libero. Insomma, ho frequentato liceo e college a Berkeley, in California, patria del movimento hippie. Sono una sostenitrice delle serate con la chitarra intorno al falò, dei cibi biologici e delle passeggiate all'aria aperta. Ma partorire in casa, senza anestesia e senza un medico a portata di mano mi sembra un po' troppo. Possibile che il segreto della felicità di mamme e bambini olandesi risieda anche in questo?

«Non avevi paura a partorire da sola, e sotto una bufera di neve?» domando.

«Certo che no» risponde decisa Mariska. «Se qualcosa fosse andato storto, saremmo comunque arrivati in tempo in ospedale. Non è distante.» In Olanda, il parto in casa è integrato al sistema sanitario. Le levatrici lavorano in stretta collaborazione con i medici, e in caso di emergenza il ricovero è immediato: data la densità della popolazione, il primo ospedale non dista mai più di qualche chilometro. «Noi donne olandesi siamo forti.

Le doglie non ci spaventano. Io non ho avuto bisogno di epidurale o di altri farmaci. Avevo la mia levatrice ed ero nel mio letto, sotto la mia trapunta, nella mia stanza e con mio marito accanto. Niente estranei, luci abbaglianti o suoni di apparecchiature mediche.»

Notando la mia espressione preoccupata e riluttante, sorride e poi, con l'aria di confidarmi un segreto, aggiunge: «Per dirla tutta, noi partoriamo in casa perché è *gezellig*».

Ah, ecco perché! Avrei dovuto saperlo. *Gezellig* (che si pronuncia: *ggghеh-sell-ig*, con una g dura e gutturale come un colpo di tosse) è una parola intraducibile e semanticamente complessa. Evoca sensazioni di agio, calore, appartenenza, amore, felicità, sicurezza, appagamento, protezione e unità. È simile al danese *hygge*, altro termine intraducibile che abbraccia significati di serenità e piacere per la presenza di elementi rassicuranti e rilassanti.

È la sensazione che si prova sedendo davanti al caminetto insieme ai propri cari, a bere cioccolata calda e mangiare marshmallow. La radice è *gezel*, che significa «compagno» o «amico», e riguarda tutto ciò che rafforza i legami affettivi. Il grado di *gezelligheid* di un luogo o di un'occasione sociale – una festa, un pasto, un ritrovo di bambini, qualunque forma di esperienza condivisa – è un indicatore chiave della sua gradevolezza e dell'apprezzamento dei partecipanti. Appunto per questo mi sembra un modo ben strano di descrivere il parto. Personalmente, io lo associo ad aggettivi ben diversi: doloroso, dirompente, imprevedibile, destabilizzante. Niente a che vedere con gli agi della quiete domestica.

Mariska non è l'unica a definire *gezellig* il parto in casa. L'ho sentito dire anche ad altre donne, persino dalle straniere. La mia amica sudafricana Elma è una sostenitrice di questa tradizione olandese. «Due giorni dopo la nascita di Stella, io ero già tornata in pista, e ho preparato la colazione per tutta la famiglia. È stato bello... anzi, stupendo» mi dice. «Ma l'aspetto migliore era proprio l'ambiente familiare. Ero circondata dalle persone che amo, e ho potuto contare su una levatrice davvero in gamba. Non c'era lo stress tipico degli ospedali, zero fretta e molta meno ansia. Tutto molto intimo e naturale. Non so come spiegarti, è stato... *gezellig*.»

Per i miei amici Rob (Olanda) e Gowri (Singapore), la decisione di partorire il secondogenito in casa è stata un modo per riprendere il controllo della situazione. L'annuncio della nascita, scritto da Rob, recitava: «Nel calore della nostra casetta, Gowri ha dato alla luce la splendida sorellina di Nikki, Kira». Quando l'ho ricevuto, non ho potuto fare a meno di rileggerlo due volte, ad alta voce. «Nel calore della nostra casetta.» La perfetta definizione di *gezellig*.

È curioso, perché in quasi tutti gli altri Paesi sviluppati, il parto è considerato un evento troppo rischioso per affrontarlo in casa. Eppure, secondo il sedicesimo rapporto annuale sullo stato delle madri nel mondo dell'associazione Save the Children, l'Olanda è uno dei luoghi più sicuri del pianeta sia per le mamme sia per i bambini: era sesta nella classifica mondiale, mentre Inghilterra e Stati Uniti non sono nemmeno arrivati alla hit parade dei primi dieci, piazzandosi rispettivamente al 24esimo e 33esimo posto (l'Italia è 12esima, *NdR*).[2]

[2] Save the Children, *The urban disadvantage. State of the world's mothers* [Lo svantaggio urbano: rapporto sullo stato delle madri nel mondo], 2015, http://bit.ly/2sCQQQn.

Con la sua lunga tradizione di levatrici, l'Olanda ha anche un'incidenza molto più bassa di parti cesarei. Nel resto del mondo sviluppato, le donne hanno una probabilità altissima di subire un cesareo: una su quattro in Inghilterra, circa una su tre negli Stati Uniti.[3] In Olanda il tasso è inferiore, una donna su dieci. In Inghilterra però l'atteggiamento comincia a cambiare. In una recente dichiarazione, il NICE (National Institute for Health and Care Excellence, Ente nazionale per l'eccellenza nella sanità e l'assistenza sanitaria) ha affermato che il parto in casa è più sano e meno rischioso sia per la mamma sia per il neonato.[4] Dopo un vasto sondaggio,[5] anche il sistema sanitario nazionale (NHS) si è schierato in favore: soprattutto nel caso dei secondogeniti, il parto domestico è risultato sicuro quanto quello ospedaliero.

Tuttavia, secondo il britannico Office of National Statistics, Istituto nazionale di statistica,[6] nel 2003 solo il 2,3 per cento delle donne inglesi e gallesi ha partorito nella tranquillità della propria casa. Negli Stati Uniti la percentuale è ancora inferiore: gli ultimi sondaggi la stimano ad appena l'1,36 per cento del

[3] Centers for Disease Control and Prevention, http://bit.ly/2ooDoLr.

[4] Comunicato stampa, *NICE confirms that midwife-led care during labour is safest for women with straighforward pregnancies* [NICE conferma che il parto con la sola assistenza della levatrice è il più sicuro per le gestanti con gravidanze non a rischio], http://bit.ly/1rT2JN8.

[5] Sophie Borland, *NHS push for home births* [NHS incoraggia i parti in casa], «The Daily Mail», 13 maggio 2014, http://dailym.ai/2tX3CXQ.

[6] The Royal College of Midwives, *Static home birth rate* [Tasso di natalità in casa], http://bit.ly/2tpKWPj.

totale. In Olanda si aggira intorno al 25 per cento è il tasso più alto per i Paesi industrializzati, anche se con ogni probabilità gli olandesi lo considerano ancora troppo basso.

I consigli delle mamme olandesi

- Prendete in considerazione un approccio da *pijn-is-fijn* (dolore è bello). Molte donne considerano le doglie un'esperienza positiva, perché le contrazioni determinano il rilascio delle endorfine, ormoni che producono un senso di benessere naturale e permettono di instaurare un legame immediato con il neonato. Se però non ve la sentite di partorire senza antidolorifici, ricordate: l'unica cosa davvero importante è la salute del bambino.
- Partorire in casa con l'assistenza di una levatrice può essere molto *gezellig*. Non c'è motivo di avere paura, soprattutto se si tratta del vostro secondo figlio. In un ambiente familiare è più facile sentirsi a proprio agio e rilassate. E in caso di necessità, l'opzione ospedale resta comunque aperta.
- Puntate a un *bevalling die bevalt* (un parto secondo i vostri gusti). Considerate tutte le alternative disponibili e scegliete quella più adatta a voi. Non lasciate che siano gli altri a decidere al vostro posto. Spetta a voi stabilire chi sarà presente. Accendete qualche candela e mettete una musica tranquilla di sottofondo.

UN PARTO OLANDESE MODERNO

Dopo aver passato l'estate avanti e indietro dall'ospedale a causa delle contrazioni premature, una mattina della trentasettesima settimana mi sveglio con un rivolo bagnato tra le gambe. La mia gravidanza è considerata ad alto rischio a causa di alcune complicanze, perciò sono seguita da un ostetrico. La valigia con il necessario è già pronta, e io e mio marito siamo ancora assonnati quando portiamo Julius dalla babysitter e ci avviamo all'ospedale del quartiere.

L'infermiera conferma che mi si sono rotte le acque, e mi accompagna in sala travaglio. Là vengo raggiunta dal mio ostetrico, il dottor Jan, un tipico adone olandese, alto, biondo, con gli occhi azzurri e un fisico atletico. Come se non bastasse, parla inglese con l'accento britannico, perché ha studiato a Oxford. Impossibile resistere al suo fascino. Mi dice che il mio corpo sa già da solo come comportarsi. Io devo soltanto fare una doccia calda e camminare, per accelerare i tempi.

Appena lui esce dalla stanza l'intensità e la frequenza delle contrazioni aumenta. Mio marito mi tiene la mano, e insieme cronometriamo gli intervalli tra una contrazione e l'altra. Io ricasco nelle mie abitudini da americana prepotente, urlando e imprecando a pieni polmoni finché accorre la levatrice.

Dopo un ripasso intensivo degli esercizi di respirazione Lamaze, con sbuffi e ragli, la levatrice mi illumina sulla filosofia olandese del *pijn-is-fijn* (dolore è bello): le doglie sono una parte necessaria del processo, e dopo la nascita contribuiscono al legame affettivo tra madre e figlio.

In un batter d'occhio vengo accompagnata in sala parto. Troppo tardi per l'epidurale. Il dottor Jan ricompare e assume il controllo della situazione. È ufficiale: lo amo perdutamente. A quanto pare ha chiesto lui stesso di assistere al parto, anche se ha finito il turno. Soffro come un cane, eppure ho un sorrisone enorme stampato in faccia. Mi sento come una collegiale alla prima cotta. E non sono l'unica: il suo atteggiamento sollecito ha conquistato persino mio marito.

«Devi respirare» mi rammenta, con dolcezza. «Fai come me: inspira, espira...»

A quel punto decido di abbandonarmi al dolore. Con mio marito che mi tiene una mano e Sylvie, l'infermiera, che stringe l'altra, respiro secondo la cadenza indicata dal mio irresistibile dottore, e alle 17.39 di lunedì 28 luglio, arriva Matteo.

Sylvie si complimenta con me. «Partorire senza antidolorifici equivale a vincere una maratona» mi dice. «Dovresti essere fiera di te.»

Io ringrazio il dottor Jan, e lui mi premia con il più smagliante dei suoi sorrisi. «Non devi ringraziarmi» dice. «Il merito è tutto tuo. Congratulazioni: hai partorito come una vera olandese.»

Finalmente capisco anch'io di cosa parlavano tutte quelle donne. L'approccio olandese non sta nel fatto di partorire in modo naturale, senza farmaci e abbracciando il dolore.

Il punto è permettere alla madre di sentirsi tenace, forte e coraggiosa.

Il primo parto olandese di Michele

Un paio di giorni dopo il mio arrivo in Olanda, alla trentasettesima settimana di gravidanza, consegnai con piglio deciso il mio piano di parto targato Inghilterra alla levatrice del quartiere.

«Così non va» commentò lei, scuotendo la testa. «Devi partorire in casa, nel solito modo.» Diede una scorsa ai miei appunti. Le richieste comprendevano protossido d'azoto e ossigeno durante le contrazioni, e petidina, se necessario, ma senza epidurale. «No, niente antidolorifici» replicò la levatrice, in tono brusco. «Ecco cosa devi comprare.»

L'elenco comprendeva blocchetti di legno per sollevare il letto, teli cerati e pinze per il cordone ombelicale. A me sembravano strumenti di tortura medievali. A Londra avevo letto tutti i manuali disponibili su gestazione, parto e neonati, setacciato i siti online per primipare e spremuto informazioni alle amiche incinte o neomamme. Non so come, però, avevo trascurato di informarmi sulle tradizioni olandesi. Ero all'oscuro dell'ossessione nazionale per il parto in casa. Non avevo idea che ad Amsterdam fosse dato per scontato.

Mio marito cercò di rassicurarmi: «Qui lo fanno tutte» disse. Mentre a me non era neanche passato per la testa che, invece di preparare il beauty-case, mi sarei ritrovata a ordinare un kit di travaglio e a sollevare il letto sui blocchi di legno affinché alla levatrice non venisse il mal di schiena. Quando arrivò la consegna, sistemai tutto – salviette idrofile (che diamine erano?), pinze e teli per il materasso – in un mucchietto ordinato nell'angolo della stanza.

La data prevista per il termine della gravidanza arrivò e passò senza che accadesse nulla. Io le provai tutte: saltellai

sul posto, feci le pulizie di fino alla stanza, aggirandomi carponi sul pavimento e strofinando ogni intercapedine con uno spazzolino da denti, finii di ricamare una tovaglia cominciata da bambina, abbattei un paio di salici nel giardino dietro casa, mi avventurai in macchina lungo strade sterrate e crivellate di buche, mi ingozzai di curry, feci sesso. Niente.
Due settimane dopo il termine, la levatrice mi convocò nel suo studio, mi fece sdraiare su un divano rivestito di plastica e cercò di stimolare le contrazioni manipolandomi la cervice – una procedura dolorosissima, vagamente veterinaria e perfettamente inutile. A quel punto si impose il ricovero per l'induzione. Lo ammetto: fu un sollievo.

Partorire all'olandese significa essere circondate di professionisti premurosi e comprensivi, il cui sostegno ti permette di dare alla luce tuo figlio in modo naturale e autonomo. Gli olandesi hanno davvero interiorizzato il proverbio secondo il quale «le mamme felici fanno figli felici». L'ambiente sicuro e affettuoso infonde alle madri la resistenza fisica ed emotiva necessaria a rendere il parto un'esperienza positiva. E poiché gestazione e nascita sono trattate come processi naturali, si evita il clima di panico, malattia ed emergenza in genere dominante negli Stati Uniti e nel resto d'Europa.

LA MAGIA DELLE ASSISTENTI POSTNATALI OLANDESI

Le gioie di avere un bambino in Olanda proseguono anche dopo il parto. Io non vedevo l'ora di portare Matteo a casa, non ultimo perché sapevo che ad aspettarci avrei trovato la mia infermiera personale.

Rhada ha quattro figli, un fisico morbido e una risata contagiosa. Dimenticavo, è anche una consulente di allattamento. A quanto pare, nei Paesi Bassi rimettere in sesto le madri dopo un parto è una questione di interesse nazionale. A prescindere dal reddito, tutte le neomamme hanno diritto a una *kraamverzorgster* che le aiuta e le assiste nei primi otto-dieci giorni dopo il parto (o più a lungo, in caso di esigenze mediche).

Gli olandesi capiscono che diventare madre, e soprattutto la prima volta, è un'esperienza difficile, piena di cambiamenti radicali e imprevisti e di emozioni che oscillano dalla beatitudine al senso di isolamento e, in alcuni casi, alla depressione.

Che scelgano quello in casa con una levatrice o quello ospedaliero e ipertecnologico, le madri americane della mia generazione si concentrano a pianificare e mettere a segno il «parto perfetto». Nessuno le avverte di ciò che dovranno affrontare dopo: i problemi di allattamento, la stanchezza, l'ansia, la privazione di sonno e gli sbalzi d'umore. In Olanda, per tutto questo c'è la *kraamverzorgster*.

Michele è venuta a trovarmi con la sua famiglia per dare il benvenuto al piccolo Matteo, e naturalmente ci ritroviamo a scambiare aneddoti da mamme esperte, raccontandoci le rispettive esperienze di parto e di assistenti postnatali.

«Quando è nato il mio primo figlio, non ero capace di badare a me stessa, figurarsi a lui» confessa Michele, mentre sua figlia Ina culla Matteo. «Non avevo mai cambiato un pannolino in vita mia, e non avevo idea di come gestire una quantità di altre questioni pratiche: l'allattamento, il bagnetto... Non sapevo neanche come vestirlo. La mia assistente neonatale mi ha spiegato tutto, mostrandomi cosa fare. E in più si occupava della spesa, dei pasti, dei mestieri e di accogliere gli ospiti, servendo caffè, tè e biscotti. In sostanza è stato come avere una domestica a tempo pieno per tre settimane di fila.»

La sua storia è simile a quelle di molte primipare olandesi. L'assistente neonatale è come una maestra di maternità: ti insegna ad allattare il bambino, a lavarlo, a consolarlo quando piange. Ma soprattutto si occupa di te, per esempio controllando i punti di sutura, e offrendo un aiuto pratico. È addestrata a riconoscere ogni sintomo di eventuali problemi, nel neonato (l'ittero, per esempio) e nella mamma (complicanze postparto o segni di depressione).

In aggiunta, si incarica dei lavori di casa, come passare l'aspirapolvere, pulire i bagni e cucinare i pasti, e si occupa degli ospiti venuti a conoscere il bambino e a congratularsi con i genitori.

«Qualcuno gradisce un *beschuit met muisjes*?» domanda Rhada, appena tornata dalla cucina con un vassoio di dolci. Gradiamo tutti.

«Coraggio, Julius, andiamo a giocare con la palla in giardino» aggiunge lei. «Facciamo a chi arriva primo.»

«Prima io, prima io!» strilla mio figlio, precipitandosi alla porta, e Rhada lo segue, tenendosi di proposito due passi indietro.

Beschuit met muisjes

Dolce tradizionale servito in Olanda per celebrare l'arrivo di un neonato. Sono biscotti (*beschuit*) rotondi, con uno strato di burro e una spolverata di *muisjes* (letteralmente, «topolini»), semi di anice rivestiti di zucchero. Secondo la tradizione, i semi di anice stimolano la lattazione, e di solito i *muisjes* sono azzurri per i maschietti e rosa per le femminucce. Gli olandesi non sono fanatici della monarchia, ma quando alla regina nasce un figlio, l'occasione viene celebrata con la produzione di *muisjes* arancioni, il colore della casa d'Orange.

La vista di Rhada che si prende cura di me, del mio bambino e della mia famiglia ha riportato alla mente di Michele ricordi analoghi. «Alla nascita di Ina, Ben aveva appena due anni e mezzo. Io mi ripresi più in fretta rispetto al primo parto, quindi la mia assistente neonatale si fermò soltanto una settimana. Ma fu comunque un aiuto prezioso. Dopotutto questa volta avevo per le mani due bambini.»

I nostri casi non sono un'eccezione. Ecco l'esperienza dello scrittore Abdelkader Benali, postata sulla sua pagina Facebook:

> Abbiamo appena detto addio alla nostra *kraamverzorgster*, Audrey. È stata magnifica. Ci ha resi molto più sicuri nell'occuparci di Amber. Dobbiamo a lei che mia moglie sia riuscita ad allattare, a dispetto dei suoi timori iniziali

(«Se ti convinci di non avere latte, accadrà davvero»). Le ha anche insegnato come tenere in braccio la bambina – con la «presa rugby» e quella della «tigre sul ramo» – e le ha consigliato di parlarle come a un'adulta: niente vocette stridule e moine. Si è comportata con assoluta devozione, professionalità e garbo. A volte si è fortunati. E noi lo siamo stati.

«Scusa, mi spieghi che cosa c'entrano il rugby e la tigre?» gli scrissi io, incuriosita.

«Sono "prese" sicure per reggere il bambino, nelle posizioni più comode per lui. Nel primo caso, tieni il neonato come un giocatore di rugby con la palla ovale: con decisione, premendo il gomito contro il busto. Nel secondo, il bambino è steso a pancia in giù sull'avambraccio, come una tigre allungata su un ramo. Se conosci metodi diversi, puoi alternarli, altrimenti braccia e collo si indolenziscono.»

«Com'era la giornata-tipo con Audrey?»

«Perfetta. Arrivava la mattina presto per incoraggiare Saida ad allattare, e convincerla che se si fosse rilassata, il latte sarebbe arrivato. Le ha mostrato la posizione corretta del seno, e i massaggi per stimolare la lattazione. Ci ha insegnato a interpretare i pianti o gli sbadigli della bambina. E poi ci piaceva molto il suo stile: aperto e ottimista, senza troppi convenevoli.»

«Qualcosa nell'esperienza ti ha sorpreso?»

«Sì, e in senso positivo. Non ci aspettavamo che la sua presenza fosse tanto rassicurante e incoraggiante. Senza di lei ci avrebbe preso il panico a ogni pianto. E poi ci ha spiegato che allattare e cullare la bambina sono i modi migliori per creare un legame con lei.»

Trovandomi di nuovo accudita da un'assistente postnatale non posso fare a meno di pensare a quant'è diversa l'esperienza olandese rispetto a quella di altri Paesi.

Nel resto del mondo occidentale, i neogenitori devono arrangiarsi da soli, con poco o nessun aiuto. In Inghilterra, posto che non ci siano complicanze e madre e figlio stiano bene, la dimissione dalla clinica può avvenire già sei ore dopo il parto. La prassi viene giustificata con l'argomento che le madri recuperano prima a casa propria,[7] ma alcune la paragonano a una catena di montaggio: la convalescenza postparto è la più breve di tutt'Europa.

Michele mi rivela che in Inghilterra le levatrici ti fanno visita a domicilio nei primi dieci giorni, ma non con cadenza quotidiana, salvo problemi particolari. Incuriosita, chiedo informazioni alla sua amica Leilah, un avvocato che abita nel sud-est di Londra. L'ultimo dei suoi tre figli ha nove mesi.

«L'assistenza postnatale è scarsa in tutto il Regno Unito» risponde Leilah. «Ricevi qualche visita da un operatore del servizio sanitario, ma questo è quanto. Quand'è arrivato il mio terzo figlio, io ho assunto una tata per la notte, ma la spesa è stata considerevole. Sarebbe davvero fantastico avere un aiuto maggiore dallo Stato.»

Alle madri americane va persino peggio. Negli Stati Uniti il ricovero medio dura al massimo un paio di giorni, e l'unica assistenza offerta è un controllo ginecologico

[7] Rachel Halliwell, *Conveyor-belt maternity units: «I was told to go home 6 hours after giving birth»* [Reparto maternità come un nastro trasportatore: «Mi è stato detto di tornare a casa 6 ore dopo il parto»], «The Telegraph», 31 dicembre 2014, http://bit.ly/2tpSh1e.

dopo sei settimane, quando di fatto gran parte dei dolori e degli strascichi del parto sono già risolti.

La società si aspetta che le madri riprendano subito una vita normale, senza il sostegno, le cure e il riposo offerti dal sistema olandese. Se hanno bisogno di aiuto, possono contare soltanto sulla propria rete di sicurezza personale – le madri, le zie, le sorelle, le amiche, i membri della comunità religiosa a cui si appartiene o i vicini di casa – o se ne hanno la possibilità economica assumono una tata o una doula.[8] Ma in America come in Inghilterra è in aumento il numero di madri che vivono in città, lontane dalle famiglie d'origine, senza alcuna esperienza di bambini e pressoché abbandonate a se stesse.

E in mancanza di un'assistenza continuativa, certi problemi rischiano di venire trascurati, e di aggravarsi. La depressione postparto colpisce una donna su sette e, a dispetto di una maggiore sensibilizzazione sull'argomento, molti casi non vengono diagnosticati, perciò la madre non ottiene l'aiuto di cui ha bisogno.

In Olanda, le *kraamverzorgster* sono addestrate a riconoscere i sintomi. «Dopo il parto possono insorgere forme di depressione» spiega Rhada. «Il nostro compito è garantire lo stato di salute anche mentale della madre, vigilando sul suo umore. Se notiamo segnali di malessere, la incoraggiamo a rivolgersi a un medico.»

«E che cosa accade se si rifiuta?» le chiedo.

«Non è mai successo, almeno nella mia esperienza.»

[8] Molto diffusa all'estero, la doula è una figura assistenziale non sanitaria che si occupa del supporto alla donna durante tutto il percorso perinatale, dalla gravidanza al postparto [*NdR*].

«Le madri con cui ho lavorato si sono sempre dimostrate grate o sollevate per la presenza di una persona in grado di riconoscere e identificare il problema. Possono contare su un'intera rete di sostegno: il compagno, il medico, la levatrice e me. La depressione non è considerata un'onta, perciò nessuna si vergogna di chiedere aiuto.»

Trattando mamma e bebè come un'entità unica, le assistenti operano soprattutto come mentori e sostegno della madre. L'obiettivo è renderla autonoma e sicura, capace a sua volta di fornire al figlio un ambiente protetto e sereno.

È importante parlare senza timori delle realtà dopo il parto. Non sempre i primi giorni corrispondono al quadretto idealizzato di una mamma riposata e serena, accomodata in poltrona a godersi una tazza di tè mentre il neonato dorme tranquillo nella sua cesta. Solo ammettendo apertamente le proprie difficoltà ad affrontare la situazione – il deficit di sonno, i problemi di allattamento o di intesa con il bambino – le madri possono rendersi conto del tipo di aiuto di cui hanno bisogno e chiederlo in modo esplicito, come accade in Olanda. Finora, l'approccio olandese al parto e al periodo immediatamente successivo sembra davvero il migliore in termini di sostegno alle madri.

Annunci di nascita in Olanda

Gli olandesi tengono molto ad annunciare l'arrivo di un nuovo membro della famiglia. I sistemi più comuni sono tre:

- Biglietto d'auguri. Gli olandesi adorano spedire biglietti con la posta tradizionale, per informare tutti del giorno di nascita, del nome del neonato e degli orari in cui la famiglia può ricevere gli ospiti.
- Decorazioni sulla facciata di casa. Una cicogna gigantesca e un fiocco rosa o azzurro sulla finestra informano tutto il circondario del nuovo residente nel quartiere.
- Distribuzione di *beschuit met muisjes* al lavoro o a scuola. Gli orgogliosi neopapà offrono un vassoio di biscotti tradizionali ai colleghi di lavoro, e i figli più grandi fanno lo stesso in classe, per celebrare l'arrivo del fratellino o della sorellina.

3

I bambini più felici dell'isolato

Rina riflette sui bambini «bravi» e sui genitori «bravi quanto basta»

Seduta sulla sedia a dondolo del suo bisnonno, sto cullando il mio neonato, Matteo, che dorme tranquillo tra le mie braccia. Guardandolo non posso fare a meno di pensare: «È proprio un bravo bambino». Sono convinta che, diversamente dalla prima volta, il fatto di aver adottato l'approccio olandese fin dall'inizio abbia contribuito al suo buon carattere.

Desidero tanto somigliare alle madri olandesi. Loro hanno sempre un'aria così riposata e serena, e sembrano davvero capaci di godersi i piaceri della maternità. Le vedo ovunque intorno a me, con la carrozzina sui vialetti lastricati, a passeggio lungo i canali con un piccolo nel marsupio, o in bicicletta, con un bambino un po' più grandicello nel carrellino. Non so come ci siano riuscite, ma nessuna di loro sembra avere avuto la minima difficoltà ad accogliere un figlio nella propria vita. Sono placide e sorridenti quanto i cherubini biondi che le accompagnano, miracolosamente esenti da pianti e capricci. A guardarle, sembra facile.

Ho avuto il mio primo assaggio di parenting in stile olandese dai miei amici Roos e Daan, due perfetti rappresentanti dello stereotipo olandese: biondi, con gli occhi azzurri, ed entrambi ben più alti della media inglese o americana. Nella nostra cerchia sono stati i primi ad avere un figlio, e ricordo che durante un pranzo, quando io ero incinta del mio primogenito, Julius, Roos continuava a ripetere: «Finn è un bambino così bravo! È facilissimo occuparsi di lui». Il piccolo aveva tre mesi, ed era davvero serafico, seduto nel suo passeggino a gorgogliare. Non sembrava desiderare altro che osservare il mondo intorno a sé, lasciando che io e sua madre pranzassimo in pace.

All'inizio l'insistenza di Roos su quant'era bravo il suo bambino mi dava un po' sui nervi. A giudicare da ciò che avevo letto nella blogosfera, avere a che fare con un neonato era tutt'altro che facile. E per la verità mi sentivo un po' in colpa a godermi chiacchiere e pranzo all'aperto con Roos senza quasi badare a Finn. Non avremmo dovuto concentrare ogni attenzione su di lui?

Anche Daan si vantava con Bram di quanto fosse semplice essere papà. Parcheggiava Finn nel suo recinto di legno – un oggetto ubiquo nelle case olandesi con bambini piccoli – dopodiché si dedicava ai mestieri di casa, passando l'aspirapolvere o preparando il pranzo, oppure sbrigava la corrispondenza. Una volta si era chiuso in camera per quarantacinque minuti, impegnato in una videoconferenza di lavoro. E per tutto quel tempo Finn era rimasto nel suo recinto al pianterreno, a fissare il vuoto senza dar segno di disagio.

Roos e Daan non si sono lasciati condizionare dalle pretese impossibili del parenting intenso. Non puntano alla perfezione, si accontentano di essere «bravi quanto basta». Il loro presupposto è che non serve preoccuparsi tanto: se fai del tuo meglio, sarà sufficiente.

L'idea fu lanciata dal pediatra e psicoanalista inglese Donald Winnicott negli anni Cinquanta.[1] Dopo aver osservato migliaia di madri con i loro bambini, Winnicott giunse alla conclusione illuminata che la madre ideale è quella «sufficientemente buona». Le madri perfette non sono né possibili né auspicabili. Secondo la psicologa Jennifer Kunst:

> la madre «sufficientemente buona» di Winnicott è sinceramente impegnata nel suo ruolo. È attenta alle esigenze del bambino. Crea un ambiente accogliente. Offre accudimento fisico ed emotivo. Infonde sicurezza. Quando sbaglia, non si scoraggia: ci ritenta. Non si lascia abbattere dai sentimenti negativi. Compie sacrifici, ma non è un supereroe: somiglia più a un giardiniere. Si prende cura del suo bambino con amore, pazienza, impegno e attenzione.[2]

Gli olandesi sono così. Hanno una visione realistica di maternità e paternità, e accettano l'idea di non essere

[1] Jan Abram, *The language of Winnicott. A dictionary of Winnicott's use of words*, Karnac Books, 2007 [trad. it. *Il linguaggio di Winnicott: dizionario dei termini e dei concetti winnicottiani*, Franco Angeli, Milano 2002].

[2] Jennifer Kunst, *In search of the «good-enough mother». How to honor the complexity of motherhood* [In cerca della madre «sufficientemente buona». Come onorare la complessità della maternità], «Psychology Today», 9 maggio 2012, http://bit.ly/2s11XPE.

perfetti (né pretendono che lo siano i figli). Vivono nel mondo reale. Questo non significa che non si scontrino mai con le difficoltà e le complicazioni del quotidiano. Ma essendo più indulgenti rispetto alle proprie imperfezioni e mancanze, riescono a godersi di più le gioie della vita in famiglia.

Nemmeno ambiscono ad avere bambini prodigio, virtuosi del pianoforte, campioni di scacchi o celebri modelli Instagram prima dei due anni. Perciò non crescono i figli a colpi di documentari su Einstein e giochi «educativi», e tantomeno li iscrivono ai corsi di «arricchimento» cognitivo o motorio. L'ideale per gli olandesi non è un bambino più avanti degli altri. A loro basta che sia «bravo».

Nel caso del mio secondogenito, l'universo intero sembrava cospirare per spingermi verso l'approccio olandese. Ero incinta di Matteo quando, sulla mia bacheca Facebook, comparve un articolo del «New York Magazine» dal titolo: *Bambini olandesi: meglio di quelli americani?*[3] E tanto perché il messaggio non passasse inosservato, ricevetti lo stesso articolo anche via e-mail, inviato da un'amica di Londra. Il testo riportava i risultati di una ricerca secondo cui a sei mesi i piccoli olandesi sono più sorridenti, allegri e socievoli dei loro coetanei americani. I ricercatori attribuivano le differenze allo stile educativo dei genitori.

E la differenza è particolarmente lampante nell'ambito della stimolazione cognitiva. Gli olandesi fanno l'esatto opposto della gran parte dei loro omologhi altrove. Invece

[3] Jesse Singal, *Dutch babies: better than american babies*, http://sciof.us/1EuYpbb.

di stimolarli, si impegnano a evitare le troppe sollecitazioni, aderendo a orari rigorosi per i pasti e il sonno.

Io però restavo scettica: possibile che bastasse una routine regolare e tranquilla, un buon sonnellino e una poppata sostanziosa per crescere bambini felici e contenti? Era davvero tutto qui?

Il Bugaboo – un'icona di stile olandese

Gli olandesi sono frugali in tutto, ma se c'è una cosa in cui sono disposti a scialacquare sono i passeggini. Non per niente è stato un olandese a inventare un modello che combina facilità di utilizzo e praticità con tutte le credenziali di un design di alta qualità (e un prezzo da capogiro): il Bugaboo.
Il suo designer originario, Max Barenburg, presentò il prototipo nel 1994, come progetto di laurea presso la Design Academy di Eindhoven. Il suo passeggino modulare era al tempo stesso robusto ed elegante, ideale sia per le strade di città sia per le passeggiate in campagna. Già nel 2002, Miranda di *Sex and the City* ci portava a spasso il figlio per le vie di New York, e le star l'hanno seguita a ruota: Elton John, Madonna, Gwyneth Paltrow e Catherine Zeta-Jones sono stati tutti fotografati con un bambino nel Bugaboo. Persino Kate Middleton si è unita alla Bugaboo-brigade.

In Olanda, il sonno è sacro. In Inghilterra e negli Stati Uniti, la privazione di sonno è un rito d'iniziazione, e la capacità di operare al massimo dell'efficienza con il minimo riposo è considerata un vanto. Gli olandesi, invece, danno per scontato che i bambini piccoli – e di conseguenza i loro genitori – debbano dormire sonni ininterrotti. Il diritto al riposo è tassativo. Secondo un recente sondaggio, gli olandesi dormono in media più di qualsiasi altra popolazione al mondo, per un totale di otto ore e dodici minuti per notte.[4]

CON UN PICCOLO AIUTO DEL *CONSULTATIEBUREAU*

In Olanda, i parenti, gli amici, i vicini e i conoscenti non sono gli unici a dare il benvenuto a un neonato. Un paio di giorni dopo la nascita del bambino, la famiglia riceve la visita a domicilio di un'infermiera della clinica pediatrica locale. È il primo di una serie di controlli obbligatori presso il *consultatiebureau* (CB), l'equivalente olandese delle visite dal pediatra tipiche dei primi quattro anni di vita dei bambini occidentali. Con cadenza mensile, il *consultatiebureau* monitorerà la crescita di Matteo, sia in termini fisici (altezza e peso) sia di sviluppo motorio e del linguaggio. E gli somministrerà tutte le vaccinazioni gratuitamente. Ogni deviazione dalle tabelle di sviluppo farà scattare un controllo da parte del pediatra. Dato lo zelo con cui il *bureau* di consultazione si affida ai valori delle tabelle, alcuni lo chiamano «l'Ufficio Costernazione».

Al suo primo arrivo, Marlieke, l'infermiera della clinica, reca un dono: la *Guida alla crescita*, un quadernetto

[4] Ian Johnston, *Global sleeping study reveals women get more than men* [Uno studio a livello mondiale rivela che le donne dormono più degli uomini], «Independent», 6 maggio 2016, http://ind.pn/1Tx3C55.

con la copertina azzurra plastificata in cui registrare la storia medica del bambino e che funge anche da manuale di istruzioni per i genitori. A quanto pare in Olanda esiste un modo accreditato e uguale per tutti di allevare i figli.

La mia prima reazione all'idea di un manuale ufficiale fu di fastidio. Non mi piaceva per niente l'idea che qualcuno venisse a dirmi come dovevo crescere il mio bambino, e meno ancora i rappresentanti di una cultura diversa dalla mia. E poi l'approccio mi sembrava troppo impersonale. Ogni bambino è un caso a sé, pensavo, e in fondo la maternità è un istinto. E comunque non avevo alcun bisogno di manuali olandesi. Mi bastavano i miei: *Il bambino soddisfatto*, di Gina Ford; *Fai la nanna senza lacrime*, di Elizabeth Pantley; *Un bambino felice*, di Harvey Karp; *Che cosa aspettarsi il primo anno*, di Heidi Murkoff e Sharon Mazel.

La mia avversione all'approccio olandese riguardava in particolare il metodo «lascialo piangere», proposto ufficialmente dal dottor Richard Ferber nel 1985 ma prassi standard in Olanda da generazioni. Mia suocera olandese è una convinta paladina del sistema oggi noto come «ferberizzazione»: quando arriva l'ora della nanna, il bambino va messo nella culla, dopodiché bisogna chiudere la porta e ignorare il suo pianto fino alla mattina dopo.

La mia amica Roos ha adottato una variante meno rigorosa e più recente. Una volta sistemato il piccolo nella culla, si aspettano cinque minuti, e se piange si va a consolarlo, ma solo in modo verbale, senza prenderlo in braccio. E si continua così finché si addormenta. Roos ha sottolineato che entrambi i sistemi richiedono che il bambino sia già stato allattato e cambiato. E, per quanto controvoglia, ho dovuto ammettere che il suo approccio aveva del merito. Già nei primi tre mesi di vita, suo figlio dormiva tranquillo una notte intera, mentre con il mio primogenito io avevo dovuto aspettare un anno e mezzo prima di godermi di nuovo otto ore di sonno ininterrotto.

I BAMBINI OLANDESI SEGUONO UNA TABELLA DI MARCIA

Gli olandesi sono un popolo organizzato e abitudinario, perciò non c'è da sorprendersi che anche i loro figli seguano una routine fissa. Come buona parte delle mie coetanee americane, io allattavo il mio primogenito su richiesta, e non lo disturbavo se si addormentava. Da madre devota, cercavo di interpretare i segni delle sue esigenze – fame o sonno – lasciando che fosse lui a decidere il ritmo della giornata, a costo di allattarlo una volta l'ora, giorno e notte.

«Stabilire un orario per i bambini è questione di buonsenso» mi dice invece Yvonne, una madre olandese, venuta a conoscere Matteo insieme a sua figlia, Noa, compagna di asilo di Julius. «Con entrambe le mie bambine io ho adottato lo schema consigliato dalla clinica pediatrica. All'inizio è stata dura, ma appena si sono abituate è diventato molto più facile accudirle. Io volevo offrire loro il meglio possibile, e una routine regolare si è subito dimostrata importante. Fin dal primissimo giorno di vita.»

«Ma se il ritmo interno del bambino non corrisponde agli orari? E se è affamato o stanco?» domando io.

Yvonne non si scompone, e continua a fare le coccole a Matteo, che le rivolge radiosi sorrisi sdentati. «Quando la sorellina di Noa diventa piagnucolosa, io mi limito a metterla a letto. Di solito l'orario corrisponde a quello prescritto, che comunque io considero più un orientamento di massima che una regola inviolabile. Ai bambini dà sicurezza poter contare su abitudini costanti.»

Decido di seguire il suo consiglio. Chiederò questa magica tabella di marcia quando porterò Matteo alla visita per la quarta settimana. Il mio movente è egoistico: ho bisogno di riprendere a dormire senza interruzioni, e il prima possibile. Il pediatra, un signore di mezza età, con i ricci scuri e uno sguardo gentile, mi conquista subito. Dedica il tempo necessario a conoscere a fondo tutti i bambini e i genitori che entrano nel suo studio.

«Allora, dottore, quando posso cominciare ad abituare mio figlio alla sua nuova routine?» esordisco, con lo smartphone già acceso sulla app «appunti» in una mano mentre cullo Matteo sull'altro braccio.

Il medico mi fissa con aria divertita. Forse la mia foga da americana intraprendente è un po' sopra le righe, alle otto del mattino. Lui risponde in modo lento e cauto, scegliendo con cura le parole e continuando a guardarmi negli occhi. «Al momento, il suo obiettivo principale è allattare Matteo. Deve ricordare che è nato prematuro, perciò sta compiendo grandi sforzi per rimettersi in pari. Lasciamo che mangi quanto e quando vuole. Ne riparleremo tra un paio di settimane.»

Io annuisco, ma non riesco a nascondere la delusione. Non so quanto ancora riuscirò a resistere senza una notte di sonno decente. Al tempo stesso, però, mi sento sollevata. A quanto sembra la tabella di marcia non è poi così tassativa: il consiglio è l'allattamento su richiesta, proprio come avevo fatto con Julius. E la solfa non cambia nemmeno alle tre visite successive. Matteo viene misurato e pesato, per monitorarne la crescita rispetto alle medie olandesi. Io imploro il pediatra di lasciarmi inaugurare la magica routine nazionale, ma ogni volta lui mi ripete di proseguire allo stesso modo.

Perciò io continuo ad attenermi ai segnali di Matteo. A quattro mesi, il suo ciclo di sonno ha assunto una cadenza abbastanza prevedibile. Due sonnellini diurni: un'ora circa la mattina e due nel pomeriggio; la sera lo metto a nanna verso le sette, e lui dorme per cinque ore, poi verso mezzanotte si sveglia, mangia, si riaddormenta, si sveglia di nuovo intorno alle tre, mangia di nuovo e infine dorme fino alle sei. Se definiamo il riposo notturno come cinque ore di sonno consecutive,[5] lui ci è già arrivato.

Alla visita successiva, insisto ancora una volta per adottare la routine. Conservo un tono educato ma più risoluto. Non lo dico solo per me: l'esperimento serve anche ai fini di questo libro. «Insomma, ormai Matteo ha quattro mesi, e sta crescendo benissimo. Adesso posso adottare la tabella di marcia? Per favore.»

Il pediatra sorride. «Non ce n'è bisogno. Suo figlio ha già deciso da solo la sua routine.»

GLI ESPERTI DEL SONNO

Durante le mie ricerche di confronto tra i cicli di sonno dei bambini americani e olandesi, ho scoperto il lavoro di Sara Harkness e Charles Super, un team di marito e

[5] La Leche League International, Jennifer Slatton, *Sleeping like a baby* [Dormire come un bambino], «New Beginnings», vol. 20, n. 1, gennaio-febbraio 2003, http://bit.ly/2sCYMRO.

moglie docenti di Pediatria, Medicina dello sviluppo e Scienze sanitarie presso l'Università del Connecticut. Harkness e Super studiano le basi culturali e pratiche della puericultura in ogni parte del mondo da oltre trent'anni.

Li contatto per telefono e cominciamo subito a chiacchierare, come se io fossi una loro allieva e loro i miei professori preferiti.

Nel 1996 pubblicarono i risultati dei loro studi in un libro intitolato *Parents' cultural belief systems. Their origins, expressions and consequences* (I sistemi di credenze culturali dei genitori. Origini, espressioni e conseguenze), in cui introducevano l'idea che ogni società conosca intuitivamente il modo giusto di crescere un bambino.[6] Le credenze culturali dei genitori sono osservabili nella vita famigliare quotidiana. Si tratta di scelte radicate nella cultura di appartenenza e che quindi un genitore compie in modo automatico, quasi inconsapevole. E a loro volta queste prassi tendono a rispecchiarsi nel comportamento dei bambini.

Non c'è da stupirsi che libri come *Il ruggito della mamma tigre*, di Amy Chua, *Il metodo maman*, di Pamela Druckerman e *Un bambino felice* di Harvey Karp abbiano riscosso tanto successo. I genitori di oggi sono condizionati a credere che il futuro dei figli dipenderà dall'educazione impartita nella prima infanzia. Harkness e Super individuarono nell'Olanda il Paese ideale da analizzare

[6] Sara Harkness e Charles M. Super (a cura di), *Parents' cultural belief systems. Their origins, expressions and consequences* [I sistemi di credenze culturali dei genitori. Origini, espressioni e conseguenze], Guilford Press, New York 1996.

per i neonati e i bambini in età prescolare. «Rispetto agli americani, gli olandesi pongono un accento più forte su bambini calmi, rilassati e riposati» mi dice la Harkness. «I bambini che non seguono una routine regolare tendono a essere più agitati, e le madri se ne accorgono. Quelle olandesi sono molto sensibili al problema.»

La loro indagine fu cruciale per la scoperta di una differenza fondamentale nelle prassi olandesi e americane:[7] a sei mesi, i bambini olandesi dormivano in media due ore in più rispetto a un campione comparativo di coetanei americani, quindici ore in tutto, contro tredici. Due ore in più. Centoventi minuti di prezioso sonno extra anche per le madri, cioè per me. Alleluia!

E infatti i genitori olandesi non erano afflitti dalla privazione di sonno tanto nota agli altri.[8] Nessuna lamentela da «mio figlio non dorme» (e quindi neanch'io). La scoperta era clamorosa. Nei Paesi anglosassoni l'insonnia dei genitori ha creato un'industria multimiliardaria di sedicenti esperti di puericultura e guru del sonno. Perché in Olanda no? Qual è il segreto degli olandesi?

«Per riassumere il credo olandese in termini di educazione dei bambini possiamo citare un modo di dire: "*Rust, Regelmaat en Reinheid*" (riposo, regolarità e pulizia), altrimenti note come "le tre R"» mi spiega la Harkness. «E il risultato dell'approccio è evidente nelle ore di sonno dei bambini, oltre che nelle cure di cui sono oggetto in quelle di veglia.»

[7] Sara Harkness *et al*, *Parental ethnotheories of childrens' learning* [Teorie etnoparentali sull'apprendimento dei bambini], «The Anthropology of learning in childhood», vol. 65, capitolo 4, 2010.

[8] Ivi.

Non soltanto le «tre R» producono bambini più felici, affettuosi e facili da consolare, ma offrono anche il Sacro Graal di tutti i genitori: notti di sonno indisturbato.

«Ecco una curiosità interessante» mi dice il dottor Super al telefono. «Tieni a mente che le due ore extra di sonno rilevate nei bambini olandesi avvenivano durante il giorno, e corrispondevano alla fase di "sonno profondo", cioè quello che nei bambini più grandi e negli adulti evolve in sonno REM. È durante questa fase che l'organismo umano produce l'ormone della crescita. Certo» prosegue il professore «anche altri fattori influiscono sulla crescita. Ma non è interessante che gli olandesi, primatisti mondiali del sonno, siano anche la popolazione più alta del mondo?»

A quel punto mi faccio coraggio e domando: «Dopo quanto avete osservato nel corso delle vostre ricerche, siete sostenitori del modello olandese?».

«Be', se andiamo oltre la prospettiva pedagogica e intendiamo il modello di vita e di lavoro in genere, no: io preferisco essere americana che olandese» risponde la dottoressa Harkness.

La risposta mi sorprende. «Come mai?»

«Per spiegartelo ti racconterò una storia che ho citato già mille volte in passato. Durante le nostre ricerche in Olanda, a un certo punto ci ritrovammo con meno dati del previsto. Servivano altri campioni per completare il sondaggio. Così domandammo a tutti i nostri assistenti di intervistare ciascuno una famiglia in più. E tutti si rifiutarono. Nessuno di loro riteneva di avere tempo a sufficienza, anche a costo di far fallire il progetto» ricorda la dottoressa, e la sua voce tradisce ancora la delusione provata tanti anni prima. «Negli Stati Uniti non sarebbe mai accaduto. Nessun assistente avrebbe rischiato il posto con un comportamento simile. Per me, però, la vera illuminazione è stata un'altra: mi sono resa conto che la disponibilità a impegnarsi in uno sforzo aggiuntivo, compiere quel passo extra per raggiungere il traguardo non è un valore universale, come pensavo prima, ma un tratto tipicamente americano. E dal mio punto di vista è parte di ciò che rende la vita emozionante e soddisfacente.»

Mi sforzo di non scoppiare a ridere. È vero: gli olandesi prendono molto sul serio il giusto bilanciamento tra sfera privata e professionale. Loro lavorano per vivere, mentre gran parte degli americani e degli inglesi che conosco vive per lavorare, con il rischio di non staccare mai, ventiquattro ore su ventiquattro. Avere un'etica del lavoro indefettibile – o quantomeno dare l'impressione di averla – è molto importante per loro.

E quando le donne americane e inglesi hanno un figlio applicano alla maternità lo stesso zelo e la stessa dedizione prima profusi nella carriera. La dottoressa Harkness ammette che per le americane è diventato un problema. «Si sono spinte troppo oltre nel parenting intensivo. L'obiettivo di dare al figlio tutto il tempo disponibile, e per giunta tempo "di qualità", non lascia spazio a nient'altro, comprese le loro stesse esigenze. Una maternità simile non è sostenibile, soprattutto se hai più di un bambino.»

Io corrispondevo esattamente al profilo. Con il mio primogenito mi ero tramutata in una martire della maternità, un'eroina del principio dell'attaccamento. Passavo giorni di fila senza farmi la doccia. Nei primi sei mesi non ero mai uscita di casa, salvo per le emergenze. Julius non piangeva molto, perché io ero sempre presente, pronta ad anticipare ogni sua esigenza, e quindi ad allattarlo in qualsiasi momento, notti comprese. Inutile dire che di conseguenza non dormivo quasi mai. Ho rischiato di perdere la ragione, ma ero convinta che fosse il prezzo da pagare per essere una buona madre.

«Un'ultima domanda. Durante le vostre ricerche avete visto in atto il principio del "lascialo piangere"? I bambini olandesi piangevano spesso? Insomma, come riuscivano i genitori olandesi a farli dormire durante la notte?»

«Per la verità i bambini non piangevano quasi mai, tranne poche eccezioni. Gli olandesi aderivano a una routine molto rigorosa, e i loro bambini si addormentavano di loro spontanea volontà» risponde la Harkness. «Tutto sembrava accadere in modo naturale, senza che i neonati si disperassero troppo. Anzi, i bambini olandesi dormivano più di quelli di tutte le altre culture incluse nel nostro studio.»

Ma allora dove stavo sbagliando? Forse non sono abbastanza rilassata? Credevo che il nostro ritmo l'avesse stabilito Matteo, invece magari ero stata io a contagiarlo con la mia frenesia tipicamente americana.

LA QUESTIONE DELLE «TRE R»

A quanto sembra, la filosofia nazionale delle «tre R» risale a un libretto scritto nel 1905 da un'infermiera di quartiere, e intitolato appunto *Reinheid, rust en regelmaat*. Il sottotitolo riassume alla perfezione l'approccio calmo e rilassato dei genitori olandesi: «Una spiegazione concisa di come accudire il neonato con il minimo dello sforzo». Il messaggio tra le righe è che non sono i neonati a essere faticosi, ma i genitori a renderli tali.

In cerca di risposte, prendo appuntamento con un pediatra, il dottor Mark Hoetjer, che mi riceve nell'ospedale di Doorn in cui lavora. «"*Reinheid*" significa "pulizia", ma non è questo l'elemento più importante. Non c'è bisogno di lasciarsi ossessionare dall'igiene e dai germi, come capita ad alcuni genitori americani e tedeschi che incontro nel mio studio. Quel che conta sono riposo e regolarità, e questo significa che l'allattamento deve avere la priorità su tutto, e non venire asservito ad altri impegni. Nei primi due mesi deve accadere il contrario: tutto il resto passa in secondo piano rispetto all'allattamento» spiega il dottor Hoetjer. «Se la madre ha fretta quando allatta, sia al seno sia con il biberon, il bambino ne risente.

«Ed ecco un esempio per illustrare il concetto di "riposo". Poniamo che il figlio di una madre lavoratrice si svegli alle cinque con la febbre. Se lei si fissa ad andare comunque al lavoro entro le otto, è evidente che sarà stressata, e di conseguenza anche il bambino. Molto meglio rassegnarsi alle circostanze e prendere un giorno di permesso. Restando a casa, la madre potrà portare il bambino a letto con sé e rilassarsi insieme a lui finché la febbre scende. Se la madre è stressata, lo sarà anche suo figlio, e questo non può che peggiorare le cose.»

«Quindi mio figlio deve dormire quando io ho bisogno di sonno?» domando.

«Capita a tutti i genitori di essere svegliati dai bambini, compresi quelli olandesi. Il segreto è tornare a letto.» Il pediatra si stringe nelle spalle. «Certi bambini imparano a dormire sonni ininterrotti già entro i tre mesi, in altri casi impiegano un anno, o addirittura due.»

Cerco di approfondire. «Ma imparano da soli o sta ai genitori insegnarglielo?»

«Accade in modo naturale. Cercare di imporre un comportamento è sempre controproducente, perché il bambino avverte la tensione e si agita» risponde il dottor Hoetjer. «Insistere – "Ti prego, dormi, ti scongiuro" – non funziona. A volte è meglio ignorare il bambino e lasciarlo piangere per un po'.»

Il consiglio mi sembra sensato. Con il mio secondogenito io sono molto più rilassata. Matteo si sveglia ancora una o due volte per notte, ma a quattro mesi è normale. E dopo la poppata di solito si riaddormenta subito. Io non ho né il tempo né le energie per intrattenerlo a qualsiasi ora, come facevo con Julius, e lui sembra averlo capito.

«Secondo una ricerca, i neogenitori olandesi non soffrono la carenza di sonno tipica degli americani. Nella sua esperienza è così?» chiedo.

«A volte capita di ricoverare neonati nel nostro ospedale. Se un bambino non dorme per mesi di fila, servono accertamenti. Ma in genere qui si addormentano subito.»

«Davvero?» Sono scettica. Mi sembra troppo bello per essere vero.

«Be', sì, diciamo sei volte su dieci. E il motivo è che alle madri non è permesso restare nella stessa stanza. Se il bambino si mette a piangere, l'infermiera di turno gli dice: "Senti, devi metterti tranquillo. Io ho altri quattro pazienti di cui devo occuparmi". Il messaggio, magari non verbale ma comunicato con l'atteggiamento, è: "Non riuscirai ad averla vinta. Ho altre cose da fare, perciò adesso ti lascio solo". E il bambino capisce, e si tranquillizza.»

Si interrompe per rivolgere un sorriso a Matteo, impegnato a succhiarsi il pollice.

«È un sistema che ho sperimentato io stesso. Si chiama “metodo dei dieci minuti”. Alcuni pediatri e psicologi dell’infanzia lo raccomandano. Se durante la notte il bambino comincia a piangere, basta entrare nella stanza e dirgli, senza prenderlo in braccio: “Va tutto bene, la mamma è qui. Però adesso devi dormire”. E poi uscire. Se lui ricomincia, la madre deve tornare nella stanza e comportarsi allo stesso modo, e continuare così finché il piccolo si addormenta. L’essenziale è fargli capire che la regola non è negoziabile.»

In sostanza il dottor Hoetjer ha descritto lo stesso metodo adottato da Roos per insegnare a suo figlio a dormire senza interruzioni.

UNA VARIAZIONE SUL METODO OLANDESE

Armata di tutti i consigli raccolti, decido di stabilire una routine regolare di riposo e poppate con Matteo. Nella mia versione, l’idea è di mantenere un ritmo il più costante possibile, con due sonnellini diurni e l’ora della nanna alle sette di sera. È facilissimo, e funziona davvero. E senza bisogno di sprecare tempo e soldi in esperti e manuali del sonno. A volte capita ancora che Matteo si svegli durante la notte, in genere per la dentizione, ma adesso in casa dormiamo tutti molto più di prima.

Il vero segreto però è che sono io a essere più rilassata, e accetto gli ostacoli e gli incidenti così come vengono, cercando di tenere la mente aperta. Come l’infanzia, anche la maternità non dovrebbe essere vissuta troppo in fretta, o a tappe forzate. E non c’è niente di male se di tanto in tanto le cose sfuggono al controllo.

L'esperienza di Michele con le «tre R»

Ho scoperto la filosofia delle «tre R» grazie all'assistente postnatale di Ben. Fino ad allora non avevo mai preso un neonato in braccio, perciò senza di lei non avrei nemmeno saputo come fargli il bagnetto. Piccolo e vulnerabile com'era, avevo il terrore che mi scivolasse di mano e annegasse. L'assistente mi insegnò anche a cambiargli il pannolino, mi consigliò di adottare una routine regolare e di tenere un diario delle poppate. Essendo alla mia prima esperienza, io seguii le raccomandazioni con diligenza assoluta. Conservo ancora quel diario, che registra i cambiamenti progressivi negli orari di poppata e di sonno. Andò tutto come da manuale. Il problema principale era che Ben poppava con estrema lentezza, arrivando a impiegare un'ora intera per seno. Mia suocera mi consigliò di fargli il solletico sotto i piedini, per evitare che si appisolasse mentre mangiava. E anche le indicazioni del centro allattamento si rivelarono molto preziose. Alla base di tutto c'era l'idea di non abituare il bambino a mangiare a richiesta, o a usare il seno come un ciuccio, ma di puntare a poppate complete ogni volta, prolungando progressivamente gli intervalli. Il vizio degli snack fuori pasto è scoraggiato fin dalla primissima infanzia, e la regola vale anche in seguito. I bambini di età scolare fanno colazione la mattina presto, un pasto leggero a mezzogiorno e poi la cena nel tardo pomeriggio. Senza merende. Magari è per questo che in Olanda si registra un tasso quasi irrilevante di obesità (anche se di sicuro conta anche l'abitudine di andare ovunque in bicicletta).
Mi avevano detto che Ben avrebbe cominciato a dormire tutta notte con l'inizio dello svezzamento, ed è andata proprio così. L'unica difficoltà era convincerlo ad addormentarsi.

Non ricordo chi me lo suggerì, ma dopo un po' decidemmo di lasciarlo piangere. Io restavo fuori dalla porta per periodi sempre più lunghi (un minuto, poi due, poi cinque), entrando a intervalli regolari a rassicurarlo, ma senza prenderlo in braccio. Dopo quattro notti, si è abituato ad addormentarsi da solo. Mio marito teneva molto a una routine regolare per i bambini, ed è piuttosto intransigente ancora adesso. Gli olandesi sono convinti che sia questo il segreto per crescere bambini calmi e sereni. Bisogna abituarli a una routine adatta a loro, non costringerli ad adeguarsi agli orari dei genitori. La mia secondogenita, Ina, fu un altro paio di maniche. Poppava in cinque minuti e dormiva una notte filata già tra le sei settimane e i sei mesi. E, com'è tipico dei genitori già rodati, per lei non compilai un diario. Ma appena iniziato lo svezzamento Ina cominciò a svegliarsi durante la notte, in parte perché soffriva di coliche. Le tentammo tutte per ristabilire la routine, ma il suo corpo aveva regole proprie. Per carattere, però, Ina apprezza la regolarità perciò, con il passare del tempo, abbiamo ripreso a rispettare orari fissi per i pasti e per il sonno. Anche se ancora adesso, a otto anni compiuti, mia figlia non si può proprio definire una dormigliona.

La trovata più recente della pedagogia danese consiste nel portare i bambini all'aperto durante il sonnellino diurno. Alcuni nidi olandesi sono dotati di culle apposite, protette e isolate, per permettere ai piccoli di dormire beati all'esterno anche in pieno inverno.

All'inizio io non ero convinta. E se il bambino avesse preso freddo o si fosse ammalato? E se gli fosse capitato qualcosa? Eppure sapevo che appena sistemato nel passeggino Matteo si addormentava di botto. Un giorno, dopo la nostra passeggiata, lo lasciai appisolato in giardino. E funzionò alla grande. Matteo adora dormire nel passeggino. È sicuro e al caldo dentro la tutina imbottita e sotto il telo di protezione, e a volte non si sveglia per due o tre ore filate. Anzi, spesso mi capita di doverlo svegliare io stessa. E quando dorme in giardino io non solo guadagno un po' di tempo prezioso da dedicare a me stessa, ma non ho il timore di disturbarlo.

Dritte preziose dalla *Guida alla crescita* del consultatiebureau[9]

1. *Routine quotidiana regolare*
   I neonati piangono meno se sanno cosa li aspetta durante il giorno. La prevedibilità è rassicurante, perciò è meglio rispettare sempre la stessa sequenza di sonno, veglia, poppata (dopo mangiato il bambino potrà sembrare assonnato, ma è solo l'effetto della digestione), coccole e «conversazione».
2. *Mettete in culla il neonato quand'è stanco ma ancora sveglio*
   Se si abitua ad addormentarsi da solo, il bambino dormirà quanto necessario e al risveglio sarà perfettamente riposato, mentre se siete voi a farlo addormentare si sveglierà a ogni minimo rumore, e si agiterà nel sonno. La fase di addormentamento potrà richiedere tempi diversi, da cinque a venti minuti, con qualche lamento o pianto, ma alla fine funziona.

[9] Anneke Kesler, *Growth guide, ages 0-4* [Guida alla crescita, da 0 ai 4 anni di età], GGD, Amsterdam 2012, https://www.groeigids.nl/.

3. *I luoghi della nanna*
   I neonati dovrebbero riposare in un posto tranquillo: nella carrozzina, nel lettino, nel passeggino, oppure in braccio a mamma o papà o nel marsupio. L'ideale però è abituarli a dormire da soli nella culla.
4. *Riducete al minimo le distrazioni esterne*
   Basta evitare che la radio o il televisore restino accesi tutto il giorno, non usare troppo a lungo la palestrina prima dei tre mesi, non lasciare il bambino davanti alla televisione e limitare le visite degli estranei che possono interferire con gli orari di sonno.
5. *Il riposo*
   Assicuratevi che il bambino abbia il giusto equilibrio di sonno e veglia in un ambiente tranquillo, e non portatelo in passeggiata più di una volta al giorno.
6. *Rimboccate bene le coperte*
   Spesso i neonati dormono meglio se non possono dimenare braccia e gambe. Nel lettino, la coperta dovrebbe arrivare alle spalle e i piedini dovrebbero toccare il fondo del letto. Rimboccate bene le coperte, in modo che il piccolo sia comodo e si senta al sicuro.

4

Le gioie dell'analfabetismo prescolare

Rina si rende conto che ai bambini piccoli non serve imparare a leggere

Immaginate la scena di un video. L'obiettivo inquadra un piccoletto di tre anni con i capelli neri circondato da bambini biondi. Sembra un po' smarrito. L'aula in cui si trova è piena di colori, con scaffali e scatoloni stipati di libri, pennelli, mattoncini da costruzione, plastilina, giocattoli, casette di bambole, un angolo arredato con una cucina, un negozio in miniatura e un espositore di costumi.

Lui è al centro della stanza, insieme al resto della classe. Tutti gli altri sono intenti a seguire la maestra e a imitarne i gesti mentre ascoltano la musica. Lui no. Ha altro per la testa, oppure si annoia. Perciò decide di ignorare la maestra e di rotolarsi sul pavimento. Anche un altro bambino si è appartato, con il musetto premuto sul vetro della porta affacciata sul giardino. Sembra più interessato al cortile, con le giostre, la sabbiera e le casette. La maestra continua imperterrita con la sua attività, lasciandoli fare.

Il video è una ripresa di Julius alla *peuterspeelzaal*

(scuola materna) che frequenta quattro volte la settimana (due la mattina e due il pomeriggio, ogni volta per circa tre ore e mezzo). La classe comprende al massimo sedici bambini, seguiti da due maestre. Julius è un maschietto di poche parole. È molto timido e non parla volentieri in presenza di estranei o di gruppi numerosi, perciò riceve un aiuto extra per migliorare le sue competenze linguistiche in olandese, ma sempre attraverso il gioco, non con lezioni vere e proprie. Il sistema è perfetto e conveniente per tutti: Julius ha un posto sicuro in cui esplorare e sviluppare la socialità, e io qualche ora in più da dedicare in modo esclusivo al piccolo Matteo.

Le giornate all'asilo seguono uno schema fisso. All'arrivo, i genitori si trattengono un po' con il bambino, magari leggendogli una fiaba o componendo un puzzle, prima di andarsene. Poi segue il «momento in cerchio», in cui le maestre riuniscono la classe e presentano l'attività di disegno o artistica prevista; segue poi un secondo «momento in cerchio» per l'ascolto della musica o altri giochi; e infine il gioco libero fino al termine della sessione. Non si fa alcun tentativo di insegnare l'alfabeto o i numeri. Tutto ruota intorno alle attività preferite dai più piccoli: il gioco e l'interazione con altri bambini.

La mia reazione al filmato è contrastante. Non so se ridere o piangere alla vista di mio figlio libero di essere se stesso, senza che nessuno lo obblighi a partecipare o a prestare attenzione. La madre calma e rilassata che sto cercando di diventare è tutta in favore dell'atteggiamento flessibile. E tuttavia non riesco a zittire una vocetta insistente dentro la mia testa: «È davvero abbastanza?».

«Non sono sicura che sia l'approccio giusto» confesso a Bram quella sera, dopo aver rivisto il video insieme a lui. Siamo sdraiati a letto, il mio momento preferito per le confidenze cuore a cuore, e il suo per astrarsi e leggere. «Forse non è il tipo di asilo più adeguato a Julius. Non gli insegnano niente, né a leggere né a contare. Non c'è il rischio che resti indietro?»

I miei genitori immigrati mi hanno inculcato che l'istruzione conta più di tutto. Eccellere a scuola è la via maestra per la promozione sociale, o almeno era questo il loro mantra. Come se non bastasse, la mia bacheca di Facebook è tappezzata degli annunci orgogliosi delle amiche americane sui traguardi conseguiti dai loro figli: video di bambini di quattro mesi incantati da *Sesame Street*, che a otto mesi completano un puzzle, a un anno sono campioni di giochi educativi sull'iPad. Sono tutti già scattati dai blocchi, e dunque in testa nelle competizioni a venire.

In linea con lo stile mamma-tigre, io mi ero preparata a istruire mio figlio prima ancora che venisse al mondo. Avevo compulsato testi come *Naturalmente intelligenti. Istruzioni per lo sviluppo armonioso del cervello dei bambini della prima età* di John Medina, comprato oltre cento libri per l'infanzia per avviarlo alla lettura fin dai primi giorni di vita, e ammesso in casa solo giocattoli di legno con vernice non tossica. E adesso eccomi qui, quasi quattro anni dopo, con un bambino che ancora fatica a parlare, figurarsi a leggere, scrivere e far di conto.

«Ti preoccupi troppo» mi rassicura Bram. «Io non ho grossi problemi, giusto? E se il sistema olandese non ha compromesso le mie capacità intellettuali, perché dovrebbe accadere con lui?» Ha ragione, ovviamente.

Senza istruzione precoce né a casa né a scuola, mio marito è comunque arrivato a laurea e master.

Ma negli altri Paesi la situazione è diversa. Pur con le migliori intenzioni, e rispondendo alle tacite aspettative culturali, i genitori spingono i bambini a un apprendimento sempre più prematuro. Oggi la tendenza è a trasformare le materne e gli asili in ambienti più simili alle scuole elementari. Uno studio dell'Università della Virginia[1] ha messo a confronto gli asili americani tra il 1998 e il 2010, e concluso che le maestre della nuova generazione hanno aspettative scolastiche più ambiziose per i loro allievi, e dedicano più tempo alle lezioni formali di lettura e di aritmetica. Purtroppo questo significa meno tempo per l'arte, la musica e il gioco spontaneo. In Olanda e Scandinavia accade il contrario.

Un'amica olandese, Maria, autrice e illustratrice di libri per bambini, che vive a San Francisco insieme al marito e al figlio di sei anni, riflette: «Da outsider, non ho mai smesso di stupirmi delle differenze tra mamme americane e olandesi. Resto allibita dalla fretta delle americane di insegnare a leggere, scrivere e contare anche a bambini piccolissimi, nella convinzione che l'apprendimento precoce sia una garanzia di successo nella vita.

«Ho letto da qualche parte che dal punto di vista dell'inserimento scolastico i genitori europei desiderano soprattutto che i figli si sentano realizzati e a loro agio, mentre gli americani si preoccupano dei risultati scola-

[1] Daphna Bassok, Scott Latham, Anna Rorem, *Is kindergarten the new first grade?* [L'asilo è la nuova prima elementare?], «AERA Open», 2 (1), 6 gennaio 2016, http://bit.ly/2tqpB8e.

stici» prosegue Maria. «Perciò per loro diventa vitale iscriverli nella scuola migliore possibile.

«Questo genera molte ansie, e giganteschi sensi di colpa. Io non posso permettermi un asilo privato, ma la cosa non mi preoccupa. Ai bambini basta dare affetto e sicurezza, e al resto penseranno loro. Sono davvero grata di essere cresciuta in Olanda e di avere acquisito una prospettiva diversa, perché come genitore riesco a tenere i piedi ben piantati per terra, senza lasciarmi condizionare da questo ambiente tanto competitivo.»

Anche Ottilie è una mamma olandese che vive a San Francisco. «Sono rimasta in contatto con le mie cugine che hanno figli della stessa età in Olanda» spiega «e abbiamo parlato spesso dell'argomento. Nella mia esperienza, i bambini californiani sono più avanti con la lettura e persino con l'aritmetica, perché cominciano molto prima. Ma già in seconda elementare questo vantaggio scompare, e le maestre devono affannarsi a portare tutta la classe allo stesso livello. Secondo me il motivo è che non tutti i bambini sono pronti a imparare a leggere e a scrivere tanto presto. In Olanda cominciano più tardi e in modo più graduale, eppure in seconda elementare sono tutti alla pari: sanno leggere, scrivere e fare i conti, e progrediscono insieme. I loro cervelli hanno avuto la possibilità di svilupparsi in modo naturale grazie al gioco libero, un'attività essenziale per la prima infanzia. Ho sofferto molto per mio figlio, costretto a restare seduto e a concentrarsi per tante ore di seguito quand'era così piccolo.

«Entrambi i miei bambini hanno cominciato "tardi" a leggere, poco prima dei sette anni» prosegue Ottilie.

«La scuola mi aveva offerto un tutor per aiutarli, ma io ho rifiutato. Preferivo aspettare. Secondo me è normale che a cinque o sei anni i bambini non siano ancora intellettualmente maturi per certe attività. E puntualmente, verso i sette anni, anche i miei si sono messi in pari. Anzi, hanno fatto passi da gigante, e ancora adesso sono lettori voraci, con competenze superiori alla media dei coetanei. Se avessi accettato la proposta del tutor, il merito del risultato sarebbe stato del sistema scolastico, mentre io sono convinta che, esclusi i casi di dislessia o di altri problemi dell'apprendimento, i bambini imparano a leggere quando sono pronti, punto.»

L'atteggiamento di Ottilie mi ha colpito molto. Era riuscita a tener ferma la sua posizione, e a ragionare con la sua testa e in modo pragmatico persino nell'ambiente di San Francisco.

UNA MAMMA PARLA CHIARO A RINA

Incuriosita dall'atteggiamento dei genitori olandesi, e con un gran bisogno di farmi nuove amiche, estendo un invito a Jet, la mamma di Jaime, un piccolo di due anni compagno d'asilo del mio Julius. La sua famiglia è appena tornata in Olanda dopo undici anni all'estero.

Ci diamo appuntamento da Hema, un popolare grande magazzino dove si trova di tutto, compresa una colazione all'inglese a prezzi stracciati. Per due euro, ordiniamo un sandwich con omelette, un croissant alla marmellata, una spremuta d'arancia e un caffè.

«Per quale motivo insegnare a leggere tanto presto ai bambini?» domanda Jet. «Perché non lasciarli liberi di giocare? Quando sono piccoli è altrettanto importante, se non di più. Giocando, imparano a relazionarsi con gli altri, un talento che tornerà molto utile in futuro.

«La vita alle elementari può essere piuttosto dura. Per esempio, non tutti i bambini invitano la classe alle feste di compleanno. Alcuni si ritrovano emarginati, e le madri si disperano. Le maestre d'asilo sanno quant'è importante assimilare le competenze sociali da piccoli – imparare a farsi nuovi amici, a rispettare i turni, a essere gentili, a giocare con gli altri – e le favoriscono.»

«Ma in questo modo i bambini non restano indietro nell'apprendimento vero e proprio?»

«In che senso? Hai mai assistito a una lezione all'asilo? Hai presente come siedono sempre in cerchio? Be', una volta ero presente anch'io, e la maestra stava parlando del clima. A turno, chiedeva ai bambini: "Puoi descrivere il tempo di oggi?". Poi indicava un tabellone con tre disegni diversi: un sole in un cielo azzurro, una nuvola con qualche goccia di pioggia, e un'altra nuvola sfilacciata, come simbolo di vento forte. Incoraggiava il bambino di turno a guardare fuori dalla finestra e poi a trovare il disegno corrispondente. Per me questo è apprendimento.»

Voglio che mio figlio sia come gli altri: il punto di vista di Michele

Non ho mai pensato che fosse giusto sottoporre i bambini a grandi pressioni per spremerne fino in fondo il potenziale intellettuale. Che fretta c'è? I genitori inglesi sono molto competitivi, vivono in un continuo confronto tra i traguardi di sviluppo raggiunti dai loro figli e quelli dei coetanei. In Olanda non interessa a nessuno se un bambino di tre anni sa già leggere e scrivere. Vantarsene, poi, è considerato di pessimo gusto. Un'amica olandese mi ha fatto notare un tratto dei suoi connazionali che agli stranieri rischia di passare inosservato: la tendenza a sminuire i propri successi. Qui l'attenzione sociale è rivolta all'uguaglianza. Ci si sforza di apparire il più possibile simili agli altri, non migliori. Ecco perché le mamme non entrano in competizione tra loro, e nessuna vanta i meriti dei figli.

A tre anni, Ina era molto timida e attaccata a me, però aveva imparato da sola a scrivere qualche parola. Scriveva mamma, papà, Ina e Ben su qualsiasi superficie le capitasse a tiro. Al controllo annuale nella clinica pediatrica, si presentò all'infermiera con una cartolina su cui in sala d'attesa si era divertita a scrivere le sue parole. Ma l'infermiera non prestò la minima attenzione al suo exploit. Le misurò l'altezza e le chiese di mettere tre mattoncini uno sopra l'altro.

A volte capitava che Ina mi chiedesse di imparare qualcosa, e in quel caso la aiutavo, ma non ho mai insistito di mia iniziativa. Quando, poco prima dei quattro anni, cominciò a frequentare la scuola, la sua maestra notò quant'era impaziente di imparare, così le fornì una serie di esercizi per perfezionare l'alfabeto e qualche semplice operazione aritmetica. In quel periodo, Ina sviluppò una grande passione

per i numeri. Prima di addormentarsi recitava le tabelline. E poiché continuava ad apprendere più in fretta dei compagni, fu promossa direttamente in terza, l'anno in cui si inizia ad affrontare le materie vere e proprie.
L'approccio generale è questo. Ai bambini dotati si fornisce materiale extra per approfondire e ampliare le conoscenze, ma non è automatico che tutti siano costretti ad accelerare il ritmo per passare al livello successivo. Anche in terza Ina cominciò presto ad annoiarsi, perciò saltò un altro anno. Tuttavia, per noi come per i genitori e gli insegnanti olandesi, le competenze sociali contano molto di più di quelle strettamente scolastiche. Io desidero che Ina sia bene inserita nel suo ambiente e con i suoi amici, non che diventi una bambina prodigio capace di superare l'esame di maturità a undici anni. Insieme ai suoi insegnanti, stiamo prendendo in considerazione l'ipotesi di tenerla alle elementari per un anno in più, affinché cominci le medie alla stessa età dei compagni.

SCUOLE DI PENSIERO ALL'ASILO

Impaziente di liberarmi una volta per sempre delle angosce sullo sviluppo intellettuale di Julius, un giorno decido di parlare con le sue maestre. Anna, Dingena e Irma sono tre sessantenni molto disponibili e gentili. In classe sembrano tre nonne circondate da una frotta di nipotini. E sono anche bravissime con il multitasking: non hanno alcuna difficoltà a chiarire i miei dubbi mentre preparano le attività da proporre ai piccoli durante la giornata.

A quanto pare non sono l'unica madre in preda all'ansia scolastica. La tendenza generale a sollecitare in modo artificioso l'apprendimento dei bambini ha cominciato a condizionare anche gli olandesi, e altri genitori hanno espresso preoccupazioni sul rischio che, non imparando a leggere all'asilo, i loro figli possano trovarsi svantaggiati alle elementari. Le maestre invece continuano a insistere che a quest'età è il gioco l'attività più importante, non l'apprendimento formale.

Messe insieme, le maestre di Julius hanno ottant'anni di esperienza nella scuola, e restano convinte che nella prima infanzia la pedagogia giusta sia quella attiva ed esplorativa, non la lezione cattedratica.

«Quel che conta per noi è offrire al bambino la possibilità di svilupparsi da solo, e al suo ritmo personale» spiega Anna. «Questo significa fornirgli la massima varietà possibile di strumenti di gioco, sia in classe sia in cortile, e lasciarlo scegliere liberamente. E poi parliamo moltissimo con loro, incoraggiandoli a sperimentare e a esprimersi.»

A giudicare dal caos controllato di mattoncini, marionette, libri illustrati e materiali per l'espressione artistica che riempie l'aula, è evidente che offrono davvero un'ampia scelta di alternative, per sollecitare la curiosità dei bambini e incoraggiarli a sviluppare la fantasia. Sarei tentata io stessa di frugare negli scatoloni di giocattoli. In aggiunta, con due maestre e un numero contenuto di bambini per classe, ci sono ampie possibilità di conversazioni a quattr'occhi, per permettere una conoscenza approfondita di ogni singolo allievo nei due anni in cui saranno affidati alle loro cure.

«Vogliamo che imparino a socializzare con i coetanei. Li incoraggiamo a giocare insieme, affinché apprendano le competenze sociali essenziali: a condividere, a essere pazienti e sicuri di sé» dice Irma. «E svolgiamo anche molte attività di gruppo, come ascoltare una favola, cantare in coro e fare un lavoretto per la classe.»

«Quando i genitori si preoccupano che i piccoli non siano abbastanza stimolati,» prosegue Dingena «noi spieghiamo che l'insistenza a insegnare l'alfabeto, contare fino a cento e riconoscere tutti i colori del prisma riduce i loro figli a scimmiette ammaestrate. Dal punto di vista dei bambini, sono trucchi da circo, non apprendimento autentico.»

Ormai vivo qui da parecchio tempo, eppure il modo diretto di esprimersi degli olandesi è sempre come una secchiata d'acqua gelida. È uno shock ogni volta. Devo rammentare a me stessa che Dingena non ha appena dato della scimmia ammaestrata a mio figlio. Voleva solo sottolineare l'idea che per un bambino il gioco è molto più importante dell'alfabeto e delle tabelline.

«Ieri una bambina è scoppiata a piangere in classe: le era appena nato un fratellino. Noi le abbiamo lasciato tutto il tempo di parlarne. È questo il nostro compito: insegnare ai bambini a identificare con chiarezza le proprie emozioni, per poi spiegarle agli altri» aggiunge Anna. «Non si tratta di impartire nozioni ma di favorire lo sviluppo dell'individuo, incoraggiandolo a esprimersi e a entrare in rapporto con gli altri.» Se c'è una cosa in cui gli olandesi eccellono, è nel comunicare con i bambini. I genitori cominciano a parlare ai figli appena nati, incitandoli a rispondere non appena riescono a emettere un suono. È uno dei motivi per cui i ragazzini, qui, sono tanto eloquenti e sicuri di sé.

Pedalando verso casa, mi domando se sia davvero il caso di interferire tanto con lo sviluppo dei nostri bambini, tenendoli sotto pressione e addestrandoli all'apprendimento precoce, quando i genitori olandesi non fanno niente di tutto questo, e i loro figli crescono benissimo.

5

La scuola senza stress

Michele ripensa l'istruzione

Di tutte le decisioni che toccano a un genitore, la scelta della scuola sembra la più fondamentale in assoluto. Niente appare altrettanto importante per la loro vita presente e futura. A Londra, le mie amiche non parlano d'altro. La questione – il confronto tra scuole private e pubbliche, l'angoscia di sbagliare – è un'ossessione nazionale. Il fatto è che, come gli americani, anche gli inglesi considerano la formazione scolastica garanzia di successo nella vita adulta, e poiché ogni tappa del percorso è concatenata alle altre, il problema diventa impellente fin dall'inizio. Se non riesci a iscriverlo all'asilo giusto, tuo figlio non avrà accesso a una buona elementare, e una buona elementare è essenziale per prepararlo a una secondaria decente, che a sua volta gli permetterà di superare brillantemente gli esami di ammissione per un'università davvero prestigiosa. Negli Stati Uniti vale la stessa equazione: il massimo rendimento scolastico e/o sportivo porta all'ammissione alle università migliori (idealmente con una borsa di studio), che assicurano la possibilità di fare carriera. Perciò i genitori sono disposti a qualsiasi sacrificio – accendere un'ipoteca sulla casa per pagare la retta di una scuola privata o trasferirsi in un'altra città per rientrare nel distretto delle statali più rinomate – pur di avviare i figli sulla via «giusta».

In Olanda non tutto dipende dal massimo dei voti o dall'università più illustre. Qui l'istruzione è orientata ad altri scopi. Gli olandesi la considerano la via maestra non al successo sociale ma al benessere del bambino e al suo sviluppo come individuo. Non c'è un punteggio obbligatorio per accedere all'università: basta avere il diploma. E in mancanza del numero chiuso non c'è alcuna gara alle ammissioni. Per comprendere il sistema scolastico olandese ho dovuto sbarazzarmi di una quantità di condizionamenti psicologici e valori interiorizzati in modo inconscio, e ripensare il senso stesso dell'istruzione. Molte delle convinzioni apprese in tutta una vita non valevano più.

Quando Ben aveva due anni e mezzo e io ero incinta di Ina, ci trasferimmo dal nostro appartamentino nella periferia sud a una villetta indipendente ad Amsterdam Noord. Il quartiere nord è noto con il nomignolo affettuoso (o non proprio) di «Siberia», perché è spazzato da venti artici. Mio marito, che è nato e cresciuto ad Amsterdam, ci si era avventurato un'unica volta in passato, e ne era rimasto traumatizzato. Amsterdam Noord è separata dal resto della città dal canale gelido del fiume Ij, ed è raro che sia inclusa nelle cartine per turisti. Un tempo era qui che venivano giustiziati i condannati a morte, e nell'immaginario popolare il quartiere era rimasto associato a criminalità, povertà e alle case popolari dove il governo scaricava gli «elementi socialmente indesiderati». Nel 2007 il nome richiamava alla mente squallidi casermoni, una vasta popolazione di immigrati e un centro commerciale particolarmente sgraziato, rivestito di plastica bianca.

Ciò detto, io venivo da Harlesden, una periferia nel nord-ovest di Londra piena di friggitorie caraibiche, parrucchieri africani e caffè portoghesi, quindi ero abituata agli ambienti multietnici. Ad Amsterdam Noord mi sentivo a casa. Trovai una vecchia villetta spaziosa ed economica, affacciata su un parco, e traslocammo, insieme a una quantità di altre famiglie, l'avanguardia dell'«imborghesimento» che avrebbe tramutato Amsterdam Noord nell'equivalente olandese di Williamsburg a New York o di Hoxton a Londra.

Il compito di trovare una scuola elementare per Ben toccò a mio marito. L'iscrizione doveva avvenire entro il terzo compleanno del bambino. Le scuole disponibili erano tutte statali, e io ero ben contenta di evitare il dilemma tra pubbliche e private. In Inghilterra avevo frequentato le superiori di Stato, e la mia impreparazione rispetto ai coetanei che venivano dalle private era diventata lampante al primo anno di università, che avevo dovuto passare nell'affanno per rimettermi in pari. In seguito, lavorando in editoria – roccaforte dell'élite – mi ero spesso tenuta sul vago nel rispondere alla domanda: «Dove sei andata a scuola?», ben consapevole di quanto fosse cruciale nell'immagine che gli altri si facevano di me. A seconda di dove hai studiato, sei «uno di noi» oppure un outsider.

Nel nostro nuovo quartiere, avevamo un ampio spettro di scuole tra cui scegliere. Per cominciare, le cosiddette «sperimentali» (o *concept school*), basate su questa o quella pedagogia progressista, in genere importate dall'estero: il sistema Montessori dall'Italia, il metodo Dalton americano o lo Jena tedesco. E poi c'erano quelle più tradizionali: le religiose – cristiane o musulmane – e le statali laiche. Nessuna prevedeva il pagamento di una retta.

Ne visitammo alcune, e io restai molto colpita dall'atmosfera calma e allegra che vigeva alla scuola Montessori. La sede non era niente di speciale, un semplice edificio a un piano, costruito negli anni Ottanta, ma all'interno le pareti erano tinteggiate a colori vivaci, bianco e giallo, e tappezzate di disegni dei bambini. Nei corridoi c'erano varie aree di gioco, con sabbiere, casette per le bambole e tavoli in comune, dove piccoli allievi sorridenti si dedicavano a progetti creativi. In classe erano silenziosi e impegnati non soltanto sui libri ma anche a creare collanine, giocare con i mattoncini da costruzione, il cartoncino e i colori. Spesso i più piccoli sedevano sui materassini stesi a terra, intenti in giochi educativi. E tutti avevano un'aria serena e rilassata. Nei Paesi anglosassoni, le scuole montessoriane sono tutte private. Qui sono accessibili a tutti. Non mi capacitavo di una fortuna simile.

Ad Amsterdam le scuole Montessori sono ventotto. La prima fu fondata nel 1914, e già negli anni Venti il sistema si era diffuso a macchia d'olio. Prima della guerra, Anna Frank aveva frequentato le elementari presso una scuola montessoriana. E non è difficile capire perché questa filosofia attiri tanto gli olandesi. Come il sistema Dalton e Jena, a loro volta molto popolari, la scuola Montessori pone l'accento soprattutto su autonomia e collaborazione. Il principio di base è «insegnami a farcela da solo».

Secondo Maria Montessori, gli adulti – genitori e

insegnanti – non dovrebbero imporre le proprie idee ai bambini. Lo sviluppo spontaneo è meglio di quello condizionato. Perciò, invece di essere costretti ad apprendere tutti le stesse cose ed entro gli stessi tempi, i bambini imparano secondo il proprio ritmo, su base individuale. L'apprendimento non è forzato, e ciascuno è incoraggiato a perseguire i propri interessi, approfondendo un particolare argomento o ambito, un principio montessoriano incorporato all'intero sistema scolastico olandese.

In Olanda la scuola comincia a quattro anni, ma l'insegnamento in senso stretto – lettura, scrittura e aritmetica – inizia solo a sei anni, in terza elementare. Se prima di allora un bambino manifesta interesse per le «materie» formali, la scuola gli fornisce il materiale necessario a esplorarle da solo. Grazie a questo sistema, entrambi i miei figli hanno imparato a leggere e a scrivere fin dal primo anno, e senza alcun bisogno di pressioni esterne. I compagni che hanno imparato in terza elementare, a sei o sette anni, non si sono ritrovati svantaggiati, e si sono rimessi subito in pari.

Secondo il National Institute for Child Health and Human Development, l'Ente nazionale americano per la salute e lo sviluppo dei bambini, «la lettura è la più importante di tutte le competenze scolastiche, e prioritaria per una vita felice, produttiva e di successo. Un bambino capace di leggere con disinvoltura acquisisce sicurezza in se stesso e un alto livello di autostima».[1] Evitando di imporne l'apprendimento troppo presto, la lettura diventa un piacere, non un dovere.

[1] *How to make your kid smarter* [Come favorire l'intelligenza di tuo figlio], Medium.com, il 3 giugno 2015, http://bit.ly/2rkaxbM.

L'IMPORTANZA DELLE COMPETENZE SOCIALI

Alla fine mio marito e io scegliemmo la scuola Montessori perché ci aveva fatto un'ottima impressione, non perché ne conoscessimo a fondo i metodi didattici. Ripensandoci oggi, forse mi ero già convertita all'approccio olandese. I genitori inglesi o americani si informano a fondo prima di scegliere una scuola, confrontando i risultati scolastici, fissando appuntamenti con gli insegnanti, e così via. A me non era neanche venuto in mente, forse perché seguivo l'esempio di mio marito.

Ma la prima volta che, a quattro anni, mio figlio tornò a casa con la pagella, ammetto di essere rimasta scioccata. Non c'erano voti espressi in cifre o in lettere. Non si precisava se Ben fosse l'ultimo o il primo della classe (come, da mamma ambiziosa quale ero, avevo sperato in segreto tra me). Anzi, non c'era il minimo accenno a un suo posizionamento in classifica rispetto ai compagni. La pagella consisteva di una scheda con cinque indicatori di «sviluppo», con quello pertinente contrassegnato da un pallino. Le mie patetiche aspettative di realizzazione non potevano appigliarsi a nulla. Invece delle mie pagelle delle elementari, con tanto di voti da uno a venti e un commento dell'insegnante che chiariva oltre ogni ombra di dubbio se avevo conquistato il podio oppure no, ecco cosa mi ritrovai per le mani:

- Molto indietro sull'indirizzo di apprendimento generale
- Indietro sull'indirizzo di apprendimento generale
- In linea con l'indirizzo di apprendimento generale
- In anticipo sull'indirizzo di apprendimento generale
- Molto in anticipo sull'indirizzo di apprendimento generale

In base alla scheda, mi sembrò di capire che Ben fosse in anticipo rispetto alla media, ma niente indicava se questo era considerato un bene o un male. E i commenti veri e propri riguardavano più che altro le sue competenze sociali e il suo carattere, non i traguardi scolastici. Per la prima volta mi sorpresi a mettere in discussione concetti che in passato avevo dato per scontati. Già: per quale motivo considerare la capacità di apprendimento delle materie scolastiche più importante di quella sociale?

Per l'intero corso elementare, le pagelle dei miei figli furono sempre improntate sullo stesso schema delle cinque «voci». Niente voti, in cifre o in lettere. Le voci danno un'idea approssimativa dell'andamento in ambiti specifici come la capacità di collaborare con gli altri, di organizzare il proprio lavoro, di affrontare gli ostacoli. In Olanda anche molte altre scuole hanno adottato lo stesso sistema, non soltanto quelle montessoriane, anche se alcune di quelle più tradizionali usano ancora i voti.

E già gli ambiti oggetto di valutazione la dicono lunga sull'approccio: «comportamento generale», in cui si valutano indipendenza, calma, modestia, sicurezza di sé, spontaneità e senso di responsabilità; «cura dell'ambiente», che alle elementari riguarda l'ordine di compiti e lavoretti, e la pulizia del banco; «rapporto con l'insegnante», in cui si valuta se il bambino è collaborativo, curioso, beneducato, attento e capace di accettare le correzioni quando sbaglia. Altrettanto importante è la voce «rapporti con i compagni»: gli allievi sono incoraggiati a essere collaborativi, sensibili alle esigenze altrui, resilienti e capaci di ascoltare. Infine c'è l'«atteggiamento rispetto al lavoro in classe», organizzato in base alle seguenti categorie: livello generale, perseveranza, concentrazione, autonomia, ascolto durante le lezioni, motivazione e rapidità.

Insomma, la «pagella» tiene conto della personalità del bambino in modo molto più esaustivo e dettagliato rispetto a quelle cui ero abituata io. E se un bravo allievo è un bambino che tiene ordinato il suo banco, sa lavorare in autonomia e va d'accordo con gli altri, è evidente che i valori chiave sono maturità e integrazione, non l'eccellenza scolastica. È un altro mondo rispetto alle esperienze delle mie amiche in Inghilterra, dove le giornate sono una successione di test, prove e gare il cui obiettivo sembra più favorire la reputazione della scuola e la sua capacità di attrarre finanziamenti che lo sviluppo dei bambini stessi.

Domando ad Anja, una delle madri olandesi del mio club di lettura, qual è secondo lei l'aspetto più importante dell'istruzione elementare. «Il gioco!» risponde lei, senza un attimo di esitazione. «Io sono contenta se i miei figli apprendono, purché i metodi siano creativi, ma voglio soprattutto che siano bene integrati socialmente... Ah, e anche l'educazione musicale è importante.»

Per le madri olandesi quindi pare che i compiti non siano importanti. I metodi Montessori, Dalton e Jena non li prevedono affatto, ma anche nelle altre scuole olandesi i compiti a casa sono minimi, almeno fino alle medie. Facendo ricerche sull'argomento,[2] mi imbatto in una quantità di articoli a riprova del fatto che per i bambini piccoli i compiti sono uno spreco di tempo, e non offrono alcun beneficio dal punto di vista dell'apprendimento o rendimento. È una differenza sostanziale del sistema scolastico olandese rispetto agli altri. Il gioco e il divertimento sono considerati più importanti della prestazione nello studio.

Quando ha iscritto le figlie alla scuola elementare nella sua cittadina inglese, la mia sorellastra ha dovuto firmare un contratto in cui si impegnava formalmente a leggere alle bambine ogni sera, e ad aiutarle con gli esercizi a casa. «Ogni anno, la scuola tiene addirittura un corso per spiegare ai genitori gli odierni metodi

[2] Heather Shumaker, *Homework is wrecking our kids: The research is clear, let's ban elementary homework* [Le ricerche parlano chiaro: i compiti stanno distruggendo i nostri figli. Aboliamoli alle elementari], «Salon», 6 marzo 2016, http://bit.ly/1p8PveQ. Vicky Abeles, *We're destroying our kids for nothing: too much homework, too many tests, too much needless pressure* [Stiamo distruggendo i nostri figli per niente: troppi compiti, test e pressioni inutili], «Salon», 31 ottobre 2015, http://bit.ly/1RIWLpI. Jordan Rosenfeld, *Homework is making our kids miserable: why the classroom stable is a colossal waste of time* [I compiti sanno rovinando la vita ai nostri figli: perché questa consuetudine tradizionale è una gigantesca perdita di tempo], «Salon», 13 marzo 2015, http://bit.ly/1G2DD0d. Valerie Strauss, *Homework: an unnecessary evil?... Surprising findings from new research* [Compiti: un male superfluo? Risultati sorprendenti delle nuove ricerche], «The Washington Post», 26 novembre 2012, http://wapo.st/1O0p585.

didattici per la matematica, affinché possano affiancare i figli nei compiti.» Come gran parte dei genitori, la mia sorellastra ha un lavoro a tempo pieno, e in aggiunta deve scarrozzare le bambine avanti e indietro dalle loro varie attività extrascolastiche. Trovare il tempo di fare anche da tutor è un impegno non indifferente in giornate già tanto frenetiche.

In Inghilterra, l'ambito prioritario del curriculum resta quello scolastico. Ho interpellato in merito Roman Krznaric, filosofo di Oxford e autore di un libro, *How to find fulfilling work* (Come realizzarsi davvero nel lavoro), che un paio di anni fa era stato decisivo nella mia scelta di diventare freelance. Il suo campo di studi principale è l'empatia. «Negli ultimi tempi, il governo inglese ha commesso l'errore fatale di ridurre i programmi di formazione sociale ed emotiva in favore delle materie tradizionali: lettura, scrittura e aritmetica» mi dice Roman.

Gli chiedo in che modo potremmo migliorare le scuole inglesi. «Un elemento chiave che stanno trascurando è l'insegnamento delle capacità empatiche, essenziali per lo sviluppo psicologico del bambino e per la sua capacità di relazionarsi agli altri» risponde lui. E aggiunge: «I risultati di iniziative come Roots of Empathy (Radici dell'empatia), lanciata in Canada e ora estesa a oltre 750.000 bambini in tutto il mondo, dimostrano non soltanto che l'empatia è una competenza appresa, ma che promuove la collaborazione, riduce i fenomeni di bullismo e in ultima analisi migliora persino il rendimento scolastico generale».

A dispetto della concentrazione sulle materie tradizionali, nel nuovo rapporto dell'OCSE l'Inghilterra si è classificata ultima tra trentaquattro Paesi industrializzati per l'alfabetizzazione letteraria degli studenti tra i sedici e i diciannove anni di età, e penultima per le conoscenze matematico-scientifiche. Nelle stesse categorie, l'Olanda era sul podio, seguita da Finlandia e Giappone (l'Italia si colloca a metà classifica in entrambe, *NdR*). Per dirla con le parole del «Times», «secondo un sondaggio internazionale, gli adolescenti inglesi sono i più analfabeti del mondo sviluppato, e pessimi anche in matematica».[3] Per parte loro, i giornali olandesi hanno commentato divertiti il paradosso per cui «gli studenti olandesi che imparano l'inglese a scuola lo conoscono meglio dei madrelingua».[4]

LA CHIAREZZA DELLE REGOLE È ESSENZIALE

Per farmi un'idea più precisa dei valori fondanti nella scuola dei miei figli, chiedo un colloquio alla direttrice. Sono certa che il suo atteggiamento di amichevole autorità abbia contribuito non poco all'atmosfera piacevole della scuola. È una donna bassa e rotondetta, con l'andatura ondeggiante di un marinaio appena sbarcato da una lunga traversata, e questo è il suo ultimo anno di lavoro prima della pensione. La vedo quasi ogni mattina, in piedi accanto all'ingresso, a stringere la mano ai bambini in arrivo. Ha insegnato a tutti il modo corretto di presentarsi – tendendo la destra e togliendo i guanti –

[3] Nicola Woolcok, *Students in crisis over poor maths and english* [Studenti in crisi per i risultati insufficienti in matematica e inglese], «The Times», 29 gennaio 2016, http://bit.ly/2tjSrdT.

[4] *Britse tieners onder minst geletterden van westerse wereld* [Gli adolescenti inglesi tra i più analfabeti del mondo], «Het Parool», 8 febbraio 2016, http://bit.ly/2slATtC.

e insiste affinché i bambini stiano in fila, senza correre. Nei giorni in cui non è presente, delega il compito a un insegnante.

Mi accoglie nella stanzetta spartana del suo ufficio, e io le spiego il tema del libro. Ed ecco il suo primo contributo, prima ancora che abbia avuto il tempo di rivolgerle una sola domanda: «È assolutamente cruciale che a scuola i bambini siano felici».

Resto sorpresa. Non mi aspettavo di sentirglielo dichiarare in modo tanto esplicito. Le chiedo come riesca a mantenere un'atmosfera tanto serena nell'istituto. Lei ci riflette per un momento, poi risponde: «Con la chiarezza delle regole. Le regole sono essenziali. Al mio primo arrivo qui, diciassette anni fa, la scuola era nel caos. La mattina i bambini la prendevano d'assalto, come una mandria di bestie selvagge».

Mi limito ad annuire. Adesso è difficile persino immaginarlo.

«Accoglierli ogni mattina, salutandoli per nome, è un modo per indicare che da quel momento è cominciata la giornata scolastica, e che quindi devono assumere un atteggiamento adeguato. È un contatto molto breve eppure importantissimo.»

Ed è proprio così. La direttrice conosce per nome ciascuno dei cento e più allievi della scuola, e quella stretta di mano – un gesto così «adulto» – è esemplificativo di una volontà generale di promozione della loro indipendenza. I bambini portano da soli la cartella, e nemmeno il primo anno i genitori sono autorizzati a entrare per aiutarli a togliere e mettere cappotti e scarpe. (La conseguenza sono tempi infiniti quando i piccoli devono cambiarsi prima e dopo le lezioni di educazione fisica, ma la regola è tassativa, anche a costo di passare tutta l'ora di ginnastica in spogliatoio!)

«Quand'ero alle elementari, in Inghilterra, le scuole si preoccupavano più del rendimento scolastico che della felicità» osservo io. «Non vi interessa che gli studenti ottengano il massimo dei voti?»

«Oh, so che cosa intende: ho visitato di persona molte scuole inglesi» risponde lei. «Qui ci concentriamo sullo sviluppo della persona. I progressi di ogni bambino vengono valutati in base al suo livello di partenza, non secondo uno standard generale per la sua età.» La direttrice non è una sostenitrice delle scuole «speciali», e si prodiga per favorire la frequenza di tutti, compresi i bambini con problemi di apprendimento.

Seguendo le indicazioni del provveditorato, la scuola ha da poco istituito un consiglio studentesco, formato da allievi tra i nove e i dodici anni. «Mi interessava sentire il loro parere sui nostri punti di forza, perciò ho chiesto se e perché avrebbero raccomandato la nostra scuola a un nuovo venuto nel quartiere. E sa cosa mi hanno risposto? "Sì, qui gli insegnanti ti trattano con rispetto"; "C'è pochissimo bullismo"; "Si impara un sacco"; "Gli insegnanti sono gentili ma severi, in senso buono".

«Qui sta il cuore della faccenda» prosegue. «Una severità "in senso buono". Il rispetto reciproco è fondamentale. E i commenti non finivano qui.» Si ferma un momento, per ricordarli tutti: «"Gli insegnanti non ti stanno addosso"; "Puoi lavorare per conto tuo"; "Non devi sempre chiedere il permesso"; e "Ci sono un mucchio di feste!"».

In effetti, le feste sono frequenti, come pure gli eventi speciali. Il nuovo consiglio studentesco ha chiesto di organizzare un pigiama party, e l'argomento riporta alla mente della direttrice una «notte bianca» lanciata nella scuola in cui lavorava prima. «Tutti i bambini si sono portati il sacco a pelo e il materassino gonfiabile, e abbiamo passato la notte in palestra. Io ho portato il mio cane, per farli sentire al sicuro. Abbiamo guardato una partita di calcio e uno dei padri, proprietario di un bar, ha servito a tutti *frikandel*[5] e patatine.»

Le gite di un giorno e una notte cominciano fin dai sei anni. Per molti è la prima esperienza lontano da casa. I cellulari sono vietati, e per tutta la durata della gita – che si prolunga a mano a mano che i piccoli crescono – i bambini non hanno alcun contatto con i genitori. In genere le attività comprendono la visita a un museo o a un luogo di interesse, ma anche molto tempo dedicato al gioco all'aperto.

INCONTRO CON IL «PROFESSORE DELLA FELICITÀ»

L'Olanda ha un suo «professore della felicità», Ruut Veenhoven, dell'Università Erasmus di Rotterdam. Pioniere degli studi in questo campo, Veenhoven ha dedicato anni a istituire e arricchire un database mondiale della felicità,[6] consultabile gratuitamente online, e ha accettato di parlare con me e Rina dei risultati delle sue ricerche. Ci incontriamo in una tavola calda etnica di Utrecht, vicino a un parco dove stanno giocando i nipotini di Ruut: oggi è il suo *opa day* (il giorno del nonno).

[5] Salsicce fritte: tipico snack olandese.
[6] http://bit.ly/1ExeEok.

Il professore è un uomo dall'aria gentile, e inaugura la conversazione definendo la felicità come «appagamento esistenziale», cioè il grado di soddisfazione per la propria vita in generale. Ci avverte che molti parametri misurano il welfare sociale più che il benessere personale. Poi accenna alla cultura egualitaria olandese. «Siamo nati come nazione marinara, e i marinai sono noti per la riluttanza a lasciarsi assoggettare. Perciò siamo diventati meno feudali di altri Paesi. È una caratteristica che si rispecchia anche nella vita famigliare: qui c'è più parità tra figli e genitori.»

Dice che il sistema scolastico olandese è *child-friendly*: ai bambini piace andare a scuola. Il dato è confermato dal sondaggio UNICEF del 2013, in cui gli studenti olandesi erano i meno inclini a definire «pesante» lo studio e quelli che più spesso descrivevano come «amichevoli e collaborativi» i compagni.

«Qui le scuole si impegnano più a favorire la motivazione che i risultati» spiega Veenhoven. «Il contrario dell'approccio francese o inglese. E la nostra ricerca dimostra che le competenze sociali sono un elemento vitale per il raggiungimento della felicità. Molto più del QI.»

Gli chiediamo di approfondire il rapporto tra felicità e istruzione, e lui si china sul tavolo, sporgendosi verso di noi: «Confrontando i vari Paesi, abbiamo individuato una correlazione diretta tra livello di istruzione e felicità media. Si vive meglio nelle società moderne, che richiedono una popolazione istruita. Non si riscontra invece alcun rapporto tra il livello di istruzione e la felicità individuale. Poiché un'istruzione superiore costituisce un ovvio vantaggio sociale, è evidente che deve comportare altri svantaggi, altrimenti il dato non si spiega. Non sappiamo ancora quali siano queste "falle di felicità", ma una cosa è certa: in termini della loro felicità futura, spingere i figli all'eccellenza scolastica è del tutto inutile».

La conversazione prosegue per un altro po', finché il professore controlla l'orologio e si scusa. «Devo tornare dai miei nipoti. Per loro è quasi ora di pranzo.»

GLI INDIRIZZI DELLA SCUOLA SECONDARIA

Qualche settimana dopo la domenica passata nel mio orto insieme a Ben e Floris, sono in un ufficio in Keizersgracht, impegnata in un lavoro di editing, quando mi squilla il cellulare. È Ben.

«Ciao, tesoro. Tutto bene?»

«Mamma, sono arrivati i risultati CITO» risponde, tutto d'un fiato. «Ho preso 545!»

Alla consegna ufficiale degli esiti dell'esame di ammissione alle scuole secondarie mancano ancora quattro giorni, ma la direzione ha informato gli allievi in anticipo. Il punteggio complessivo di Ben rientra – sia pure per un soffio – nella fascia per l'indirizzo più liceale (545-550), ma adesso la normativa è cambiata. Oltre ai risultati dell'esame, la decisione dipenderà anche da quelli dei test a sorpresa, e perciò senza preparazione specifica, somministrati ogni sei mesi negli ultimi tre anni di scuola, e soprattutto dal giudizio dell'insegnante in merito alle attitudini dell'allievo e alla sua predisposizione allo studio.

In sostanza il CITO serve solo a confermare la valutazione della scuola sul tipo di istruzione secondaria più adatta a ciascuno, sia in termini di capacità scolastiche sia di attitudini. La premessa è pragmatica: un insegnante ha un quadro più ampio e approfondito degli studenti, e perciò il suo giudizio è un metro migliore rispetto ai semplici punteggi di un esame. Se quelli ottenuti al CITO risultano superiori rispetto ai test precedenti, la scuola discute le proprie raccomandazioni con i genitori del bambino. Non è automatico che proponga un indirizzo diverso da quello già stabilito, ma nemmeno è impossibile. Nel nostro caso, i risultati del CITO confermano la valutazione precedente secondo la quale Ben dovrebbe essere in grado di tenersi in pari con il programma del ginnasio e di trovarsi bene là. Di fatto l'iscrizione è già avvenuta, quindi resta solo da stabilire se c'è un posto disponibile per lui.

Gli allievi con i punteggi più alti e una buona etica del lavoro vengono indirizzati al VWO (o «scuola preparatoria»), l'equivalente approssimativo del ginnasio e poi del liceo, il cui obiettivo è l'iscrizione all'università. Il ciclo complessivo dura sei anni e termina con un esame di diploma, simile al baccalaureato francese per il numero di materie incluse. Un'altra possibilità sono le secondarie HAVO, che offrono una preparazione più generale, di solito in vista di un corso di specializzazione in ragioneria, di una scuola magistrale o per infermieri, ma che non esclude il passaggio all'università. Ai punteggi CITO inferiori corrisponde l'avviamento a uno dei quattro indirizzi VMBO, o scuole professionali, suddivise in: economia, tecnologia, sanità o agricoltura, dai sedici anni in poi. Sono frequentate dal 60 per cento degli allievi, e godono di un rispetto sociale pari a quello degli indirizzi di orientamento più liceale. Per tutto il ciclo è sempre possibile chiedere il trasferimento da un indirizzo all'altro.

Quando parlo agli amici inglesi del sistema olandese, la loro prima reazione è il timore che gli indirizzi vengano stabiliti troppo presto, e quindi limitino le opzioni disponibili ai bambini. Ma in una conversazione con gli operai venuti durante l'estate a riparare il nostro seminterrato, invaso dall'umidità, scopro che è vero il contrario. Uno di loro ha una figlia che sta per iniziare il secondo anno di scuola professionale (scienze biologiche e agricoltura). È più che soddisfatto del livello di istruzione offerto alla bambina, passata a un indirizzo più impegnativo già dopo il primo anno. Secondo lui, gli allievi hanno tutte le possibilità di passare da una formazione professionale a quella liceale, se ne dimostrano le capacità. Sua figlia sogna di diventare addestratrice di cavalli, nel tempo libero dà una mano nelle stalle locali, e sta ricevendo una preparazione tagliata su misura sulle sue esigenze. La figlia del falegname, che ha dodici anni ed è un topo di biblioteca, ha ottenuto un posto a un *gymnasium*, un'opportunità di cui il padre è felicissimo.

A Floris, l'amico spilungone di Ben, la scuola ha raccomandato l'indirizzo HAVO. Floris è un ragazzo riservato e intelligente con problemi di concentrazione. Si butta a studiare solo quando incombe una scadenza, quindi non sempre finisce i compiti per tempo. Con mia grande sorpresa, l'insegnante gli ha permesso di leggere per conto suo, in classe. Si è resa conto che questa forma di evasione gli è utile per rilassarsi, e non l'ha costretto a impegnarsi di più. Sia la scuola sia i genitori ritengono che abbia bisogno di più tempo per maturare, e che ci arriverà da solo.

Per parte sua, Floris intende avvalersi della possibilità di passare da HAVO a VWO – il ciclo per l'avviamento universitario – offerta da varie scuole che ospitano entrambi gli indirizzi. In alternativa, un allievo HAVO che ambisca all'istruzione superiore può frequentare un anno integrativo all'università prima di unirsi ai compagni VWO, ammessi direttamente ai corsi. È il progetto di mio nipote, che a diciassette anni ha perso un anno di scuola per un problema alla vista che ne ha rallentato la rapidità di lettura.

Come nel caso di Floris, anche alla scuola montessoriana gli insegnanti preferiscono eccedere in cautela che in ambizioni quando raccomandano il ciclo di studi successivo. Se in Inghilterra si istituisse un sistema analogo, i genitori eserciterebbero forti pressioni per ottenere giudizi più ottimistici che prudenti. Quando ho domandato a Cinthya, l'insegnante di mio figlio, se i risultati superiori alla media della classe di Ben (per metà indirizzata al VWO) avrebbero creato problemi alla scuola nell'anno a venire, lei è rimasta perplessa. «Nel senso delle aspettative...» ho cercato di chiarire, ma lei ha aggrottato la fronte. «Certo che no» ha risposto. «Il nostro unico obiettivo è indirizzare gli studenti alla scuola giusta per loro.» Non smetterò mai di stupirmi di questo atteggiamento, così diverso dall'ansia di bruciare le tappe tipica dell'ambiente inglese e americano.

LA SUFFICIENZA È SUFFICIENTE

L'approccio non competitivo che vige nelle scuole primarie olandesi è interessante. Non esiste un posto di «primo della classe» cui aspirare. Vale lo stesso per il secondo ciclo, a cui si accede con una semplice sufficienza, ovvero la media del sei. In Inghilterra e negli Stati Uniti i voti sono calcolati in percentuali, mentre in Olanda, poiché ogni errore costa un punto, la perfezione (dieci su dieci) è pressoché impossibile da raggiungere. La stragrande maggioranza degli allievi si attesta al sei o al sette, un voto che garantisce il conseguimento del diploma finale. Il punteggio medio agli esami finali è 6,4. Solo il 2 per cento circa degli studenti arriva a una media dell'otto,[7] considerata altissima.

Nell'indirizzo liceale (VWO), basta la media del sei per conquistarsi un posto all'università. Di certo non c'è inflazione nei voti, un grosso problema in Inghilterra e negli Stati Uniti, e nessuna escalation nella concorrenza ai risultati più alti per garantirsi l'accesso all'università. Mi sembra un sistema molto più equo e che evita ogni elitarismo.

Nel suo recente studio sull'identità olandese, *Moet Kunnen* (Deve essere possibile), lo storico della cultura Herman Pleij ha spiegato la politica scolastica del Paese, che si è concentrata soprattutto sul segmento di maggioranza, attestato nel mezzo, invece che sulla minoranza dei più ambiziosi:

> Tutti i livelli del sistema scolastico sono ispirati al concetto dell'*aurea mediocritas*, con l'obiettivo primario di dare una formazione al massimo numero possibile di studenti. Da questo punto di vista, la sufficienza è sufficiente. Sei liberissimo di fare di più, ma dipenderà da te.[8]

Tutto il pensiero olandese ruota intorno al concetto del giusto mezzo, cioè l'idea che la virtù consista nella mode-

[7] http://bit.ly/2sf9tra.

[8] Herman Pleij, *Moet kunnen. Op zoek naar een Nederlandse identiteit* [Deve essere possibile. In cerca dell'identità olandese], Prometheus, Amsterdam 2014, p.162.

razione e che ogni estremo sia un vizio, la stessa espressa nel modo di dire già citato: *Doe maar gewoon dan doe je al gek genoeg*, la normalità è già assurda quanto basta.

A dispetto del clima non competitivo nelle scuole, gli olandesi primeggiano in ambito intellettuale, creativo e imprenditoriale. Il Paese ha prodotto innumerevoli artisti, designer e architetti, per non parlare dei ventuno premi Nobel e degli inventori (l'elenco di invenzioni olandesi citate su Wikipedia comprende DVD, CD, Bluetooth e Wi-Fi). Ciononostante, in tempi recenti, l'approccio tradizionale è diventato oggetto di critiche:[9] da più parti, in Olanda, si chiede di favorire gli studenti più ambiziosi. Pleij è contrario. È convinto che moderazione e medietà siano caratteristiche necessarie del sistema olandese, perché sono inclusive e coinvolgono la quota più vasta della popolazione studentesca. A suo avviso, concentrarsi sulla genialità dei pochi abbasserebbe il livello generale di innovazione, e di conseguenza la prosperità e il benessere del Paese.

Mentre il sistema in uso oggi riduce al minimo l'abbandono scolastico: molti più ragazzi proseguono gli studi, invece di venire eliminati strada facendo, nella battaglia competitiva verso i vertici.

♦ ♦ ♦ ♦

Decido di parlare di scuola con Arwen, una delle mie più vecchie amiche olandesi, e con sua madre Paulien. Arwen è mia coetanea, e la conosco da quando il suo primogenito e mio figlio diventarono migliori amici alla materna. È una bionda statuaria, sposata a un ex atleta

[9] *Ibidem*, p. XXII.

olimpionico, a sua volta gigantesco e biondo, e con due figli bellissimi e portati per lo sport. Un pomeriggio d'estate, invito lei e la madre a casa per un tè con pasticcini.

Paulien, un'elegante settantenne ora in pensione ma in passato tutor scolastico, mi dice di non essersi mai preoccupata del tipo di scuole frequentate dai tre figli. Per lei era più importante la formazione che avrebbero ricevuto in seguito. «Quel che conta è la personalità. Quali sono i tuoi interessi? Che lavoro part-time facevi, il sabato, da adolescente? Per l'università serve un diploma VWO, ma a nessuno interessa se l'hai ottenuto con il sei o col dieci.»

E alla riprova dei fatti, tutti e tre i suoi figli si sono affermati in settori completamente diversi rispetto all'indirizzo scolastico. Una figlia aveva studiato Legge, e adesso produce film per bambini; un'altra si era specializzata in Letteratura sudamericana, e ora lavora in un centro commerciale. Arwen ha un diploma di infermiera, e oggi è scrittrice freelance. Agli occhi della madre, è la dimostrazione che, sul lungo termine, la carriera cui ti prepara la scuola non conta per niente.

Domando ad Arwen se ha ambizioni particolari per i due figli. «Be', se continuano ad appassionarsi allo sport, spero che entrino in una buona squadra. Quanto alla scuola, può darsi che non abbia importanza, purché loro si trovino bene, anche se ammetto di nutrire almeno qualche piccola ambizione universitaria.»

Io però non sono convinta che lei appartenga a quei genitori davvero competitivi, in genere residenti nei quartieri ricchi di Amsterdam Zuid e nel Gooi (la zona intorno a Hilversum, l'ambiente olandese più prossimo alle Hollywood Hills), e lei lo conferma: «Di certo non perderò il sonno se uno dei due non sarà ammesso al VWO!».

IL PROBLEMA DELLA CONCORRENZA

Personalmente, avevo trovato molto difficile la transizione dall'ambiente competitivo della scuola e dell'università, dove il mio unico pensiero era essere sempre la prima della classe, a quello lavorativo, senza esami e parametri di confronto. Un'infanzia vissuta come una gara costante può destinarti a una vita di delusioni. Se la tua autostima dipende dai voti, quando mancano le pagelle rischi di misurare il tuo valore in termini finanziari, per esempio il tuo stipendio o i risultati dell'ufficio vendite della tua azienda. Oppure di scaricare le ambizioni sui figli, investendo le tue energie nella ricerca di tutto il «meglio» per loro. Io non voglio che i miei bambini debbano soffrire lo stress indotto dalla competizione. Preferisco che imparino a giudicarsi in base a ciò che hanno realizzato invece di dover sempre dipendere dalle lodi altrui, o dalla conferma che sono «migliori» degli altri.

In un articolo pubblicato su «Psychology Today»,[10] Peter Gray, docente del Boston College, formula quello che è a suo avviso il problema centrale dell'istruzione americana (e che secondo me vale anche per altre):

> A scuola, i bambini imparano presto che le loro preferenze in termini di attività e il loro giudizio sulle proprie competenze non contano: valgono solo le scelte e i giudizi degli insegnanti. E questi parametri sono spesso del tutto imprevedibili. Magari studi moltissimo e ottieni un

[10] Peter Gray, *The decline of play and rise in children's mental disorders* [Diminuzione del gioco e aumento dei disturbi mentali nei bambini], «Psychology Today», 26 gennaio 2010, http://bit.ly/1wLNaJD.

voto basso, perché non avevi capito di preciso che cosa l'insegnante si aspettasse da te o quale genere di domande avrebbe posto. In classe, la stragrande maggioranza degli studenti non punta a imparare, ma a ottenere un bel voto.

Concentrandoci in modo ossessivo sui voti e sui risultati agli esami, rischiamo di perdere di vista gli altri aspetti dell'educazione: l'approfondimento della materia, lo stimolo intellettuale e l'apertura della mente. Le opportunità di carriera e i beni materiali cui i nostri figli potrebbero accedere grazie a pagelle brillanti non sono le uniche cose importanti della vita.

Sia chiaro, anche nelle scuole olandesi ci sono gli esami. Già alle elementari gli allievi ne affrontano uno ogni sei mesi, il cui scopo è valutare l'alfabetizzazione sia letteraria sia scientifica. Questi test sono considerati un male necessario, e svolti il più possibile in sordina. I risultati non vengono comunicati agli studenti, e i genitori non ricevono una notifica ufficiale. Al massimo possono sapere i risultati due volte l'anno, durante la riunione con gli insegnanti. Lo scopo è di raccogliere elementi in più per stabilire l'indirizzo delle secondarie, cui i bambini avranno accesso a undici o dodici anni, ma non c'è un punteggio complessivo. Nessuno confronta i risultati di un bambino con quelli degli altri, e non si compilano classifiche. Come ho detto, in Olanda è praticamente impossibile essere il primo della classe.

L'atteggiamento non competitivo si riscontra anche in altri ambiti della vita scolastica. Quando mio figlio tornò dal suo primo *sport day* a scuola, a me venne spontaneo chiedergli se avesse vinto una medaglia, e lui mi guardò perplesso. Non aveva partecipato a qualche gara? gli chiesi io. Be', sì, aveva corso, ma poco prima del traguardo si era fermato ad aspettare il suo amico, dopodiché si erano presi per mano e l'avevano tagliato insieme. Era evidente che la sua idea di «gara» era diversa da quella che avevo in mente io. Non c'erano stati né vinti né vincitori. Nessuna medaglia o coppa, e nemmeno le squadre. I bambini si aggiravano liberamente da un settore all'altro del campo sportivo, provando questa o quell'attività, che oltre alla corsa, al salto o altre discipline atletiche comprendevano gli scivoli, i castelli gonfiabili e le bocce. Niente a che vedere con l'esperienza della mia infanzia, quando fui bollata perdente a vita inciampando letteralmente al primo ostacolo. Persino i miei amici mi avevano derisa.

Nel sondaggio *How's Life?* (Come va la vita?) del 2015, uno studio che misura il benessere dei vari Paesi aderenti all'OCSE,[11] gli olandesi erano risultati i meno «oppressi dallo studio». Com'era prevedibile, i primi in questa classifica erano gli studenti anglosassoni, nello specifico irlandesi, statunitensi, canadesi e inglesi. La stragrande maggioranza dei coetanei olandesi aveva risposto «sì» alla domanda: «Ti piace andare a scuola?». Presi in considerazione tutti i parametri inclusi nel sondaggio, l'Olanda vinceva a mani basse in termini di felicità dei bambini a scuola.

Forse la possibilità di frequentare una scuola professionale spiega il fatto che qui quasi nessuno rinuncia agli studi prima dei diciannove anni (l'abbandono scolastico ha percentuali bassissime).

[11] Organizzazione per la cooperazione e lo sviluppo economico (OCSE).

Rina ripensa alla sua esperienza scolastica negli Stati Uniti

Non mi sono trasferita in Olanda soltanto per motivi sentimentali. Sentivo anche il bisogno di vivere un'esistenza diversa, meno distruttiva per l'anima. Perché nel posto dove sono cresciuta io la vita è molto più dura, più crudele e meno indulgente rispetto alle difficoltà e alle imperfezioni. Scegliendo di andarmene, volevo lasciarmi alle spalle anche questo.

In estrema sintesi, ecco come funziona: fin dal primo giorno devi studiare come un forsennato, perché già alle elementari il tuo obiettivo è conquistare l'ammissione a un college prestigioso, per laurearti in Medicina o in Legge e poi intraprendere una carriera favolosa e strapagata che ti permetterà di sposarti, fare due o tre figli, comprare una macchina di lusso e una casa nel quartiere «giusto», e di trascorrere le vacanze nelle località «in». Sono questi i parametri del tuo valore come individuo, sia ai tuoi stessi occhi sia a quelli dei tuoi amici, della tua famiglia e della comunità.

Mi si è spezzato il cuore quando ho letto l'inchiesta dell'«Atlantic» sui suicidi della Silicon Valley,[12] l'epidemia di suicidi tra i ragazzi più brillanti di Palo Alto, ma al tempo stesso il fenomeno non mi ha per niente sorpresa. Anch'io sono cresciuta nella Bay Area di San Francisco, e ricordo ancora la tensione provata al liceo.

Nei due licei indagati dall'articolo, il tasso di suicidi nell'arco

[12] Hanna Rosin, *The Silicon Valley suicides. Why are so many kids with bright prospects killing themselves in Palo Alto?* [I suicidi della Silicon Valley. Perché tanti ragazzi di Palo Alto con un futuro brillante davanti a sé si stanno uccidendo?], «Atlantic», dicembre 2015, http://theatln.tc/1SBreXh.

di dieci anni è da quattro a cinque volte superiore rispetto alla media nazionale. Quelle scuole distano appena tre quarti d'ora dalla mia.

Sono grata di aver ricevuto un'istruzione di alto livello, ma avrei volentieri fatto a meno delle pressioni psicologiche. Non mi piaceva la cattiveria delle compagne e il fatto che tutti copiassero o ricorressero a sotterfugi per avere voti migliori, compresi gli studenti con pagelle impeccabili. Non dimenticherò mai una ragazzina particolarmente orribile, nel gruppo delle più popolari, che costrinse una compagna più timida a lasciarle copiare il compito di algebra. Oggi rimpiango di non averla denunciata, ma al tempo non ne ebbi il coraggio e restai zitta, sapendo quanto fossero odiate le «spie», e non soltanto dai compagni ma anche dai professori.

I ragazzi hanno interiorizzato il messaggio: poiché la laurea in un college d'élite è considerata la chiave per la felicità e il successo, l'ammissione è vitale. Con qualsiasi mezzo. Hanna Rosin, autrice dell'inchiesta dell'«Atlantic», ha interpellato Madeline Levine, una psicologa dell'infanzia che lavora nella Bay Area, e la dottoressa Levine ha risposto che nel suo studio incontra di continuo adolescenti «schiacciati dalle pressioni insostenibili cui sono sottoposti: si sentono incompresi, angosciati, rabbiosi, tristi e vuoti».

Si dice che il modo dei genitori di parlare ai bambini diventi la loro voce interiore. In molte famiglie americane, questa voce interiore è ossessionata dal successo. Dai ragazzi si pretendono imprese sovrumane, come le pagelle stellari oltre a un rendimento superlativo nelle attività extracurricolari. A distanza di quindici anni, ricordo ancora il terzo grado tra compagni al momento del diploma: tutti volevano sapere quali college avessero accettato o respinto la tua domanda d'iscrizione. Io ero stata respinta da due università. Avevo

una pagella perfetta, ma a quanto pare non era bastata. O forse i candidati con i miei stessi risultati erano troppi. È un episodio che mi fa soffrire ancora oggi. Allora come adesso, mi sembrava la prova che non valevo niente. Ero stata ammessa in tre ottime università, eppure mi sentivo una fallita. Mi chiusi in camera per tre giorni di fila, per non dover vedere la delusione scritta in faccia ai miei genitori.
C'è un motivo per cui *Il ruggito della mamma tigre*, il memoir pubblicato da Amy Chua nel 2011, è stato e continua a essere un bestseller. L'autrice ha dichiarato di averlo inteso soprattutto come un libro autoironico, ma molti l'hanno preso come la nuova bibbia del parenting. Vogliono che i propri figli siano migliori degli altri, perché ne vivono gli exploit come propri, e poiché l'autrice ammette di avere avuto lo stesso atteggiamento, i lettori si identificano con lei. Come madre, Chua ha realizzato le ambizioni di moltissimi di loro. Non soltanto incarna l'ideale americano di carriera accademica – con la sua laurea Ivy League e una cattedra di Giurisprudenza – ma anche le figlie hanno ricalcato le sue orme, e sono già avviate a conquistare i vertici della gerarchia meritocratica.
In Olanda, invece, basta finire le superiori con la sufficienza per avere un posto garantito all'università, e non esistono atenei di serie A o B. La laurea ha lo stesso valore, che tu l'abbia conseguita in una splendida città come Amsterdam, o in un'oasi di tranquillità rurale, come Groninga. Qui ciascuno è libero di essere se stesso. E i genitori olandesi hanno capito da un pezzo che il benessere psicologico dei figli conta quanto – e più – di qualsiasi alloro accademico o professionale.

Vale la pena anche sottolineare che i bambini olandesi hanno conquistato il podio del Programme for International Student Assessment (PISA), un altro sondaggio mondiale dell'OCSE sulle competenze di lettura, matematica e scienze, anche se terzi rispetto a Spagna e Turchia.[13] Inghilterra e Stati Uniti si sono classificati rispettivamente al 26esimo e 36esimo posto (l'Italia è al 34esimo posto, *NdR*). È la dimostrazione che l'eccellenza scolastica si può ottenere anche in assenza di pressioni e competizione, che per parte loro non la garantiscono affatto.

Un terzo recente studio dell'OCSE evidenzia gli alti standard fissati dal sistema scolastico olandese. Secondo il rapporto, «la qualità delle scuole, combinata a metodi didattici che puntano soprattutto alle attività pratiche e al coinvolgimento della fantasia dei bambini, è alla base del successo olandese nel campo dell'istruzione».[14] Una formazione culturale che per giunta si rivela molto duratura: nelle statistiche PISA in merito a un sondaggio sull'alfabetizzazione letteraria e scientifica media della popolazione adulta – dai sedici ai sessantacinque anni – l'Olanda si colloca al terzo posto, dopo Corea e Finlandia.

[13] Ammetto di essermi sorpresa del posizionamento di Spagna e Turchia. Ma d'altra parte non so molto dei loro sistemi scolastici.

[14] Bruno Waterfield, *OECD Education Report. Dutch system puts premium on quality standard* [Rapporto OCSE sull'istruzione. Gli alti standard di qualità del sistema olandese], «Daily Telegraph», 3 dicembre 2013, http://bit.ly/18kdjgw.

6

Sulla disciplina

Michele si accorge che i suoi figli non sono francesi

Stiamo trascorrendo una vacanza nel sud della Francia, non lontano dalla famiglia di Elias, compagno di classe di Ina. È bellissimo quando le amicizie scolastiche dei tuoi figli ti permettono di incontrare adulti affini a te. Una mattina raggiungiamo la famiglia di Elias sulla costa, prendiamo insieme il traghetto a Six-Fours-les-Plages e passiamo una giornata idilliaca sull'Île des Embiez.

Mentre i grandi preparano il pic-nic e si stendono sui teli da spiaggia, i piccoli sguazzano in mare. Elias, la sua sorellina e Ina corrono avanti e indietro, schizzando sabbia sulla tovaglia e schiamazzando tra loro. Il padre di Elias, Thomas, finge di lamentarsi di quanto sono rumorosi e maleducati i bambini olandesi. Istituiamo un perimetro off-limits nel raggio di un metro intorno all'area pic-nic e chiediamo ai bambini di abbassare la voce. Per tutta risposta, loro si allontanano lungo la spiaggia, si armano di un bastone e cominciano a rivoltare una medusa morta. Poi si arrampicano sugli scogli e spariscono alla vista. Impossibile sapere cosa stiano combinando, ma a giudicare dalle risate dev'essere qualcosa di divertentissimo, e comunque nessuno accenna ad andare a controllare.

Poco lontano da noi nella piccola baia c'è una famiglia francese. I genitori sono allungati sulle sdraio e i due figli sono seduti su un telo, a due passi da loro. Non corrono, non saltano, non strillano. Restano seduti e tranquilli. Mentre penso che i nostri bambini si stiano divertendo molto più di loro, Thomas li guarda di sfuggita e commenta, col suo solito umorismo *extra dry*: «Quanto vorrei avere figli francesi». Ne nasce una conversazione sull'invidia nutrita dai genitori europei per la perfetta educazione dei piccoli francesi, chiaramente uno dei motivi del successo del metodo maman di Pamela Druckerman. Il titolo dell'edizione inglese è *I bambini francesi non lanciano il cibo*, mentre quelli olandesi sono famigerati per il comportamento al ristorante, dove corrono, urlano a pieni polmoni e disturbano gli altri avventori (più che altro gli stranieri, che li considerano un flagello). I genitori francesi in genere sono severi, e si aspettano che i bambini osservino la stessa etichetta degli adulti. In Olanda, le aspettative sono più realistiche e l'educazione più tollerante. I genitori preferiscono essere autorevoli che autoritari.

Per quanto mi riguarda, sono convinta che l'atteggiamento «indisciplinato» dei bambini olandesi nei luoghi pubblici dipenda dal fatto che qui sono sempre i benvenuti. La cultura olandese è bambino-centrica, e amica dei piccoli. Caffè e ristoranti tengono conto delle esigenze delle famiglie. Molti locali hanno un angolo dedicato al gioco, corredato da libri illustrati, puzzle o giocattoli. Non che tutti siano d'accordo. Anzi, la presenza di bambini scatenati nei locali ha persino dato vita a un gruppo di persone che chiede l'istituzione di ristoranti «vietati ai minori», dove gli adulti possano mangiare in santa pace. In un articolo recente, il quotidiano di Amsterdam «Het Parool» descriveva la situazione come «un classico fenomeno olandese: i genitori si portano appresso i figli, e poi li sguinzagliano».[1]

Qualche mese dopo, in estate, vado a Londra con Ina, e mi stupisco della quantità di posti in cui le è sbarrato l'accesso, soprattutto bar e ristoranti. Per un pranzo al volo non basta scegliere un pub qualsiasi. Devo impegnarmi a scovare un locale «per famiglie». L'energia incontenibile di Ina quando saltella tra la folla di Mare Street, a Hackney, appare fuori luogo in un Paese in cui il motto educativo è tutt'oggi «i bambini vanno visti ma non sentiti». Vale la stessa regola durante la vacanza in Francia, dove mia figlia si attira le occhiatacce della commessa in un'antiquata bottega di modista curiosando tra gli espositori e peggio ancora scoppiando in grida di gioia alla vista dei cappellini.

In Olanda, la spontaneità dei bambini è incoraggiata. Il gioco è più importante dell'obbedienza passiva. La libera esplorazione del mondo è considerata un'opportunità di apprendimento, e si dà per scontato che il comportamento dei bambini possa essere rumoroso o invadente, tutti atteggiamenti inammissibili dal punto di vista francese e quantomeno discutibili agli occhi di inglesi e americani. Quei bambini sulla spiaggia francese non stavano giocando, e io mi ero chiesta cosa stessero

[1] *Zijn kinderen straks niet meer welkom in de horeca?* [I bambini non sono più i benvenuti nei ristoranti?], «Het Parool», 21 agosto 2015, http://bit.ly/2sluvCA.

imparando. Non si erano incuriositi per la medusa, e non avevano esplorato gli scogli. Certo, agli adulti non davano alcun fastidio, ma a quale prezzo?

Eppure in passato la disciplina olandese era rigorosa quanto quella di altri Paesi, con punizioni corporali fino alla metà del XX secolo. Che dire per esempio della tradizione del servitore moresco di san Nicola, Pietro il Moro? Fino a un paio di generazioni fa era usato come babau: armato di una fascina di rami, frustava i bambini «cattivi» e li ficcava nel suo sacco di iuta per portarli via con sé in Spagna. Oppure di mia suocera, che da piccola era schizzinosa col cibo quanto mia figlia Ina e che, a detta della sorella maggiore, veniva sculacciata ogni sera per aver avanzato la cena. Significa che un tempo anche gli olandesi erano autoritari? E se sì, che cosa è cambiato?

Nel 1530, il filosofo olandese Erasmo da Rotterdam pubblicò un trattato in polemica con la pedagogia del tempo, intitolato *Civilitate morum puerillium libellus*. Durante il periodo trascorso in una severissima università francese, con metodi di insegnamento molto punitivi, Erasmo aveva preso in odio gli stili educativi draconiani e inflessibili dell'epoca. «Dovremmo coltivare l'avversione innata dei bambini per la violenza e la guerra,» scrisse «perciò l'educazione dovrebbe basarsi sull'incoraggiamento e le lodi, e le punizioni dovrebbero far leva sul senso di vergogna, non sulle frustate.» Ciò detto, le scuole olandesi sono rimaste a lungo ambienti severi. Persino i miei figli hanno sentito parlare di un curioso castigo storico, il *pechvogel*, o «uccello della sventura»: l'insegnante lanciava un uccello di pezza all'allievo indisciplinato, che a quel punto doveva riportarlo in cattedra dove veniva picchiato con un *plak*, un'assicella di legno.

(Ancora oggi l'espressione *pechvogel* indica una persona perseguitata dalla malasorte.) Nonostante ciò, l'Olanda è stata tra i primi Paesi a vietare le punizioni corporali, divenute reato all'inizio del 1820.[2]

Il pediatra americano Benjamin Spock ebbe una grande influenza sulla pedagogia olandese del secondo dopoguerra. La cultura locale attribuiva già grande importanza all'infanzia[3] e non perse tempo a fare proprio l'approccio più rilassato del dottor Spock e le sue raccomandazioni di permettere ai bambini di godersi gli anni dell'innocenza, lasciandoli liberi di esprimersi con spontaneità.

In un incontro con me e Rina, la storica Els Kloek ha confermato che in passato i genitori erano più severi. Ai vecchi tempi, i bambini non potevano sedere a tavola con gli adulti: dovevano mangiare in piedi, e in silenzio. «La parola del padre era legge.» È stata la rivoluzione giovanile degli anni Sessanta a capovolgere le cose in favore del permissivismo e dell'antiautoritarismo. In Olanda il movimento hippie fece persino più presa che in Inghilterra, in parte perché non dovette scontrarsi con un sistema di classi altrettanto rigido. Els è nata negli anni Cinquanta, e dice che la sua generazione si ribellò ai sistemi autoritari dei genitori, pretendendo una maggiore libertà nell'educazione dei figli. Non c'erano più divieti, ed era inteso che i bambini dovessero sperimentare da soli i rischi per imparare a porsi dei limiti. Secondo lei si era esagerato all'estremo opposto, come dimostrato dal

[2] http://bit.ly/2rxfqCl.

[3] Fanta Voogd, *Laat de Kinderen vrij spelen* [Lasciamo i bambini giocare liberamente], «OnsAmsterdam», nn. 7-8, luglio-agosto 2010, http://bit.ly/2t8hGgx.

caso assurdo della coppia che portò il figlio dal medico per un test audiometrico: il bambino si rifiutava di ascoltarli, e invece di trarne la conclusione più ovvia i genitori avevano deciso che fosse sordo.

La generazione odierna ha reintrodotto regole, confini e una struttura, ma solo fino a un certo punto. La disciplina non si basa sul castigo, e si limita a impartire un comportamento socialmente accettabile. Inchinarsi agli adulti o ai superiori è un concetto estraneo in una società priva di una forte gerarchia sociale, perciò i piccoli olandesi non riservano ai grandi la deferenza e il rispetto dei coetanei francesi o asiatici. Da loro ci si aspetta che siano gentili e premurosi con chiunque, ma mai sottomessi. L'anzianità non conferisce una superiorità automatica. In Olanda i bambini non disobbediscono per partito preso, ma tendono comunque a esprimere e a difendere le loro ragioni. La capacità di sostenere in modo convincente la propria posizione è considerata una qualità utile nella vita, e perciò incoraggiata.

Gli esperti di pedagogia in genere raccomandano che siano gli adulti per primi a comportarsi bene, così da dare il buon esempio; quest'idea viene espressa in due modi di dire proverbiali: «Educazione è mettere in pratica quel che predichi» e «Il gallo fa, e il pulcino apprende». Gli esperti consigliano ai genitori, invece di chiedere ai bambini di fare qualcosa, di dire con fermezza: «Voglio che tu...». L'idea è di non porre i piccoli davanti a una scelta tra comportamenti diversi, ma di dare indicazioni precise. La disciplina non consiste nell'imporsi, nel braccio di ferro, nella sorveglianza o nel controllo, minacciando, discutendo o alzando la voce. Il comportamento desiderato va consolidato con le lodi, e quello indesiderato bloccato in modo immediato e risoluto. L'eventuale punizione deve essere direttamente correlata all'episodio in questione. Per esempio, se rompe qualcosa, il bambino dovrà aggiustarlo, o asciugare il pavimento se ha rovesciato dell'acqua. Altri castighi più generici consigliati dagli educatori sono mandarlo a letto presto, o vietargli il programma televisivo preferito.

La «tripla P» o parenting positivo

L'Organizzazione mondiale della sanità promuove un Programma di parenting positivo (da cui «tripla P») concepito in Australia[4] che si è dimostrato efficace nella prevenzione dei problemi psicosociali dei bambini ed è molto incoraggiato dal governo olandese.
Il programma si basa su cinque principi fondamentali:

1. Creare un ambiente sicuro e stimolante
2. Ricorrere al rinforzo positivo
3. Usare una disciplina assertiva
4. Nutrire aspettative realistiche
5. Prendersi cura di sé come genitore.

Ecco la definizione della disciplina assertiva secondo il sito web del programma:

> Contrariamente al pensiero di alcuni, «disciplina» non è una parolaccia. Anzi, in un ambiente sicuro, protetto, prevedibile e affettuoso, la disciplina può aiutare tuo figlio a interiorizzare

[4] http://bit.ly/2syT4AJ.

le regole, a sviluppare l'autocontrollo, a tenere conto degli altri quando esprime ciò che prova e a capire che le sue azioni hanno conseguenze. Una disciplina assertiva significa che il genitore deve:

- Prepararsi in anticipo
- Stabilire regole di base
- Dare istruzioni chiare e comunicate con calma
- Lodare i buoni comportamenti.

Qualche settimana dopo la nostra vacanza in Francia, vado a casa di Thomas e di Heleen per una chiacchierata sulla disciplina. Ma prima ancora di cominciare ci areniamo davanti a un conflitto culturale. Loro non capiscono di cosa parlo. Devo spiegare il senso stesso del termine perché, per quanto scritto uguale e pronunciato in modo simile, in olandese *discipline* non riguarda i bambini. Secondo il dizionario, significa «obbedienza a regolamenti e ordini», ma Heleen la associa in primo luogo all'*auto*disciplina, intesa come capacità di portare a termine un compito, e in seconda battuta alle discipline sportive. L'idea di addestrare i bambini a obbedire agli ordini e di punirne le trasgressioni è anatema per un genitore olandese. Nel contesto pedagogico, loro preferiscono parlare di *opvoeding*, un termine che significa allevare, crescere ed educare. Il senso implicito è mostrare al bambino ciò che è giusto con l'esempio, non con le parole, e spiegare invece che punire.

Heleen lavora come sceneggiatrice e dà l'impressione di essere una donna molto autorevole e sicura di sé. Mi dice che la disciplina non è in cima al suo elenco di priorità. Ritiene che il suo primo dovere di madre sia accertarsi che i figli diventino brave persone. Il suo obiettivo è formarli a essere individui socievoli e responsabili, anche se le sembra importante che sappiano distinguere tra bene e male. Thomas, ebanista, è più incline a perdere la pazienza. Gli viene da ridere al pensiero della disciplina vecchio stampo e dei bambini mansueti e obbedienti. Di fatto, educazione per lui significa soprattutto insegnare ai figli a godersi le cose belle della vita. «Il nostro impegno è offrire ai bambini tutte le opportunità e le scelte possibili. Abbiamo assunto un ruolo di intermediari, anche se ammetto che spesso mi sento esasperato. Non sempre ai nostri figli piace quello che secondo me andrebbe apprezzato!» Con questo, non cerca di imporsi. Lascia correre. Insieme, lui e Heleen puntano a trovare un equilibrio: se il bambino sceglie di stare in casa venerdì, sabato lo incoraggiano a giocare all'aperto. Confessano che lo scoglio più duro è porre un limite all'uso dei dispositivi elettronici. La loro regola è che se Elias vuole accendere il computer, prima deve esercitarsi con la chitarra. E, com'era prevedibile, il loro sistema di punizioni consiste nella perdita dei privilegi: meno tempo al computer per Elias, e niente favola della buonanotte per Ruby, la sorellina minore.

In genere non considero gli olandesi persone molto beneducate. Di certo sono molto meno formali degli inglesi. Eppure è proprio Heleen a tirare fuori per prima l'argomento. «Le buone maniere sono importanti, ma per motivi pratici» dice. «Agevolano le interazioni sociali, perciò è essenziale insegnare ai bambini a dire "grazie" e chiedere "per favore".» Per parte sua, Thomas esige che i suoi figli siedano composti a tavola e usino le posate come si deve. «Esiste anche un'etichetta per la bici. Pedalare sui marciapiedi è un comportamento antisociale.»

Come riassumerebbero la tipica educazione olandese? domando io.

Heleen risponde: «La cosa principale è il giusto senso delle proporzioni. E la positività. Non che io sia sempre d'accordo, ma i genitori olandesi in genere fanno l'impossibile pur di non dire "no". Usano giri di parole: "Ti spiacerebbe evitare quel comportamento, per favore?". L'idea è di fare appello alla ragione del bambino, non di imporsi d'autorità». E Thomas aggiunge: «Il conflitto tra genitori e figli viene aggirato, mitigato con le consultazioni, i negoziati... La conseguenza è che da adulti si hanno difficoltà ad accettare le critiche, perché da piccolo tutto ciò che facevi andava bene». «Un'espressione tipica olandese è: "Ho fatto del mio meglio"» osserva Heleen «anche quando non è così. Gli olandesi non sono molto portati per l'autocritica. Basta guardare la nostra nazionale di calcio!» E Thomas rincara: «Per questo la Germania ci asfalta sempre!».

Quasi tutti i genitori olandesi stabiliscono regole di massima per i bambini. Il consiglio è di fissare norme chiare, ma adeguate alle capacità reali del bambino. Lo scopo è dare una struttura e porre dei limiti, ma in caso di trasgressione l'esito più probabile è un discorso, non un castigo: gli olandesi preferiscono persuadere che punire. Nel suo libro *Positive parenting* (1991), l'esperta di pedagogia americana Elizabeth Hartley-Brewer contesta il passato decennio di educazione permissiva e bambino-centrica. I genitori, scrive, hanno «giustamente respinto l'educazione severa», ma al tempo stesso «hanno abdicato ad autorità e responsabilità». Come lei, gli olandesi hanno riscoperto l'importanza di regole e limiti chiari. Adesso invece di imporre *diktat* dall'alto invitano i bambini a ragionare per arrivarci da soli. Non è facile, ma per loro conta soprattutto responsabilizzare i figli e avere un buon rapporto con loro. Non apprezzano il dispotismo.

CONTROTENDENZE

All'inizio dell'estate, un libro controverso suscita un vivace dibattito in Olanda. L'autore di *Waarom? Daarom!* (Perché? Perché lo dico io!), Roué Verveer, figlio di una coppia molto severa del Suriname, accusa l'educazione olandese di essere troppo lassista. «Smettetela di chiedere ai bambini se preferiscono gli spinaci o i broccoli: insegnate loro a mangiare quello che hanno nel piatto!» scrive. A suo avviso, la tendenza olandese a negoziare con i figli e ad ammortizzare ogni colpo non prepara i bambini ad affrontare il mondo reale. Una giornalista si dichiara d'accordo con lui, scrivendo nella sua recensione: «I figli non vanno trattati da pari a pari». Inoltre ritiene che serva una «mano più ferma», vale a dire la disciplina alla vecchia maniera.

Ma altri esperti olandesi hanno risposto che i bambini apprendono il comportamento sociale e morale per emulazione, perciò conta l'esempio, non la minaccia della punizione. Secondo le ricerche di

Rianne Kok,[5] educatrice dell'Università di Leida, è più efficace insegnare ai bambini a controllare emozioni e comportamenti con le spiegazioni o le distrazioni invece che con uno stile autoritario o punitivo. Il castigo insegna al bambino a conformarsi per evitare la punizione, non a capire dove ha sbagliato.

Una recente ricerca[6] condotta presso il Child Study Centre dell'Università di Manchester ha dimostrato che fare leva sullo spiccato senso di equità e giustizia dei bambini è una strategia migliore che arrabbiarsi o punirli. Erasmo da Rotterdam ci aveva visto giusto. Lo studio ha rilevato che quando i bambini assistono a «violazioni da parte di terzi» – un'azione lesiva nei confronti di un altro – il loro primo impulso è aiutare la vittima, non punire il responsabile, perciò fare appello al senso innato di empatia può essere molto efficace per motivarli a comportarsi bene. È lo stesso approccio soft e improntato alla comprensione caratteristico dei genitori olandesi.

[5] Rianne Kok, *Do as I say! Parenting and the biology of child self-regulation* [Fai come ho detto! Parenting e biologia dell'auto-regolamentazione nel bambino], Università di Leida, Leida 2013.

[6] Fiona Macrae, *Toddlers have a strong sense of justice: Biscuit-stealing experiment shows infants inherently know right from wrong* [Il forte senso di giustizia dei bambini: un esperimento con sottrazione dei biscotti dimostra il senso innato di giusto e sbagliato], «The Daily Mail», 18 giugno 2015, http://dailym.ai/2svVGi6.

Rina sull'arte di ragionare con un bambino di tre anni

«Julius, è l'ora della nanna» dice mio marito Bram.
«Ancora dieci minuti, papà: solo dieci» risponde Julius, alzando lo sguardo dallo schermo del suo iPad. È assorto nella lettura del *Mostro alla fine del libro*, una favola interattiva con protagonista Grover, l'adorabile pupazzo della trasmissione tv *Sesame Street*. Il gioco consiste nel fare proprio ciò che Grover ti implora di non fare, cioè voltare pagina, e Julius si sta divertendo come un matto. Ma sono già le sei del pomeriggio, e in pieno inverno fuori è notte fonda. La giornata è stata lunga per tutti, e Matteo comincia ad agitarsi.
«D'accordo, Julius, altri dieci minuti: guarda che però ti cronometro» dice mio marito. La sua strategia consiste nel riservare un'ora-cuscinetto al processo della buonanotte di Julius. Andiamo a riordinare la cucina, e da là scandiamo il conto alla rovescia: «Ancora otto minuti!», «Cinque!», «Tre!». Poi Bram si mette davanti a Julius, per fargli capire che il tempo è quasi scaduto. All'ultimo secondo, il bambino arriva alla fine del libro e alza uno sguardo compiaciuto: «Grazie, papà. Adesso sono pronto!».
Si prendono per mano e salgono al piano di sopra. Ma questo è solo l'inizio. Da qui in avanti si contratta su tutto: lavarsi i denti, quante favole leggere, quale pigiama mettere, quando spegnere la luce, e infine quando chiudere gli occhi.
L'approccio di negoziare sempre invece che imporsi è faticoso, e a volte esasperante, e io non posso che ammirare la pazienza di mio marito. Resta fermo sulla sua posizione con una calma e una flemma invidiabile mentre un piccoletto di tre anni inventa ogni scusa possibile per rimandare. Io

non sono brava come lui. Insieme però abbiamo deciso di adottare il modello *polder*. Da secoli, per il bene comune, gli olandesi si impegnano a mettere da parte le differenze per trovare una soluzione collettiva agli allagamenti e strappare terreni agricoli al mare. Allo stesso modo, anche noi abbiamo scelto la tecnica del consenso. Quando c'è da decidere qualcosa, in casa tutti hanno voce in capitolo, compreso il più piccolo. Accordi e compromessi sono il segreto di un'atmosfera serena. E poi i nostri bambini stanno crescendo in Olanda, e da adulti vivranno in ambienti in cui tutti hanno diritto alla propria opinione.

A tre anni, Julius ha già sviluppato una competenza verbale adeguata a esprimere cosa conta per lui. Ora si tratta di insegnargli a trovare soluzioni accettabili anche per gli altri. Poco alla volta deve esercitarsi alla ragionevolezza. È un compito difficile, ma offrendogli la possibilità di negoziare gli stiamo insegnando a porsi dei limiti da solo. In fondo, quando contesta la nostra autorità, sta solo cercando di esercitare un controllo sulla propria vita, facendoci capire cosa lo fa sentire a suo agio e cosa no. È un talento che gli tornerà utile da grande, per esempio quando dovrà far fronte alle pressioni dei coetanei, affrontare un rischio o imporsi sul lavoro.

Le nostre trattative sono improntate a una serie di norme generali. Noi adulti siamo tenuti a esplicitare le regole, per esempio spiegando a Julius il motivo per cui deve andare a letto presto («Così ti riposi e diventi alto come un vero olandese!»), e da lui ci aspettiamo la stessa chiarezza nel formulare un'obiezione. Julius sa che deve esprimersi in modo rispettoso – niente insulti, atteggiamenti villani o interruzioni quando parlano gli altri – ma può anche contare sul fatto che accoglieremo le sue obiezioni in modo calmo, comprensivo e paziente. Una volta raggiunto un compromesso si stabiliscono i termini dell'accordo, e poi si passa oltre. L'educazione basata sul negoziato richiede nervi saldi. Serve resistenza e una pazienza inesauribile. A volte c'è da impazzire a discutere con un bambino di tre anni, ma noi preferiamo così. Essere risoluti e diretti è sinonimo di olandese, e non può essere un caso che questo popolo sia uno dei più felici al mondo. E l'educazione alla felicità comincia nell'ambiente sicuro e accogliente di casa.

7

Pedalando sotto la pioggia

Michele allenta il guinzaglio

Io e Heleen stiamo accompagnando i bambini a scuola in bicicletta lungo la pista ciclabile che dal parco di fronte a casa conduce al mostro bianco del centro commerciale Boven't Y. Le elementari si trovano proprio dietro l'edificio, a circa un chilometro da casa. Chiacchiero con Heleen mentre tengo d'occhio Ina, che ci precede a una certa distanza insieme a Elias. È una tersa mattinata estiva, e la ciclabile è trafficata. Gli orari delle varie scuole elementari sono scaglionati proprio per evitare che una fiumana di genitori e bambini si riversi sulle strade alla stessa ora, ma gli allievi della nostra sono abbastanza numerosi da tramutare il tragitto in un percorso a ostacoli. Ci sono madri che invadono lo spazio con le loro enormi *bakfietsen* (le bici con il carrellino a traino), bambini di quattro o cinque anni che pedalano a mulinello, oscillando da un ciglio all'altro del sentiero, e ragazzini più grandi che sfrecciano a tutta velocità, pedalando senza mani. L'Olanda è piatta, non ha un servizio di scuolabus e trovare parcheggio è un incubo, per cui quasi tutti si spostano in bici. La consuetudine delle due ruote come mezzo preferito di trasporto si acquisisce fin dall'infanzia. Nei quartieri delle scuole le piste ciclabili sono ben mantenute, con zone a bassa velocità lungo le vie parallele e agli incroci, e giganteschi capannoni in cui parcheggiare le biciclette una volta giunti a destinazione.

A otto anni, Ina ha già chiesto il permesso di andare a scuola in bici per conto suo. Ben lo fa da due anni, ed Elias, suo compagno di classe, ha cominciato da un paio di mesi. O più esattamente Elias pedala davanti, seguito dalla madre e dalla sorellina. La strategia mi è sembrata efficace, perciò ho permesso a Ina di mettersi d'accordo con il suo amichetto. L'idea è che poco alla volta io e Heleen allungheremo le distanze, estendendo per gradi il guinzaglio genitoriale, finché i bambini avranno acquisito sicurezza e saranno abbastanza grandi da arrangiarsi in autonomia e senza sorveglianza.

SCUOLA DI PEDALE

Mio figlio Ben aveva preteso di andare in bici a scuola fin dal primo giorno di elementari, a quattro anni. Indossava un impermeabile rosso fuoco, portava in spalla una cartella gialla e la sua bici aveva ancora le rotelle di sicurezza. Lui però ha imparato subito a farne a meno. Niente motiva un bambino quanto vedersi superare dai coetanei in sella a una bici «da grandi». Spesso qui i piccoli imparano comunque senza rotelle, con l'unico aiuto di un genitore che li stabilizza o li guida con una mano appoggiata sulla spalla. E mentre in altri Paesi è raro che i ciclisti anche affiancati azzardino un contatto (per la verità è contro la legge), una delle – pochissime – abitudini romantiche degli olandesi è pedalare tenendosi per mano, oppure con la ragazza che stringe il polso del compagno.

A volte ho l'impressione che i bambini olandesi passino la vita in bicicletta. E i genitori non si fanno scrupoli a pedalare con un neonato nel marsupio, dimostrando un'estrema audacia o una totale incoscienza agli occhi degli stranieri. È tipico per madri e padri portarsi dietro i bambini negli spostamenti cittadini, mentre io ho impiegato parecchio a superare la paura. Ammetto che le prime volte (un tragitto brevissimo, da casa alla piscina, per accompagnare Ben al corso di acquaticità) avevo il terrore di cadere, mentre lui, al sicuro nel suo marsupio, se la godeva un mondo a guardarsi intorno e a sentire la brezza tra i capelli.

Dopo la primissima infanzia, i bambini passano dal marsupio al seggiolino (fissato al manubrio per i più piccoli, dietro la sella per i più grandicelli), oppure viaggiano come pascià in palanchino, a bordo di un *bakfiets*.

Quando Ina aveva pochi mesi e Ben tre anni, anche noi ne comprammo uno, a due ruote, il modello più manovrabile, anche se a lungo eravamo stati tentati da quello a tre, più pesante ma più stabile. Costava un patrimonio. A volte mio marito manifesta una propensione poco olandese per il lusso (secondo me è colpa del suo pool genetico forestiero, metà ungherese e un quarto tedesco), e scelse un *bakfiets* trendy e superaccessoriato, color azzurro cielo.

Ma per quanto elegante e – nel suo genere – aerodinamico, restava comunque un arnese ingombrante.

Ci voleva una bella dose di coraggio a mettersi in sella. Tuttavia, in un paio di settimane, anch'io riuscii a emulare le forzute madri olandesi, e diventò normale andarmene a zonzo con un carico di bambini e i sacchetti della spesa settimanale. Il *bakfiets* richiede un fisico allenato e quadricipiti d'acciaio, soprattutto per superare i ponti a schiena d'asino, ma con l'esercizio tutti possono riuscirci. E seppure controindicato in mezzo al traffico, è davvero molto pratico nelle zone con una buona rete ciclabile.

Quando i miei figli diventarono troppo pesanti per scarrozzarli in *bakfiets* – io sono troppo leggera per fare da contrappeso, e in curva rischiavo sempre di ribaltarmi – lo vendetti di seconda mano e acquistai un tandem adulto-bambino. Le bici con carrello sono anche larghe, mentre i tandem sono soltanto lunghi, perciò sono più adatti a destreggiarsi tra macchine, tram e turisti nelle viuzze affollate del centro di Amsterdam. Gli amici arrivati dall'estero muoiono sempre dal ridere alla vista del parco-bici parcheggiato dietro casa.

L'Associazione nazionale ciclisti olandese promuove l'uso della bicicletta «perché fa bene all'umore e alla salute». Dev'essere questo il motivo per cui l'Olanda ha il tasso di obesità infantile più basso di tutti i Paesi del Primo mondo. Ed è noto che l'attività fisica favorisce il rilascio delle endorfine, gli ormoni della felicità. I ricercatori dell'Università di Utrecht hanno scoperto che i ciclisti vivono più a lungo di chi non usa la bicicletta.[1] Secondo le loro stime, l'abitudine al pedale allunga di

[1] *Lang leve de fietser* [Gli olandesi che usano regolarmente la bicicletta vivono in media sei mesi in più dei non ciclisti], http://bit.ly/2rCwN04.

sei mesi la speranza di vita. E in un qualsiasi giorno della settimana, in Olanda cinque milioni di ciclisti – giovani e anziani – percorrono 14 milioni di tragitti sulle due ruote.[2] Qui il numero di biciclette supera di un milione quello degli abitanti. I mega-parcheggi per le bici alle stazioni che senz'altro avrete visto nelle foto sui giornali sono davvero sterminati, e ciononostante a volte si fatica a trovare un posto. Nelle ore di punta non è raro che si creino ingorghi di biciclette.

Il libro *In the city of bikes* (Nella città delle bici) di Pete Jordan è un'autentica miniera di informazioni sulla storia del ciclismo olandese (oltre a offrire una magnifica panoramica sulla storia sociale di Amsterdam). Al suo primo arrivo qui, Pete commise l'errore classico degli stranieri: aveva sostato in mezzo a una pista ciclabile, e fu investito da un ciclista. Era stata proprio la cultura della bicicletta ad attirarlo ad Amsterdam, e dopo essersi sbalordito per la quantità di gente che per strada usava la bici come un camion da traslochi, decise di condurre un proprio sondaggio. Scoprì che per gli olandesi è normale trasportare qualsiasi cosa in bicicletta: un baule, un mobile, una fioriera e, con sorprendente frequenza, le assi da stiro.

La loro abilità nel maneggiare carichi imponenti è tale che nel 1917 l'esercito istituì una banda di musicisti-ciclisti,[3] che pedalando suonava trombe, tromboni e grancasse. Si esibiscono ancora oggi alle parate.

[2] http://bit.ly/2rxHRA6. Il sito web dell'Unione ciclisti olandesi è ricco di informazioni (in olandese).

[3] La FBW (Fanfare Bereden Wapens) ha un organico di ventidue musicisti in bicicletta.

Quindi offrirti un passaggio sul portapacchi è un gioco da ragazzi per l'olandese medio. In Olanda capita spesso di vedere passare un ciclista con un compagno in bilico dietro la sella, mentre in altri Paesi europei è addirittura illegale.[4] In Olanda i bambini imparano a stare attenti al traffico fin da piccolissimi. Quando arriva il momento di pedalare da soli, sono già abituati a tenersi in equilibrio, alla sensazione della velocità e alla presenza delle macchine. Come in ogni aspetto dell'infanzia olandese, la chiave del progresso è un'esposizione precoce ma graduale e regolata. Qui non si presta molta fede all'idea che ogni bambino debba conquistare traguardi specifici a un'età prefissata. I genitori osservano i figli, in attesa che siano loro a dimostrarsi pronti e impazienti di passare al livello successivo. Vale lo stesso metodo anche per l'abitudine al vasino, o per il nuoto. La vera crescita si ottiene quando è il bambino a volerla, non il genitore.

Rina e le biciclette

Negli Stati Uniti, la bici è considerata un passatempo per bambini, e i pochi adulti dediti al ciclismo lo praticano come sport, o lo sfoggiano come un simbolo di controcultura. Chi pedala sta esprimendo uno stile di vita. «È una cosa così infantile» commenta la mia amica Michelle,

[4] Il codice stradale inglese vieta l'uso della bicicletta in due, salvo che la bici «sia progettata o adattata al trasporto di più di una persona», cioè un tandem o una due ruote dotata di accessori idonei, come il seggiolino per bambini. Il trasporto di un passeggero su una bicicletta normale è sanzionabile in base alla sezione 24 del codice.

in visita da San Francisco. «Guarda per esempio quel tizio laggiù, con il completo grigio e le scarpe di cuoio lucidate. Ha un'aria elegante, giusto? Ma appena sale in bicicletta, mi sembra un bimbetto sul triciclo.» In Olanda, invece, non c'è niente di «alternativo» nell'andare in bici, è quello che fanno tutti. Dato il territorio piatto e la rete di piste ciclabili, le due ruote sono il mezzo più pratico ed efficiente in assoluto.

Io non ho ancora preso la patente olandese. In città è tutto talmente accessibile in bicicletta che non sento proprio la necessità di guidare. E poi è un ottimo modo per fare un po' di esercizio fisico anche nelle giornate in cui sono più indaffarata. Sono una fiera *bakfietsmoeder*, l'equivalente olandese delle casalinghe americane con la monovolume.

Per il suo primo compleanno, a nostro figlio abbiamo fatto il più classico dei regali olandesi, una Wishbone (la bici di legno senza pedali), trasformabile da triciclo a biciclo. Per gli olandesi la bicicletta è quasi un'estensione del corpo, perciò ci era sembrato naturale permettere a Julius di familiarizzare con il mezzo nazionale quasi prima che imparasse a reggersi in piedi. Girare in bicicletta da solo gli ha dato un enorme senso di indipendenza e di sicurezza.

LA BICI INSEGNA LA RESISTENZA

Persino gli olandesi definiscono il proprio Paese «uno stagno gelato». Qui piove quasi sempre. Le precipitazioni sono costanti da settembre a gennaio, e anche febbraio e giugno sono mesi piuttosto piovosi. D'inverno le temperature medie variano tra i due e i sei gradi, e poi ci sono i venti forti. Le condizioni meteorologiche non sembrerebbero le più indicate per il ciclismo, ma gli olandesi non fanno una piega: coprono se stessi e i bambini con strati di abiti caldi, giacche impermeabili, panta-vento e stivali e pedalano tutto l'anno. Mio marito mi ha sempre incoraggiata a uscire in bicicletta, anche sotto un temporale o una bufera. Sosteneva che ci avrei fatto l'abitudine, e aveva ragione. Certo, con la neve bisogna ricordare che le strade diventano scivolose, e bisogna tenere una marcia bassa, come in salita. Il guaio è che gran parte delle biciclette olandesi non ha il cambio e usa il vecchio sistema del freno posteriore, quindi sono le meno adatte a pedalare sulla neve o sul ghiaccio. Le *bakfiets* con il carrello hanno le marce ed essendo pesanti hanno anche una presa maggiore sull'asfalto bagnato.

Affrontare il maltempo tempra il carattere. Nei primi anni qui, mi ostinai talmente tanto a imparare a pedalare controvento che la mia diventò una battaglia psicologica oltre che fisica. E per i bambini è un modo per acquisire grinta. Fin da piccoli scoprono che la vita non è sempre rose e fiori. Imparano a non lasciarsi spaventare dalla pioggia. A non arrendersi davanti alle difficoltà. Credo fosse questa la lezione che la mamma-tigre Amy Chua voleva impartire alle sue figlie, costringendole a esercitarsi con i loro strumenti per ore ogni giorno. Allo stesso modo, andare a scuola in bicicletta, che piova o tiri vento, potenzia la tenacia, un tratto caratteriale con una correlazione diretta alla felicità. I ricercatori dell'Università di

Barcellona[5] hanno scoperto che le persone dotate di maggiore resilienza sono anche quelle in genere più soddisfatte della propria vita e meglio capaci di controllare le proprie emozioni.

A me è capitato spessissimo di aprire la porta ai miei figli grondanti d'acqua, spogliarli direttamente in anticamera e infilarli in un bagno caldo. Qui non hai scelta, e poiché la pioggia o il freddo sono la norma, nessuno si lascia scoraggiare. Secondo un manuale di pedagogia olandese i genitori non devono impietosirsi per i figli costretti ad andare a scuola da soli con il maltempo e la cartella piena zeppa di libri. Al contrario, dovrebbero pensare a quanto quell'esperienza li stia rendendo responsabili e indipendenti. Lo stesso autore suggerisce che se un bambino dimentica a casa il pranzo, non bisogna correre a scuola a portarglielo. E quanto ad accompagnarli in macchina, quello è proprio un tabù.[6]

[5] Joaquín T. Limonero, Joaquín Tomás-Sábado, Jordi Fernández-Castro, Maria José Gómez-Romero e Amor Ardilla-Herrero, *Estrategias de afrontamiento resilientes y regulación emocional: predictores de satisfacción con la vida* [Strategie per affrontare le difficoltà con resilienza e per controllare le emozioni: predittori del grado di soddisfazione della propria vita], Universitat Autònoma de Barcelona, «Behavioral Psychology/Psicología Conductual», 1 (20), 2012, pp. 183-196.

[6] Marijke Bisschop, *Opvoeden in een verwenmaatschappij. Hoe maak je je kind toch gelukkig?* [L'educazione nella società della bambagia. Cosa devo fare per rendere felice mio figlio?], Lanoo Uitgeverij, Houten 2005, p. 78.

QUESTIONI DI SICUREZZA

I genitori inglesi e americani tendono ad accompagnare i figli in macchina perché lo ritengono più sicuro piuttosto che lasciarli andare a scuola da soli, in bici o a piedi. Visti dal privilegiato osservatorio olandese, i rischi sulle strade degli altri Paesi appaiono molto limitanti. Anne, un'amica olandese che da un paio d'anni si è trasferita a Londra, condivide la sua esperienza:

> Qui i miei figli godono di meno libertà rispetto ad Amsterdam. Purtroppo le strade sono troppo pericolose per lasciarli girare in bici da soli. Il pericolo non consiste tanto nel traffico quanto negli automobilisti, che non sono abituati ad avere a che fare con le biciclette, e nella mancanza di piste ciclabili. In Olanda tutti gli automobilisti sono anche ciclisti, e pensano come loro.
> Visto che da soli non possono farlo, io accompagno spesso i miei figli in giro in bicicletta, ma ammetto di provare un certo nervosismo. Ho imposto l'uso dei caschi, e quando loro mi domandano perché non possono farne a meno, come in Olanda, io rispondo che qui verrebbero arrestati dalla Polizia delle Mamme. Io il casco non lo uso, e capita che la gente per strada mi rimproveri in modo molto aggressivo.

In Australia e Nuova Zelanda il casco è obbligatorio, come anche in alcuni Stati americani. In Inghilterra è solo consigliato, ma di fatto lo indossano quasi tutti. Perciò quando partii per l'Olanda portai con me il casco, il gilet giallo fosforescente, i catarifrangenti e la mascherina anti-inquinamento. Le prime volte uscii accessoriata di tutto punto, ma presto mi sentii in imbarazzo. Nel paradiso delle piste ciclabili, facevo ridere i polli. Quando i miei figli erano piccoli, imposi l'uso del casco, ma poi mi rilassai. Gli altri genitori olandesi mi avevano convinta che i bambini stanno più attenti quando si sentono esposti.

È uno dei motivi per cui in Olanda non vige l'obbligo del casco: la ricerca dimostra che i ciclisti che non lo indossano sono più prudenti. Inoltre si ritiene che imporlo per legge scoraggerebbe l'uso della bici (com'è accaduto in Danimarca).[7] L'Associazione nazionale ciclisti afferma che le ricerche condotte all'estero non hanno rilevato alcuna differenza nei traumi cranici tra ciclisti con e senza casco. Gran parte degli incidenti avviene per l'investimento da parte di un'auto, che causa traumi di altro tipo, oppure quando il ciclista ha superato la soglia dei venti chilometri orari (la massima velocità entro cui il casco dimostra una certa efficacia protettiva contro i traumi alla testa).

Da un punto di vista statistico, in Olanda è più probabile morire annegati che per un incidente in bici, perciò gli olandesi stanno più attenti all'acqua che al traffico.

Quando ha saputo che stavamo scrivendo questo libro, una mia amica inglese immigrata qui mi ha subito chiesto se avrei parlato dell'«incoscienza» olandese. Diversamente da Inghilterra e Stati Uniti, l'Olanda non ha una normativa stringente di prevenzione e sicurezza. La differenza salta agli occhi: basta vedere i ciclisti zigzagare in mezzo alle macchine, carichi di valigie e assi da stiro. Certo, in termini relativi qui sono più al sicuro che altrove, grazie all'incredibile rete di piste ciclabili,

[7] http://bit.ly/1wZYTm1.

ma quando ti passa davanti una mamma che pedala allegramente con un bambino in bilico sul manubrio e un altro sul portapacchi, più che a una ciclabile la pista somiglia a quella di un circo. Il fatto è che gli olandesi affrontano i rischi in modo più rilassato. E se venite da un Paese in cui la sicurezza è al primo posto, lo noterete anche in altre manifestazioni: la vigilia di Capodanno, per esempio, gli olandesi fanno scoppiare i petardi per la strada – una consuetudine che non smette di terrorizzarmi –, la Pànace gigante (una pianta velenosa e oggetto di campagne di eradicazione totale in altri Paesi) cresce rigogliosa ovunque, e tutti nuotano nei canali e negli stagni infischiandosene della leptospirosi.

Per fortuna, secondo l'ente responsabile delle statistiche di sicurezza stradale, il numero di bambini morti in bicicletta è estremamente basso.[8] I tassi di mortalità sono diminuiti in maniera drastica rispetto agli anni Cinquanta, grazie alla creazione di piste e percorsi dedicati e più sicuri. Nel 1978, il gruppo di pressione Stop de Kindermoord (Mettiamo fine alla strage dei bambini), che chiedeva maggiore sicurezza per i piccoli ciclisti, organizzò una dimostrazione ad Amsterdam cui parteciparono 15.000 manifestanti a due ruote. Nello stesso periodo anche altre associazioni, come il movimento di controcultura dei Provos e l'Associazione nazionale ciclisti, protestarono contro la quantità di incidenti. Nacquero così i tracciati e i ponti riservati, e le rastrelliere. Il Paese cominciò a limitare il traffico automobilistico, migliorando le infrastrutture al punto che a metà degli anni Novanta i ciclisti di Amsterdam erano incrementati

[8] http://bit.ly/2szciWS.

del 29 per cento, e il traffico motorizzato era diminuito del 24 per cento.[9]

La storia del ciclismo olandese ha avuto i suoi alti e bassi, ma alla fine l'hanno sempre spuntata i ciclisti. La bici in sé sarà anche stata inventata altrove – l'unico contributo olandese è l'introduzione dei parafanghi – ma l'Olanda resta leader mondiale nella creazione delle infrastrutture a favore del pedale. La prima pista ciclabile in assoluto fu costruita lungo la Maliebaan di Utrecht, e risale al 1885. E sebbene la bicicletta sia nata come passatempo, durante la Depressione degli anni Trenta la sua economicità e praticità la imposero come il mezzo di trasporto standard.

Per contro, solo l'8 per cento circa degli inglesi si sposta in bici, e il 2 per cento dei bambini tra i cinque e i nove anni di età e il 3 di quelli tra undici e dodici la usa per andare a scuola.[10] Negli ultimi anni Londra ha cercato di incoraggiare il ciclismo urbano con iniziative come «Cycle Superhighways». Alcuni miei amici hanno aderito con entusiasmo, e altri si sono anche impegnati a usare la bici per accompagnare i bambini a scuola. Ma in Inghilterra la separazione tra strada e ciclabili è ancora inadeguata, con piste che spariscono di punto in bianco, costringendo il ciclista a imboccare le corsie ordinarie, e incidenti mortali che continuano a fare notizia. La speranza è che la tendenza a favore della bici e a discapito dell'auto prosegua finché il numero di

[9] Pete Jordan, *Fietsrepubliek: een geschiedenis van fietsend Amsterdam* [La repubblica del pedale. Una storia del ciclismo ad Amsterdam], Uitgeverij Podium, Amsterdam 2014.

[10] Cycling Uk, *How many people cycle and how often?* [Quante persone vanno in bicicletta e con quale frequenza?], http://bit.ly/2shK0xe.

ciclisti avrà raggiunto una massa critica tale da imporre una maggiore sicurezza sulle strade, soprattutto per i bambini. Ma il traguardo appare ancora lontano. Da questo punto di vista, l'Inghilterra avrebbe molto da imparare dall'Olanda.

VERSO L'INDIPENDENZA

Mentre pedaliamo fianco a fianco, seguendo Ina ed Elias, io ed Heleen ci scambiamo impressioni ed esperienze. Lei mi racconta che una settimana prima ha permesso a Elias di andare da solo al negozio di giocattoli, dopo la scuola. Era un po' sulle spine, e dopo averlo aspettato per un'ora, ha deciso di andare a cercarlo. Stava per uscire quando lui è rientrato. Se l'era presa con calma, ma il primo giretto in solitaria era andato alla grande. Heleen ammette di trovare piuttosto stressante questo processo di «emancipazione» progressiva, e io sono d'accordo con lei. Tuttavia, insegnare l'indipendenza ai nostri figli è essenziale per svilupparne l'autonomia. E poi è vantaggioso anche per noi. Se non sei costretto a scarrozzare i bambini a scuola e alle loro varie attività sportive o sociali è meno probabile ritrovarti sempre con i minuti contati, incalzata dall'affanno e dallo stress. E un genitore più sereno e rilassato sarà in grado di prestare ai figli un'attenzione incondizionata quand'è davvero necessaria.

A questo punto siamo rimaste troppo indietro rispetto ai bambini per prevenire un incidente, ma ancora abbastanza vicine da intervenire tempestivamente, casomai accadesse qualcosa. In questo modo i piccoli possono affinare il proprio radar per le situazioni di rischio, invece che limitarsi a seguire ciecamente gli adulti. È un consiglio classico dei manuali educativi olandesi, che raccomandano un atteggiamento meno ansiogeno ai genitori, e la possibilità per i figli di commettere errori. In mancanza di un'esperienza diretta, non saranno mai in grado di affrontare da soli le difficoltà, nel traffico come nella vita. L'idea è che, gestendo in proprio le situazioni, i bambini imparino a valutare i rischi e a non cacciarsi nei guai.

Quando cominciano a frequentare le secondarie, che in genere sono più distanti da casa rispetto alle scuole elementari, i bambini olandesi sono già abituati a districarsi tra un traffico relativo, o sulle ciclabili affollate. All'ultimo o al penultimo anno, quasi tutte le elementari offrono un programma di educazione stradale, con test pratici e di teoria così che, quando cominciano ad avventurarsi su percorsi più lunghi, i bambini conoscono il codice e la segnaletica. In aggiunta, nei *bike days*, portano a scuola le proprie biciclette per una revisione gratuita: i rappresentanti della ANWB, l'organizzazione olandese per il traffico e il turismo, controllano freni, fari, catarifrangenti e quant'altro, assegnando certificati-premio, e se necessario i volontari – spesso i genitori stessi – si occupano delle riparazioni.

PEDALARE PIÙ IN LÀ: LA SCUOLA SECONDARIA

Un paio di mesi dopo la mia biciclettata con Heleen, Ben comincia la scuola secondaria. È stato accettato nell'istituto in cima al suo elenco di preferenze, un *gymnasium* moderno, con corsi di cinema e teatro. La sede dista circa mezz'ora in bici da casa, e il tragitto comprende il trasbordo in traghetto sul fiume Ij. Per coincidenza, oggi è il primo giorno di scuola anche per la primogenita di re Guglielmo Alessandro, la principessa Amalia. Perciò quando Ben inforca la sua Batavus,[11] con un paio di jeans, la felpa con cappuccio e lo zaino pieno di libri in spalla, il telegiornale trasmette un breve servizio su Amalia, che come lui si avvia senza accompagnatori, vestita allo stesso identico modo e in sella a una Batavus. Sarebbe impossibile distinguerla da qualsiasi altro bambino della sua età. Io sono un po' preoccupata per Ben, ma immagino non più del re e della regina per la principessa.

Qui persino le teste coronate viaggiano in bici. Negli anni Trenta, all'Aia, la regina Guglielmina si spostava in bicicletta, e fece lo stesso a Londra, quando la Seconda guerra mondiale costrinse la casa d'Orange (la famiglia reale) all'esilio. Tornata in patria dopo la guerra, la regina visitò tutto il regno in bicicletta, per accertarsi di persona delle condizioni dei sudditi e delle esigenze di ricostruzione. La figlia Juliana seguì il suo esempio e se inserite le parole «Guglielmo Alessandro» (il regnante attuale) e «bicicletta» in Google troverete una quantità di servizi fotografici con l'intera famiglia al pedale. In alcune i genitori siedono in sella a una *bakfiets*, con il carrellino stipato di bambini biondi e sorridenti. È evidente che

[11] Tra parentesi, il nome «Batavus» si riferisce ai Batavi, un'antica popolazione barbarica da cui – secondo Adriaen de Jonge, medico e storico classico vissuto nel XVI secolo e autore del primo trattato noto sull'identità olandese – sarebbero discesi gli olandesi moderni.

per gli olandesi la due ruote non è l'auto dei poveri, ma il miglior mezzo di trasporto per tutti.

♦ ♦ ♦ ♦

Alla seconda settimana di frequenza, sull'orario scolastico online di Ben compare un corso misterioso, indicato dalla sigla ACT. Con mio grande sollievo, scopro che sono le prime lezioni di educazione stradale. I bambini vengono divisi in gruppi, a seconda del tragitto che devono percorrere da casa, indicano su una cartina tutti gli incroci pericolosi o gli ostacoli lungo il percorso, li fotografano e discutono di come renderli più sicuri. I loro suggerimenti vengono riuniti in un rapporto inviato al Comune. È un'iniziativa fantastica. Non soltanto ha insegnato ai bambini a essere più consapevoli delle situazioni di rischio, ma li ha anche resi proattivi nel risolverle.

Ora che Ben va a scuola da solo ogni mattina, Ina ha cominciato a pretendere lo stesso privilegio. Io le suggerisco di accordarsi più spesso con Elias o con altri compagni che percorrono lo stesso itinerario. Un fine settimana, mi ha chiesto il permesso di andare a casa di un'amica, ma ha ammesso di non essere sicura al 100 per cento di come arrivarci. «Facciamo così, mamma» ha proposto. «Io pedalo davanti, e tu mi avverti se sbaglio strada.» Io l'ho seguita, rammentandole il trucco «salvavita» di guardarsi bene alle spalle prima di svoltare a sinistra (o a destra, nel caso dei miei lettori inglesi). Arrivati al condominio in cui abita la sua amica, abbiamo trovato il passo sbarrato da un cantiere. Reagendo d'istinto, Ina ha aggirato l'ostacolo: svolta a sinistra, infila una parallela, sul fondo svolta a destra e infine ha imboccato la stessa strada dall'estremità opposta. Alla sua età io avrei avuto molti più problemi a individuare un percorso alternativo, mentre lei se l'è cavata egregiamente.

Come pedalare con l'ombrello

1. Esercitatevi a reggere il manubrio con una mano sola, e in particolare nel caso di curve, incroci o ponti a schiena d'asino.
2. Comprate un ombrello molto robusto e a prova di vento.
3. Passeggiate con l'ombrello aperto in condizioni di vento sostenuto. Abituatevi a ruotare il polso per girare l'ombrello controvento, evitando che si gonfi come una vela.
4. Ripetete il punto 3, ma in bicicletta.
5. Ripetete il punto 3, ma in bici e sotto un temporale.
6. Ripetete il tutto in bicicletta, ma trasportando un bambino, un'asse da stiro o una fioriera.

8

Un'infanzia libera

Michele non viene arrestata per aver permesso ai figli di giocare all'aperto

> North Truro. Due residenti di Niagara Falls, nello Stato di New York, affronteranno un processo a novembre. Secondo il fascicolo depositato presso il tribunale distrettuale di Orleans, in agosto avevano lasciato da soli per un'ora i due figli, di sette e nove anni, su una spiaggia pubblica.
>
> «Cape Cod Times», 29 ottobre 2015

> MADRE RISCHIA IL CARCERE PER AVERE PERMESSO AL FIGLIO DI QUATTRO ANNI DI GIOCARE FUORI DA SOLO – La donna è stata arrestata in seguito a una denuncia dei vicini. Il bambino stava giocando da solo, a trenta metri da casa, all'interno di un quartiere sorvegliato.
>
> «The Independent», 3 dicembre 2015

Avete presente il quadro *Giochi di bambini* di Pieter Bruegel il Vecchio (1560)? Raffigura una grande piazza piena di bambini – più di duecento – intenti a giocare.

Le case sono eleganti, ma il terreno della piazza è un semplice sterrato, senza lastricato, e la scena comprende una quantità di giocattoli – trampoli, un cavalluccio, una bambola, le trottole, la ruota – e giochi tipici come il salto della cavallina, moscacieca, nascondino. I maschietti si arrampicano sugli alberi, camminano sulle mani, danno la scalata a una montagnetta di sabbia, mentre le femmine fanno ruotare il cerchio o le sottane. Gli esperti hanno identificato oltre ottanta giochi diversi. Di genitori però non si vede neanche l'ombra. Le due figure a cavallo del barile potrebbero essere adulti, ma è più probabile che siano adolescenti. C'è qualcuno incaricato di vigilare sulle acrobazie di tutta quell'infanzia scatenata? Pare proprio di no. Si intravede soltanto una donna che copre con un telo azzurro un gruppetto di bimbetti accucciati insieme, ma non li sta sorvegliando: di fatto partecipa al gioco.

Bruegel voleva dimostrare che per i piccoli il gioco è importante e coinvolgente quanto il lavoro per i grandi. Nel XVI secolo il dibattito sull'argomento si stava scaldando. Gli umanisti, con Erasmo da Rotterdam in prima fila, incoraggiavano attivamente il gioco all'aperto in ogni stagione dell'anno e senza la supervisione degli adulti. Posto il rispetto di qualche regola – niente giochi in chiesa o nel camposanto, o schiamazzi per strada – nel tempo libero i bambini potevano fare di testa loro.

Nel XVII e XVIII secolo, i turisti stranieri si stupivano della considerazione dimostrata ai bambini in Olanda, e della loro importanza agli occhi dei genitori. Durante una visita a Leida nel 1723, il naturalista e fisiologo svizzero Albrecht von Haller sentenziò: «*Die Jugend is ungeschliffende*» (I giovani sono viziati).[1] I bambini olandesi gli erano sembrati villani e maleducati; erano troppo liberi e irrispettosi degli anziani. Non escludo che anche i turisti di oggi traggano la stessa conclusione. In un parco o campo giochi olandese si vedono scene caotiche quanto quella dipinta da Bruegel.

Nel mio quartiere, per percorrere l'ampio marciapiedi davanti alle villette a schiera e indipendenti bisogna fare lo slalom tra mobili da giardino, sabbiere, piscinette di plastica e una foresta di biciclette. Qui abitano soprattutto famiglie con bambini piccoli, e il passaggio è sempre ingombro. D'estate, poi, ospita veri e propri salotti. Gli olandesi non si fanno scrupolo di trasferire all'aperto divani, tavoli da pranzo e poltrone, per godersi il più possibile la breve parentesi di bel tempo. Alcuni siedono fuori persino a guardare la televisione, sistemandola su un tavolino e facendo passare i cavi dalla finestra. I bambini più piccoli giocano con i gessetti, le pistole ad acqua, i tricicli, le bambole e le macchinine, mentre le madri siedono a chiacchierare tra loro, a bere un tè o ad allattare un neonato. Oppure se ne stanno in casa a rilassarsi.

Sull'altro lato della via si estende il Noorderpark, un vasto parco che attraversa l'intero quartiere e abbraccia entrambe le sponde di un canale navigabile. La nostra schiera di villette è costruita su una chiusa. Viste dalla strada sembrano case a due piani, ma di fatto comprendono un pianterreno e un seminterrato, affacciato sul giardino del retro. È un tipo di abitazione tipicamente

[1] Johan de Bruijn e Ineke Strouken, *Typisch Nederlands. Tradities en trends in Nederland*, Reader's Digest, Schiedam 2011, p. 51.

olandese: modesta dall'esterno, ma che all'interno rivela spazi e vani inaspettati. I giardini sono minuscoli, data la carenza di terreni, e alcune famiglie li usano come deposito, mentre per altre rappresentano un'oasi in cui si rifugiano i genitori quando sentono il bisogno di un momento di privacy e tranquillità. Io non posso fare a meno di pensare che i cortili ridotti siano il motivo delle informali aree ricreative sui marciapiedi, e della proliferazione dei campi da gioco.

Ad Amsterdam se ne trovano a ogni angolo di strada. Sono 1300 in tutto, e il primo risale al 1880. Molti altri se ne aggiunsero dopo la Seconda guerra mondiale, con un aumento esponenziale quando il diffondersi del traffico motorizzato impose la creazione di luoghi sicuri per permettere ai bambini di giocare all'aperto. L'architetto Aldo van Eyck ne progettò 860, ispirandosi all'urbanistica modernista. Le dotazioni standard erano una struttura di metallo a cupola su cui arrampicarsi, le parallele, uno scivolo e un cavalluccio a dondolo montato su una molla. Uno di questi campetti si trova proprio in fondo alla nostra via. Oggi la tendenza è in favore di arredi più naturali e avventurosi, con tronchi, attrezzi di legno, sabbia e acqua. L'idea è che i bambini vanno lasciati liberi di sporcarsi. Il Noorderpark ne offre l'esempio paradigmatico, fango compreso. Spesso si trasforma in una sorta di parco giochi acquatico, perché la pioggia lo allaga, e le pozzanghere ti arrivano fino alle ginocchia.

Ma torniamo alla via. Mentre i piccoli gattonano sul marciapiedi o si tengono occupati di fronte a casa, i bambini appena più grandicelli, dai quattro o cinque anni in poi, cominciano ad attraversare la strada per andare a giocare nel parco. Una delle loro attività preferite è arrampicarsi su un albero nodoso. Mio figlio è precipitato parecchie volte da quella pianta e immagino non sia capitato soltanto a lui: considerati i grappoli di bambini che pendono dai rami, le vittime nel corso degli anni devono essere state parecchie. Eppure nessuno si sogna di circondare l'albero con una rete, o di stendere una superficie di gomma protettiva alla base. Lo spazio verde include anche una piccola piscina (dotata di bagnino), un campo da calcio su erba e una sabbiera. Nel parco è raro vedere un genitore, eppure è sempre pieno di bambini. Come si spiega il fenomeno?

Il fatto è che la vita outdoor è una parte normale dell'infanzia olandese, oggi come ai tempi di Bruegel. Stare all'aperto in qualsiasi stagione è un tratto del carattere nazionale. I bambini giocano volentieri sotto la pioggia ed è raro che un incontro sportivo venga rimandato per il maltempo. L'unico caso in cui l'allenamento di calcio bisettimanale di Ina viene sospeso è quando c'è un rischio di fulmini. Quando piove, gli olandesi non si rintanano in casa: mettono l'impermeabile. E se indossano il completo da lavoro, s'abituano a pedalare con l'ombrello. «Non esiste il brutto tempo, solo l'abbigliamento sbagliato», dicono i genitori olandesi. Loro sono imperturbabili, coriacei e attrezzati ad affrontare qualsiasi clima, e si aspettano che i figli facciano lo stesso. Dato il ruolo paritario in famiglia, i bambini imparano fin da piccoli a essere autosufficienti e ad assumersi le proprie responsabilità. Giocare all'aperto senza supervisione è un rito d'iniziazione che insegna l'indipendenza e a farsi la scorza.

L'immagine più comune del bambino nella cultura olandese lo ritrae con le guance arrossate dalla corsa e la chioma bionda arruffata dal vento: l'esatto opposto delle nuove generazioni che altrove crescono passive e sedentarie, schiave di televisione e dispositivi elettronici. Secondo gli olandesi, i bambini hanno bisogno di passeggiate regolari, come i cani. E anche i miei due figli scorrazzano liberamente al parco, sebbene abbiano cominciato un po' più tardi rispetto agli altri bambini del quartiere (intorno ai sei anni). Nelle mie ricerche sui manuali olandesi di pedagogia, quello citato più spesso ha un titolo che si spiega da sé: *En als we now weer eens gewoon gingen opvoeden?* (E se riprendessimo a crescere figli normali?). Il libro propone un approccio con un certo grado di struttura e disciplina, ma concedendo ampio spazio al gioco indipendente:

> A quattro anni, il bambino ha raggiunto l'età in cui può giocare fuori. E «fuori» non significa più soltanto il giardino di casa, ma anche la piazza, la sabbiera accanto alle giostrine, il vicolo, il marciapiedi e così via... ma sempre da solo e fuori dalla vista della mamma.[2]

La posizione di Rina in merito all'allevamento in libertà

Il primo giorno del nostro trasferimento nel nuovo cottage, l'estate scorsa, segnò anche l'inizio di un approccio più rilassato alla sorveglianza parentale. Il giardino intorno

[2] Gitty Feddema e Aletta Wagenaar, *En als we nou weer eens gewoon gingen opvoeden?* [E se riprendessimo a crescere figli normali?], Spectrum, Amsterdam 2013, p. 162.

alla casa è circondato da una staccionata, e comprende un trampolino, una sabbiera, alberi e cespugli per giocare a nascondino e un bel prato per fare le capriole: insomma, tutto il necessario perché nostro figlio si intrattenesse da solo. Lui era galvanizzato dalla quantità di bambini che vedeva passare lungo la via. Alcuni avevano appena cinque anni, eppure pedalavano e giocavano per conto loro. Dopo esserci accertati che il giardino non nascondesse insidie, io e mio marito lasciammo Julius alle sue esplorazioni e rientrammo per aiutare i traslocatori a sistemare i mobili. Ogni dieci minuti, a turno, tornavamo a dargli un'occhiata, e a sua volta lui continuava a entrare e uscire da casa, reso letteralmente euforico da quella nuova libertà. Adesso passa buona parte della giornata in giardino per conto suo. Negli Stati Uniti o in Inghilterra rischieremmo una denuncia dei vicini e guai seri con la legge.

Per assurdo, molti genitori americani oggi così fissati con la sicurezza hanno avuto un'infanzia ben diversa. Quand'erano piccoli, erano liberi di andarsene a zonzo al parco, per le strade o addirittura nei boschi. Nel dicembre 2015, l'ex presidente Obama ha firmato una legge federale[3] che sancisce il diritto dei bambini ad andare a scuola a piedi o in bicicletta per conto proprio, con l'autorizzazione dei genitori, e l'esenzione di questi ultimi da una denuncia per negligenza civile o penale, purché il tragitto sia giudicato adeguato all'età del bambino e non particolarmente impegnativo. La normativa federale però non annulla le leggi statali e comunali, per molte delle quali il comportamento costituisce ancora reato. Il che significa che se un vicino ficcanaso ritiene che tuo figlio sia troppo piccolo per andare a scuola da solo, può

[3] http://bit.ly/2s1DiKB.

comunque denunciarti alla polizia o ai servizi sociali, con il rischio che il bambino ti venga sottratto, e tu venga arrestato e processato. In Olanda non accadrebbe mai.

Gli autori, Feddema e Wagenaar, ritengono che giocare con altri coetanei senza la supervisione dei genitori sia essenziale alla socializzazione. I bambini imparano ad affrontare i conflitti e a risolverli per conto loro. I genitori ansiosi, soffocanti o ipervigili hanno un effetto deleterio sui figli, rendendoli nervosi e timidi. Molto meglio impartire regole chiare, insistere sulla puntualità del rientro e poi lasciarli andare. Le prime volte che i miei figli si avventurarono al parco da soli, io adottai d'istinto la stessa tecnica, fissando una soglia massima di quarantacinque minuti. Poiché erano troppo piccoli per pretendere che controllassero l'orologio, li avevo dotati del timer da cucina. Il consiglio standard è di tenerli d'occhio, almeno all'inizio, ma senza farsi notare e senza mai interferire. Io li sbirciavo da una finestra.

La ricerca dimostra i benefici sociali del gioco all'aperto e non sorvegliato. Lia Karsten, urbanista dell'Università di Amsterdam, ha scoperto che nelle città «essere accompagnati in macchina o in bicicletta dai genitori ogni volta che ci si sposta da A a B conduce a un "impoverimento sociale", perché oggi la strada è l'unico luogo in cui i bambini possono mescolarsi ai coetanei di diversa estrazione sociale. Nei villaggi è ancora possibile: nella piazza del paese i figli del bracciante si ritrovano più spesso a giocare con quelli del dottore».[4] Tutti i genitori

[4] «NRC Weekend», 7-8 novembre 2015.

olandesi più progressisti della mia cerchia sono a favore di questa mescolanza tra classi od origini etniche diverse.

E nessuno si preoccupa se, aggirandosi da soli, i bambini cadono o si fanno male. È quello che nel colloquio con me e Rina il professor Ruut Veenhoven ha definito «addestramento all'indipendenza», a suo avviso un fattore determinante della felicità dei piccoli olandesi. Secondo lui è sbagliato limitare o proteggere troppo i nostri figli: i bambini devono imparare a cadere e a rialzarsi da soli, perché «sperimentando una caduta si impara a evitarla». È anche importante permettere ai bambini di annoiarsi: altrimenti come potranno imparare a giocare da soli? Il compito di un genitore non è intrattenere costantemente i figli. I bambini devono trovare il modo di tenersi occupati da sé, inventando divertimenti propri: questo ne stimola la creatività e l'inventiva. In caso contrario, rischiano di diventare come quell'amichetto del figlio di Selma, a Londra, che dopo mezz'ora in una casa piena di giocattoli e con un coetaneo si era annoiato al punto da volersene andare.

IL GIOCO IN INGHILTERRA

Durante le vacanze estive porto Ina a Londra e passiamo una giornata con Vicky, una mia ex compagna di università, e i suoi due figli. Riley e Ina s'intendono a prima vista, e mentre li guardiamo giocare a pallone in un campetto di Hampstead Heath, io e Vicky parliamo delle differenze tra Inghilterra e Olanda. Qui noto che molti genitori si tengono a distanza ravvicinata dai figli o giocano con loro. (Rivedrò la stessa scena qualche giorno dopo, a Victoria Park, insieme a un altro amico, Paul, e a sua figlia, e lui commenterà: «Non bisogna mai perderli di vista».) Come me, anche Vicky ritiene che i bambini inglesi non godano di abbastanza libertà. «Riley ha una voglia disperata di indipendenza» spiega. «Per lui è davvero una necessità. A sette anni, sa già esprimere in modo molto chiaro le sue esigenze, e si sente soffocare. "Perché non posso uscire da solo?" chiede sempre. "Se tu sai dove vado e io so dove trovarti, qual è il problema?" Io vorrei accontentarlo, ma non posso. Di lui posso fidarmi, ma agli occhi del mondo sarei una madre degenere.»

Mi racconta che qualche tempo fa era in macchina con i bambini, ed è dovuta fermarsi per andare in bagno. «Li ho lasciati soli per pochi minuti, chiudendo a chiave le portiere e chiedendo a un signore là accanto di tenerli d'occhio. Non stavo facendo niente di male, eppure avevo l'impressione di commettere un reato.»

In effetti, gli amici olandesi trasferiti a Londra mi dicono che la libertà di sperimentare e responsabilizzarsi tipica dell'educazione olandese non riscuote un gran successo con i nativi. «Quando la nostra piccola di otto anni torna a casa da sola, capita spesso che i passanti la fermino per la strada: "Dove sono i tuoi genitori? È successo qualcosa di brutto?". Che razza di messaggio trasmettono alla bambina?» mi dice uno di loro, un giornalista e padre di tre figli. Anche sua moglie Anne è scontenta della situazione.

«È più di un anno che la nostra primogenita undicenne ha il permesso di andare a scuola da sola» racconta. «Gli amici inglesi si complimentano con noi per la sua indipendenza, ma gli si legge in faccia che in realtà disapprovano. Alcuni sostengono che possiamo permettercelo perché è una bambina così "posata", ma di fatto il rapporto causa-effetto è inverso: nostra figlia si comporta in modo responsabile perché le abbiamo lasciato lo spazio necessario per impararlo. Durante le sue prime, brevi esplorazioni dell'isolato, non aveva paura di restare da sola ma degli adulti che interferivano, e le chiedevano come mai non fosse accompagnata. Qui la gente ha molta più paura degli "estranei" e dei "malintenzionati".»

LIBERTÀ SCONFINATE

Tornata in Olanda, vedo in televisione un'intervista a Damiaan Denys, un filosofo e psichiatra belga che lavora ad Amsterdam. Parla del motivo per cui si è trasferito in Olanda. «Ad attirarmi qui è stata la distesa sconfinata dell'acqua, e della libertà... Invece di transennare i canali, gli olandesi insegnano ai figli a nuotare.» È una metafora eloquente. Ma a dispetto delle libertà locali, Denys osserva che la società in genere sta diventando sempre più protettiva. «Crediamo che le regole e i regolamenti possano eliminare ogni rischio. Non siamo più capaci di affrontare le nostre paure.»[5]

Il tema dell'ansia costante per l'incolumità dei figli riaffiora durante un caffè con la mia amica ed ex collega Madea. Lei e il compagno avevano traslocato in un nuovo quartiere a nord di Amsterdam quando i loro gemelli

[5] *Zomergasten* (un programma di interviste e approfondimenti della televisione olandese), 30 agosto 2015.

erano piccoli, e all'inizio erano terrorizzati all'idea di lasciarli uscire da soli: il terreno tra le case era costellato da fossati profondi e pieni d'acqua, e la parte retrostante confinava con un cantiere aperto. «Ero davvero angosciata. Sono una madre ipervigile, e per me era stato difficile persino affidarli al nido un giorno la settimana. Tuttavia, ci siamo imposti di autorizzarli a giocare all'aperto senza supervisione, dopo averli avvertiti dei rischi. Credo sia un bene per i bambini che i genitori non siano sempre informati di tutto ciò che fanno.»

Domando a Paulien, la madre della mia amica Arwen, come andassero le cose durante la sua infanzia, negli anni Cinquanta. «Allora i bambini erano molto liberi» risponde. «Io sono cresciuta a sud di Amsterdam, vicino al fiume Amstel, e la domenica c'erano intere bande di ragazzini che si aggiravano da soli.»

«I genitori sapevano dove trovarvi?»

«No. Capitava che ci spingessimo fino a un altro quartiere della città, oppure che andassimo a nuotare nell'Amstel, o in barca. Facevamo quello che ci veniva in mente.»

«A quanti anni?»

«Dai quattro in poi. A scuola andavo a piedi, insieme a mia sorella maggiore. Era un tragitto di circa un quarto d'ora. Le biciclette abbiamo cominciato a usarle alle medie. In casa nostra le bici si tenevano nel seminterrato, e prima eravamo troppo piccole per trasportarle senza aiuto sulla scala.»

Anche Arwen mi racconta le sue esperienze. Da piccola, quando usciva, doveva informare Paulien di dove sarebbe andata e con chi. A parte questo, però, i suoi genitori si tenevano in disparte: l'idea era sapere dove fosse, non andare a controllare. Spesso giocava in piazza o ai giardinetti, ma abitava in un paesino molto tranquillo, e i bambini amavano soprattutto avventurarsi nel bosco. La strada che lo separava dall'abitato era trafficata, perciò dovevano stare attenti ad attraversare. «Ai bambini ho insegnato come fare» interviene Paulien. «Ho aspettato finché li ho visti comportarsi nel modo corretto, dopodiché ho lasciato che si arrangiassero da soli.»

Viene fuori la questione della pedofilia. «In effetti, qui non sarebbe difficile rapire un bambino» dice Paulien. «Perciò sì, abbiamo detto ai bambini di non fidarsi degli estranei. Ma quant'è probabile che capiti davvero qualcosa di brutto? Si tratta di eccezioni rarissime. Ai piccoli abbiamo insegnato a non accettare caramelle e che a volte gli adulti mentono, e quindi di non allontanarsi con gli estranei, e tanto basta.»

Arwen vive ad Amsterdam, in un quartiere urbano molto più trafficato del tranquillo paesino di campagna in cui sono cresciute lei e la madre. Quando i suoi due figli erano più piccoli, erano soprattutto le macchine a preoccuparla, perciò li teneva sempre d'occhio quando uscivano a giocare. Adesso però dice: «Credo sia importante che godano della stessa libertà che abbiamo avuto noi da bambini. È essenziale che possano giocare fuori dalla vista dei genitori». Il primogenito, Lasse, ha cominciato ad andare agli allenamenti di tennis e hockey in bicicletta per conto suo a otto anni. Lei gli aveva fornito un vecchio cellulare, con l'accordo di avvertirla ogni volta che lasciava il campo per tornare a casa. Adesso Lasse ha dieci anni, e non soltanto va a scuola da solo, ma al ritorno lo è anche in casa, perché in genere arriva prima dei genitori. La nonna Paulien aggiunge: «È importante dare loro un senso di responsabilità. Altrimenti non impareranno mai a gestirsi».

Riflettendoci, mi rendo conto che in Olanda insegnare ai bambini a diventare indipendenti e autosufficienti è una questione di necessità pratica. Già alle medie non c'è più il doposcuola, perciò i bambini devono per forza arrangiarsi per conto loro, tornando a casa e aspettando che i genitori rientrino dal lavoro. I figli di Arwen sono stati abituati a passare almeno un'ora in casa da soli fin da quando il maggiore aveva nove anni e il minore sei. La sera non è ancora accaduto, ma Arwen conta di cominciare l'anno prossimo. «Anche se non oso immaginare il senso di colpa nel caso qualcosa dovesse andare storto.»

In Inghilterra non esiste una legge sull'età minima in cui si è autorizzati ad andare a scuola da soli, tuttavia è capitato che alcuni genitori siano stati denunciati, perché la situazione era stata giudicata «a rischio». Ma chi decide cos'è rischioso e cosa no? Un vicino di casa ha minacciato un mio amico di avvertire le autorità se avesse di nuovo permesso al figlio di sei anni di giocare in veranda senza sorveglianza. In Olanda un episodio simile sarebbe considerato assurdo.

Paulien aveva spiegato alle figlie cosa fare in caso di incendio. La loro stanza era in mansarda, perciò c'era una scaletta di corda sempre appesa alla finestra, per i casi di emergenza. Una volta, quando le ragazze erano adolescenti, Paulien e il marito le avevano lasciate sole per passare un weekend nelle Ardenne, e Arwen si era ammalata. Al tempo non esistevano i cellulari, perciò non era facile mettersi in contatto con i genitori, ma le ragazze non si erano lasciate prendere dal panico: la maggiore aveva chiamato il medico, aveva chiesto una visita a domicilio, ed era filato tutto liscio. Con ogni evidenza l'insegnamento di autosufficienza e responsabilità della madre aveva funzionato.

PERCEZIONE DI RISCHIO

È vero che negli ultimi tempi, nei centri cittadini più trafficati, si vedono sempre meno bambini da soli in bicicletta, e il clima generale è diventato più prudente, tuttavia in Olanda siamo ancora lontani anni luce dall'ansia e dall'iperprotettività che regna in Inghilterra o negli Stati Uniti.

Da piccoli, i genitori olandesi erano liberi di giocare da soli, e adesso si impegnano di proposito a concedere la stessa libertà ai figli. Si preoccupano del rischio dei canali, dei boschi o delle macchine, ma si impongono di non perdere il senso delle proporzioni, per non limitare troppo l'indipendenza dei figli. Perciò quello che dall'esterno potrebbe sembrare un atteggiamento di comodo e di convenienza personale, di fatto richiede una fatica maggiore. Per il bene dei figli, i genitori si sforzano di mettere da parte le proprie paure. Gli olandesi non sono incoscienti: sono consapevoli dei rischi quanto i genitori inglesi, solo li affrontano in modo più razionale.

Al mio corso settimanale di yoga si parla di «lasciar andare». Oggi a lezione eravamo solo in tre, tutte donne con un figlio alle prese con una nuova sfida: una madre esperta, il cui figlio diciottenne è appena partito per un viaggio; una madre più giovane, con un bambino in prima elementare; e io, con Ben che ha appena cominciato le medie. Parlando dei cambiamenti in atto, la madre più esperta dice: «Ogni volta che muovono un passo per conto loro, noi dobbiamo imparare da capo a lasciarli andare».

È proprio vero.

PREPARARE I BAMBINI ALLA LIBERTÀ

Così come fin da piccoli si insegna ai bambini ad andare in bicicletta e si offrono corsi di educazione stradale, in questo Paese umido e con un quarto del territorio sotto il livello del mare si insiste molto affinché i piccoli imparino a nuotare: canali e fossati sono ovunque. Le scuole introdussero i corsi di nuoto dopo la guerra, e adesso è normale che i bambini affrontino un esame con certificato entro i sette o gli otto anni. La prova comprende parecchie vasche di seguito e alcune tecniche di salvataggio di base, per esempio la capacità di nuotare vestiti e di tuffarsi in apnea e passare da un buco in un telo di plastica. È un modo molto sensato di addestrarli ad affrontare in sicurezza la perenne vicinanza all'acqua.

Per scoprire se la libertà di giocare da soli all'aperto causi spesso incidenti gravi, mi rivolgo a Janneke Horn, una neurologa specializzata in traumi cranici presso l'ospedale AMC di Amsterdam. La dottoressa mi dice che gli infortuni più frequenti capitano in casa. «Succede più spesso che la gente si faccia male cadendo dalle scale. È negli ambienti all'apparenza più innocui che capitano imprevisti gravi.» Le racconto che un paio d'anni fa mio figlio si fratturò una mano cadendo dal divano. «Ecco, è proprio una circostanza tipica. In termini di prevenzione, è più utile insegnare ai bambini a reggersi al corrimano quando scendono i gradini che vietare loro di giocare o pedalare per strada.»

I germi sono una preoccupazione frequente dei genitori di oggi, ma in Olanda la questione sembra meno assillante rispetto ad altri Paesi occidentali. La prima volta che ho visto una madre raccogliere da terra il lecca-lecca del bambino e restituirglielo senza esitazioni, mi sono tornate in mente le parole di mia nonna, che ripeteva sempre che lo sporco fa bene. I miei amici tedeschi e americani sono fissati con l'igiene, ossessionati nel disinfettare il biberon, il ciuccio o qualsiasi altro oggetto con cui i figli entrino in contatto, mentre gli olandesi non considerano contaminato un boccone o una caramella appena tocca terra. Di fatto, l'esposizione ai germi è salutare, perché rafforza il sistema immunitario. Non sorprende che i medici olandesi prescrivano antibiotici con molta più parsimonia rispetto ai loro omologhi europei.

Ma che dire della sicurezza in senso stretto? Quant'è sicura l'Olanda? Nel mio quartiere, i vicini sono sempre pronti a tenere d'occhio anche i figli altrui. A scuola ci sono corsi di sensibilizzazione su pedofilia e bullismo. Ai bambini si insegna a dire: «*Hou op!*» (Smettila), sollevando una mano nel segnale di «stop» se si sentono maltrattati. Ed è significativa la mancanza di allarmismo da parte dei media, mentre i tabloid inglesi si comportano come cani da guardia paranoici, strillando «Al lupo!» per emergenze di ogni tipo, dall'abuso al rapimento o all'omicidio di minori.

È comprensibile che la gente si preoccupi tanto per i figli. L'opinione pubblica inglese viene condizionata a credere che il mondo sia una giungla. E che il governo non alzi un dito in difesa dei bambini. Nel suo ottimo libro storico, *Dream babies. Childcare advice from John Locke to*

Gina Ford (Bambini da sogno. Consigli di puericultura da John Locke a Gina Ford), Christina Hardyment descrive il panico generalizzato che serpeggia nell'Inghilterra odierna. I bambini non sono ritratti solo come vittime ma anche come predatori. I programmi televisivi mostrano riprese di piccoli psicopatici, accompagnate da consigli su come impedire loro di nuocere. Il governo taglia i fondi e incolpa le madri della delinquenza minorile. E ai genitori si continua a ripetere che fuori dalla porta di casa è un inferno:

> A dare ascolto al martellamento di storie dell'orrore, sostenute da ricerche tutt'altro che scientifiche, statistiche presentate in modo pessimistico e dicerie, verrebbe da pensare che i nostri figli stiano crescendo nel mondo più pericoloso, degenerato e pervertito dagli albori dei tempi, invece che nel quarto di secolo più sicuro della storia.[6]

Benjamin Spock è considerato il padre del movimento pedagogico «libertario», il cui obiettivo è insegnare ai bambini a essere indipendenti, secondo le capacità della loro età. Ma nell'edizione riveduta del 1992 del suo celebre manuale *Il bambino. Come si cura e si alleva*, persino Spock si è adattato alle pressioni culturali del tempo, includendo molti nuovi consigli su salute e sicurezza, compresa la raccomandazione di sottoporre ad analisi chimica l'acqua del rubinetto, per accertarsi dell'assenza di batteri e nitrati, e di misurare la distanza tra le assi del lettino, che

[6] Christina Hardyment, *Dream babies. Childcare advice from John Locke to Gina Ford* [Bambini da sogno. Consigli di puericultura da John Locke a Gina Ford], Frances Lincoln, Londra 2007, p. 343.

non deve superare la soglia esatta di 5,7 centimetri. Nelle parole di Christina Hardyment, «più siamo al sicuro e più ci angosciamo». La storica sottolinea anche il fatto che la principale causa di morte di neonati e bambini piccoli è l'incidente in macchina.[7] Ma allora perché i genitori inglesi si sentono più tranquilli ad accompagnare i figli in auto invece che lasciarli andare a piedi o in bicicletta?

L'esperienza della mia sorellastra in Inghilterra rispecchia il clima di ipervigilanza diffusa. Ecco un suo recente post su Facebook:

> Oggi, al ritorno da scuola, mia figlia mi ha riferito che la direzione ha vietato le capriole e le verticali in cortile. Non sono che le ultime aggiunte a un lungo elenco di interdetti: niente corde per saltare, elastici, palle o palloni di ogni genere e tipo. Tutto per il bene dei bambini, naturalmente...

Eppure la mia generazione è cresciuta giocando liberamente in strada con palloni, trampoli, corde e molle per saltare. Cos'è cambiato? Quando domando alla mia sorellastra perché la scuola di sua figlia sia tanto paranoica, la sua risposta mi sorprende: dice che l'amministrazione teme le querele. A casa lei riceve valanghe di telefonate promozionali da parte di studi legali che offrono assistenza nelle cause di risarcimento, una tendenza che credevo tipica solo degli Stati Uniti. Che la prassi si sia davvero diffusa anche in Inghilterra, mettendo tutti sulle difensive? Confrontando la situazione con quella olandese mi torna in mente un articolo letto di recente, secondo il quale gli olandesi sono il popolo più assicurato del pianeta, dopo

[7] *Ibidem*, p. 347.

gli svizzeri. Qui tutti hanno un'assicurazione privata per risarcire eventuali danni ai terzi, casomai dovessero sfondare un quadro o rompere un vaso. D'altra parte l'Olanda è piccola, e i suoi cittadini hanno dovuto adattarsi a vivere gomito a gomito, da qui il modello *polder* di collaborazione e consultazione collettiva. La convivenza è troppo stretta per cominciare a trattarsi a suon di denunce legali. Forse per questo gli olandesi non permettono che le preoccupazioni per salute e sicurezza prevarichino sul diritto dei bambini a godersi l'infanzia.

APPRENDIMENTO SOTTO PRESSIONE

Mentre i bambini olandesi hanno molto tempo libero, le agende fitte di impegni dei coetanei inglesi e americani non lasciano quasi spazio al gioco: prima vengono le lezioni di pianoforte, gli allenamenti sportivi, i compiti, il corso di teatro, la scuola di danza, il club di scacchi e il tutor privato. Nessuno ha il lusso di perdere tempo a giocare quando tutti gli altri si affannano a rimpinguare il curriculum per ottenere l'ammissione alla scuola e all'università giusta.

Gli olandesi ritengono che limitare la libertà di gioco dei bambini ne intralci lo sviluppo. La pedagogia del *laissez-faire* potrà sembrare trascuratezza agli occhi dei genitori ansiosi e iperprotettivi, ma in realtà favorisce gli interessi del bambino. Secondo una ricerca avviata negli anni Sessanta,[8] i bambini più felici e meglio integrati nella

[8] Diana Baumrind, *Effects of authoritative parental control on child behaviour* [Effetti del controllo parentelare autoritario sul comportamento del bambino], http://bit.ly/1PmSk5y.

società sono figli di genitori disposti a lasciarli giocare quando lo desiderano e a rispettarne l'autonomia, ma pronti ad aiutarli e ad assisterli quando necessario.

La scuola elementare dei miei figli incoraggia gli allievi a giocare all'aperto il più possibile. Durante la settimana degli esami, a maggio, accade ancora più spesso. La settimana coincide con l'*Avond4daagse*, un'iniziativa cui ogni anno partecipano quasi tutte le scuole elementari del Paese. Ogni pomeriggio, per quattro giorni consecutivi, i bambini dai quattro anni in su si riuniscono per percorrere a piedi un tragitto di cinque chilometri (dieci per i più grandi). La prima volta io non permisi ai miei figli di prendervi parte, perché avevano gli esami, e mi sembrava che alla sera sarebbero stati troppo eccitati per riuscire a dormire. Poi però mi sono ricreduta. Alla prova dei fatti, quell'attività all'aperto si è rivelata un ottimo antidoto proprio contro lo stress degli esami. Più che camminare, Ina percorre i suoi cinque chilometri correndo a perdifiato insieme agli amici, e divertendosi come una matta. È un modo magnifico di sfogare le energie in eccesso, e di affrontare con calma le prove del giorno dopo.

I giochi all'aperto preferiti di Ben e Ina

Il gioco preferito di Ina ha lo stesso nome di una varietà di pancetta olandese: *speklapje*.

Ecco le regole. I bambini sono divisi in due squadre, «zombi» e «*speklapje*». Questi ultimi devono scappare a gambe levate dagli zombi, ma se vengono toccati diventano zombi a loro volta. La partita finisce quando non resta più «pancetta».

Il gioco preferito di Ben si chiama *Ontmoeten of afwijken* (sfida o evita). Ben spiega le regole: «Ciascuno sceglie un bambino da acchiappare o evitare, ma senza dirlo agli altri. Se nel primo round sei riuscito a catturare o a sfuggire al tuo avversario segreto, passi al livello successivo e ne scegli un altro, sempre senza dirlo. Tutti gli altri fanno lo stesso, perciò puoi perdere perché non hai evitato o catturato il tuo avversario, o perché un altro ha catturato te. Alla fine vincono i due rimasti in gara».
Per funzionare, il gioco impone un notevole livello di onestà, ma Ben giura che nessuno si sognerebbe mai di barare.

I miei figli partecipano alle gite scolastiche fin dai sei anni. L'ultima organizzata dalla scuola di Ina è stata un trionfo. I bambini hanno trascorso due notti in una casa nei boschi, con una visita a un museo, una quantità di giochi all'aperto, i falò e il tradizionale *bonte avond* (la serata degli spettacoli), in cui ciascuno viene incoraggiato a esibirsi con una canzone, un balletto, qualche barzelletta o trucchi di illusionismo. L'ultima sera, tutti – compresi gli insegnanti e la preside – hanno ballato fino a mezzanotte sulle note di un recente tormentone, *Gummy Bear*. Al ritorno Ina era al settimo cielo.

Questa settimana, la prima delle vacanze estive, i miei figli sono a Camp Agnes, un campeggio gestito da volontari. È aperto a tutti i residenti di Amsterdam, dura per entrambi i mesi delle vacanze scolastiche e costa solo 38 euro la settimana. Il costo straordinariamente accessibile di questa come di molte altre attività sportive pensate per i bambini è reso possibile dai finanziamenti delle autorità municipali.

In Olanda i campeggi estivi per portare i *bleekneusjes* («visi pallidi») lontano dalla città sono una tradizione, e la partecipazione è assolutamente trasversale ai ceti sociali. L'iniziativa cominciò negli anni Quaranta. Camp Agnes si trova in aperta campagna, con un campo-base ai margini di un bosco che i bambini sono liberi di esplorare. Qui non è vietato arrampicarsi sugli alberi! La sede offre una quantità di attività diverse, compresa una tenda piena zeppa di giochi per le giornate di maltempo (scacchi, ping-pong, shuffleboard), campi da calcio e da pallavolo. I pullman raccolgono i bambini in vari punti di raduno della città e la sera li riportano a casa. I campeggi risolvono in un colpo solo sia il problema delle vacanze sia quello dell'affido dei bambini per i genitori che lavorano!

Una ricerca recente dell'Università di Cambridge mette in luce i pericoli del non permettere ai bambini di giocare in libertà. «I limiti imposti al gioco dipendono dalla percezione di rischio – il traffico, i rapimenti o i germi – e dall'enfasi sul presunto vantaggio competitivo di una formazione precoce allo studio e agli esami» scrive David Whitbread, della facoltà di Scienze dell'apprendimento. «Eppure chiunque lavori in ambito pedagogico sa che i bambini imparano meglio attraverso il gioco, e che questa consuetudine ha ricadute di lunga durata sia in termini di successo sociale sia di benessere personale.»[9]

[9] http://bit.ly/2rDo1Pi.

9

Una vita semplice

Rina va in campeggio

«Si va in campeggio!» continua a strillare Julius, felice come una pasqua. Siamo diretti alla De Groene Hoeve (La fattoria verde), un allevamento biologico di capre con campeggio annesso che ci ha offerto un weekend in cambio di una recensione sul mio blog. La fattoria dista appena quarantacinque minuti da Amsterdam e si trova a nord della capitale, ma il paesaggio bucolico sembra appartenere a un'altra epoca.

La prima volta che ho parlato a mio marito dell'offerta, lui si è fatto una bella risata. «Tu, in campeggio? Lo sai che cosa significa, vero? Docce in comune, niente servizio in camera o lenzuola e asciugamani puliti ogni mattina...» Io però non mi sono lasciata scoraggiare. Un weekend gratuito fuori città è un'offerta che non si può rifiutare.

Per gli olandesi, le vacanze sono parte integrante della vita. In media le famiglie si concedono un viaggio tre volte all'anno, spesso per tre o quattro settimane di seguito: un lusso inconcepibile per gli inglesi, e ancora di più per gli americani. «Negli Stati Uniti si vive per lavorare, in Europa si lavora per vivere», si dice. E tra una vacanza e l'altra, in Olanda ci sono anche i weekend.

Essendo cresciuta nella giungla (sub)urbana di San Francisco, io non sono granché esperta di campeggio. I miei genitori erano troppo conservatori e stakanovisti per iniziative del genere. Perché rinunciare di proposito agli agi di una casa moderna? Per loro una vacanza significava riposo e comodità, non falò e sacchi a pelo.

La mia prima e unica esperienza di campeggio è stata una gita in terza media. Nella mia scuola quei cinque giorni a Caritas Creek, vicino a Occidental, in California, erano un rito d'iniziazione obbligatorio. E per quanto affascinata dalla bellezza naturale del luogo, io non avevo apprezzato il disagio dei capanni rustici e delle docce in comune. Eppure questa volta l'idea mi attira. Non che sia impaziente di imbattermi in gufi e altre creature notturne. A convincermi è stata la scoperta che ogni capanno è dotato di servizi privati. In Olanda il campeggio è un'istituzione nazionale, e non mi sembrava giusto privarcene. Volevo che Julius sperimentasse quella che gli olandesi considerano una componente essenziale dell'infanzia.

Appena cominciano le vacanze scolastiche, l'intero Paese si riversa in autostrada. L'Ufficio del turismo olandese stima che 850.000 olandesi piantino le loro tende in campagna, mentre 1,9 milioni partano per un campeggio all'estero, con il baule dell'auto stipato di birra Heineken, formaggio Old Amsterdam, pane in cassetta, barattoli di *hagelslag*, patate, salsicce e burro di arachidi. È bello portarsi qualche confort da casa, e in più così si risparmia. Per sicurezza, alcuni mettono nel bagagliaio anche una scorta della propria carta igienica preferita. La tradizione del campeggio è stata importata dall'Inghilterra, ma gli olandesi l'hanno adottata di slancio. Il primo campeggio fu inaugurato nel 1925 a Vierhouten, nella provincia del Gelderland. La Kip, produttrice olandese di roulotte, fu fondata nel 1947 e prospera ancora oggi.[1]

Ho proposto l'argomento durante una cena con amici. Ewoud e Jop sono una delle coppie olandesi con cui siamo più in confidenza, ed essendo entrambi laureati in storia sono una miniera inesauribile di chiarimenti e dettagli sulle tradizioni locali, oltre che sempre pronti a contribuire al mio processo di «integrazione».

«Perché gli olandesi amano tanto il campeggio?» domando, sorseggiando una birra.

«È il tipo di vacanza più economica» spiega Ewoud, servendosi un bis di paella ai frutti di mare.

«Il nostro è un popolo frugale» aggiunge Jop. «E il campeggio è un modo per viaggiare con la famiglia senza rinunciare al passatempo nazionale del *bezuinigen*, il risparmio.»

Il concetto di risparmio permea ogni aspetto della cultura e della politica olandese. È quasi una competizione: tutti si vantano dei propri stratagemmi di *bezuinigen*, e gli altri ascoltano interessati. Gli olandesi sono cauti persino nelle spese per i regali o per la mancetta dei bambini. L'Istituto nazionale di economia domestica pubblica online una guida al risparmio[2] in cui suggerisce la somma giusta in

[1] Informazioni tratte da Ineke Strouke, *Dit zijn wij. De 100 belangrijkste tradities van Nederland* [Siamo fatti così. Le 100 tradizioni più importanti dei Paesi Bassi], Pharos Uitgevers/Nederlands centrum voor volkscultuur, Culemborg 2010, capitolo 51.

[2] http://bit.ly/1HRyg7y.

funzione dell'età del bambino. All'inizio l'avevo giudicata una forma di tirchieria, un eccesso di attaccamento al denaro. Ho impiegato più di sette anni a rendermi conto che invece è un modo di trarre il massimo dalle proprie risorse, e il campeggio è una soluzione ingegnosa per permettersi viaggi e vacanze (le attrezzature costano, ma gli olandesi ammortizzano l'investimento utilizzandole per parecchi anni di seguito). E per quanto siano frugali con se stessi, gli olandesi sono generosissimi nei confronti degli altri: il Paese detiene il primato mondiale delle donazioni in beneficenza, e quasi un terzo della popolazione si presta a opere di volontariato.

Tuttavia l'entusiasmo per il campeggio non si spiega soltanto con la sua economicità. Gli olandesi sentono il bisogno di evadere dalla routine cittadina, sperimentando un contatto più diretto con la natura insieme ai propri cari. Negli ultimi anni, la tendenza è in lieve diminuzione, data la disponibilità di vacanze low cost in climi più caldi, ma tende e roulotte sono ancora molto popolari, come pure le barche di famiglia. Fino ai dieci anni, Bram ha passato le vacanze navigando insieme ai genitori e ai tre fratelli lungo i canali che attraversano il Paese. La barca è una soluzione analoga alla roulotte, perché è un alloggio poco costoso e duraturo. Anche in questo caso, l'attrattiva è una vita più semplice, un'aspirazione tipicamente olandese.

CORSO INTENSIVO DI PEDAGOGIA OLANDESE

Incontriamo Niki, la proprietaria dell'agriturismo, appena imboccato il viale d'accesso. È una donna di mezza età, con uno sguardo gentile e lunghi capelli biondi raccolti in un morbido chignon. Sembra la testimonial per una campagna del movimento di ritorno alla natura di Berkeley: una bellezza acqua e sapone, e in sintonia con la Madre Terra.

«La camminata è lunga» ci avverte, offrendosi di aiutarci con il carico di bagagli. Come mio solito, ho esagerato in equipaggiamenti per il «non si sa mai». La sede del campeggio, allestito in un'azienda agricola, sembra un incrocio tra i documentari naturalistici della Disney e il set de *La casa nella prateria*. Capre e cavalli pascolano nel campo, separati dal nostro alloggio solo da una staccionata. L'interno del capanno, con la stufa a legna al centro e i caratteristici letti a incasso olandesi, è *gezellig*: intimo e accogliente. Julius è al settimo cielo. I nostri viaggi precedenti a Parigi, in Sardegna e nelle Cinque Terre impallidiscono al confronto. A quanto pare la vita semplice piace parecchio anche ai bambini.

Io però non mi aspettavo che la gita comprendesse un corso intensivo di pedagogia olandese. A dispetto dei miei fieri propositi di aderire ai costumi locali, continuo a considerare un azzardo permettere a un piccoletto di tre anni di andarsene in giro senza supervisione. Sento ancora il bisogno di averlo sott'occhio. Non è questo il compito di una buona madre? E se gli succedesse qualcosa? L'esperienza mi ha insegnato a nascondere la mia ansia, perciò a casa, quando Julius gioca in giardino, ho imparato a sorvegliarlo da una finestra ma rendendomi invisibile.

Qui però non posso farlo. Lui è impaziente di esplorare la fattoria, mentre io devo cucinare. Se lo accompagno salteremo la cena, così mi rassegno a lasciare che si allontani per conto suo. Bram è indaffarato ad accendere la stufa, perciò non può darmi il cambio. «Ti preoccupi troppo» dice. Finora non ha mai contestato le mie scelte educative. Viviamo nel suo Paese, ma educhiamo nostro figlio a modo mio. «Lascialo giocare. Andrà tutto benissimo. Qui non c'è neanche il rischio delle macchine.»

La rassicurazione però non mi basta, perciò mi metto sulle tracce di Julius, cercando di passare inosservata. Lo trovo in un fienile con una carriola a misura di bambino, piena zeppa di macchinine. Sta mostrando i suoi tesori a due maialini, chiamati Spek e Lap (Bacon e Prosciutto).

Sceglie un camioncino e annuncia: «Camion della spazzatura!», e i maialini grugniscono eccitati. Poi ne prende un altro: «Camion dei pompieri!». Stessa reazione. È immerso nel suo mondo, insieme ai due nuovi amichetti suini. Con un sospiro di sollievo, decido di lasciarlo stare e torno nel nostro capanno. Dista appena pochi passi, perciò se Julius avesse bisogno di me basterà che mi chiami. Forse non è una cattiva idea lasciarlo razzolare libero, come le galline dell'allevamento biologico.

Bram passa le due ore successive a studiare la stufa per capire come tenere acceso il fuoco, mentre io lavo e preparo le verdure. Impieghiamo un'altra ora e mezza a cucinare sul fuoco il nostro piatto unico di patate, mais, funghi, pancetta e cipollotti. Una vera cena degna di slow food. E in tutto questo tempo, Julius rispunta ogni quindici minuti per raccontarci le sue avventure, poi corre di nuovo fuori.

Il campeggio è l'ambiente ideale per mettere in pratica il principio cardine della pedagogia olandese: in assenza di pericoli evidenti, i bambini sono liberi di arrangiarsi da soli. E qui ce n'è una frotta. Alle sei, tutti e cinque i capanni sono già occupati. I nostri vicini più prossimi sono una giovane coppia con quattro bambini biondi e un'altra con un primogenito di tre anni e un secondogenito di pochi mesi. Gli adulti si occupano della cena mentre i piccoli scorrazzano per la fattoria, ridendo e strillando di contentezza. Nessuno sembra preoccuparsi che disturbino o si sogna di rimproverarli.

Sabato sera, Niki e Cees organizzano una pizzata per tutti gli ospiti. Julius, sempre intimidito dagli estranei, si è dato alla fuga. Insieme a Bram, che immagino lo stia tallonando per cercare di convincerlo a unirsi alla cena. Mentre mi profondo in mille scuse con Niki, noto che gli altri piccoli – circa una decina – stanno giocando serenamente tra loro. Niki avverte il mio imbarazzo e osserva: «Spesso i genitori si concentrano troppo su ciò che i figli non sono in grado di fare, e trascurano le cose in cui invece sono bravissimi. Ogni bambino ha i suoi talenti personali». Come ho già detto, gli olandesi non si fanno scrupolo di offrire un consiglio, anche quando non richiesto.

«Grazie» farfuglio, e ci scambiamo uno sguardo eloquente.

«Ha tre anni, è giusto lasciarlo essere se stesso» aggiunge lei.

Io mi commuovo, e abbasso gli occhi. Gli olandesi sanno essere bruschi, ma riescono anche a sorprenderti per la gentilezza e la comprensione. Qui ai bambini è riconosciuto il diritto di essere bambini. Nessuno pretende che si comportino da adulti in miniatura. Non c'era alcun bisogno che mi scusassi.

♦ ♦ ♦ ♦

Michele scopre la vita semplice

Rina ha ancora qualche difficoltà a organizzare i compleanni secondo lo stile olandese, mentre in questo io ho abbracciato senza remore le usanze locali. Le feste di Ben e Ina sono eventi modesti e contenuti e persino la tempistica è rilassata, tanto che Ben festeggerà il decimo e l'undicesimo compleanno in un colpo solo. Un anno fa il festeggiamento era saltato perché lui sperava di giocare con gli amici nella neve, ma l'inverno scorso ad Amsterdam non aveva nevicato.

Le mie amiche di Londra si sono lasciate contagiare dalla competizione anche in fatto di feste per i bambini. Quand'ero piccola io, «festa» significava invitare qualche compagno di scuola, organizzare un semplice gioco di società e spegnere le candeline. Adesso invece è tutta una corsa al rialzo. Per i sette anni del figlio, un'amica inglese ha portato ventiquattro bambini a un parco acquatico. Altre hanno speso centinaia di sterline in affitto di locali e catering, per non parlare poi degli intrattenimenti: pagliacci, castelli gonfiabili, maghi, spettacoli di marionette, persino ammaestratori di animali esotici.

Per fortuna ad Amsterdam l'asticella è molto più bassa. Per il suo compleanno, Ben ha invitato sette amici e tutti si sono comportati in modo garbato ed educato, chiacchierando e scherzando tra loro senza correre in giro per casa o urlare. Circa un'ora fa sono andati alla piscina del quartiere. Mio marito li ha accompagnati per pagare l'ingresso, dopodiché è rientrato, lasciandoli soli.

Mentre aspettiamo il ritorno di Ben, io e Martijn ci sentiamo quasi superflui. Non dubito che le feste dell'adolescenza riserveranno ben altre sorprese, ma quella di quest'anno è stata una passeggiata. A Ben abbiamo regalato un abbonamento non troppo costoso con una compagnia di telefonia mobile. È il premio per non avere perso il suo cellulare di seconda mano per un anno intero. Ha dimostrato di sapersi comportare in modo responsabile, e poiché ha usato con parsimonia le chiamate, siamo passati dalla scheda prepagata a un contratto vero e proprio.

Il mese scorso ha partecipato alla festa per il dodicesimo compleanno di un'amica. Gli otto invitati hanno passato il pomeriggio a giocare con il nuovo coniglio della bambina. Non riesco proprio a immaginare niente di più tranquillo e spontaneo. Spesso i genitori vedono i compleanni come un incubo, con la prospettiva di ritrovarsi la casa invasa da un'orda di piccoli barbari da tenere occupati. Forse per questo gli inglesi hanno deciso di risolverli a colpi di sterline.

A otto anni, Ina non ha ancora perso del tutto l'esuberanza della prima infanzia, ma noi abbiamo trovato un sistema per aggirare l'ostacolo. Il suo compleanno è a febbraio, ma abbiamo deciso di festeggiarlo sei mesi dopo, per permetterle di tenere la festa all'aperto. È la soluzione migliore, come ho imparato a mie spese al suo quinto, sesto e settimo compleanno, organizzati in casa con una banda di ragazzini scatenati, e senza l'aiuto di mio marito per tenerli a bada. (I papà sono un optional, giusto?) Quest'anno abbiamo accompagnato lei e i suoi vivaci amichetti in campagna, per una partita di football-golf. È come il minigolf, ma si gioca con un pallone, e il tracciato consiste di vecchi bidoni e pneumatici: un utilizzo molto ingegnoso dei piccoli appezzamenti tra i canali di irrigazione dei polder (e l'acqua è parte del tracciato). Per tre ore i ragazzi si sono sfogati a correre nel fango, ridendo come matti ogni volta che il pallone finiva nel canale. Io e mio marito avevamo solo la responsabilità di tenere il punteggio.

Sempre a proposito di feste all'aperto, un'altra trovata carina degli olandesi è circoscrivere una zona del parco appendendo festoni ai rami degli alberi. Dopodiché stendono tovaglie da picnic e accendono un barbecue portatile. Spesso anche gli adulti festeggiano in questo modo, e d'estate i parchi sono un patchwork di mini-party in corso.

Suggerimenti olandesi per le feste di compleanno

Per acclamazione popolare, Ina ha organizzato due feste con gli scatoloni. Ecco il necessario: qualche scatolone (almeno uno per bambino), un rotolo di carta di alluminio, adesivi, pastelli e carta velina. Consegnate il materiale agli invitati, e poi lasciate che sguinzaglino la loro creatività (gli amici di Ina hanno costruito navicelle spaziali).

Ben invece ha organizzato due feste di disegno. Il necessario: un rotolo di carta da pacchi con cui ricoprire il tavolo da pranzo, matite, penne, pennarelli, pastelli e adesivi. Dopodiché, spazio alla creatività!

Anche le feste sulla neve (sempre ammesso che nevichi) sono una tradizione. Poiché dipendono dalle condizioni meteo, l'organizzazione avviene di necessità all'ultimo minuto (e pazienza se non coincide con la data del compleanno), e gli invitati si intrattengono da soli, costruendo igloo o pupazzi.

Madelief, un amico di Ina, ha organizzato una festa delle buste di plastica. Ecco cosa serve: sacchetti di plastica resi-

stenti, forbici, nastro adesivo. I bambini tagliano la plastica in striscioline che intrecciano in tovagliette. Queste vengono stirate a bassa temperatura (in questo caso serve la collaborazione di un adulto), dopodiché i piccoli le tagliano e le cuciono per creare borsellini o astucci.
Un'altra consuetudine molto popolare sono le gare sportive. Nel nostro caso, abbiamo portato al parco una fune, qualche sacco di iuta e una confezione di gessetti. Disegnata la linea di partenza e il traguardo con il gesso, abbiamo dato il via a una gara di tiro alla fune (un successo clamoroso) e di corsa con i sacchi. Un altro gioco tradizionale olandese è il *koekje-hap*, in cui i bambini fanno a gara a chi mangia più dolcetti di panpepato appesi a uno spago tra due alberi, tenendo le mani dietro la schiena.
E infine c'è l'arte dell'origami con le bustine da tè (noto anche come «origami caleidoscopico in miniatura»). Poiché detestano ogni spreco, gli olandesi conservano le bustine da tè e le usano per opere artistiche davvero notevoli. Vedere i filmati YouTube per credere. Anche questa è una buona trovata per una festa all'insegna della creatività.
Suggerimento: la regola di massima in Olanda è che il numero di invitati corrisponda all'età del festeggiato (sette bambini al settimo compleanno, per esempio). E gli insegnanti consigliano a genitori e bambini di non distribuire gli inviti in classe, ma prima o dopo la scuola, affinché nessuno si senta escluso.

LA CULTURA DELLA SEMPLICITÀ

Il tono delle vacanze di famiglia e delle feste dei bambini rispecchia quello della cultura olandese in generale, in cui la vita è improntata alla frugalità. Uno dei motivi per cui le case olandesi sembrano modeste se viste dalla strada ma si rivelano spaziose all'interno è che nel Seicento, secolo d'oro del Paese, la tassa sulle abitazioni veniva calcolata in base alla larghezza degli edifici, un sistema che favoriva le costruzioni strette, alte e sviluppate in lunghezza. La casa di Anna Frank è un esempio classico: una facciata contenuta che cela un vano segreto sul retro. Le finestre sono enormi, per lasciar filtrare quanta più luce possibile e contrastare la cupezza dell'inverno, con le imposte sempre aperte e senza tende, per dimostrare che non hai ricchezze da nascondere (e che la tua casa è lustra come uno specchio).

In *Moet kunnen* (Deve essere possibile), il suo libro sull'identità nazionale, Herman Pleij definisce gli olandesi *doodgewone mensen* (normali da morire).[3] Qui la pressione sociale più forte è all'uguaglianza. Nessuno mette le celebrità su un piedistallo, e le statue di nobili o politici si contano sulle dita di una mano: a venire insigniti dell'onore sono più spesso eroi della classe operaia, come il popolare cantante André Hazes, o Michiel de Ruyter, l'ammiraglio che nel XVIII secolo combatté contro gli inglesi, oppure lo scrittore Multatuli, che denunciò l'ingiustizia del dominio coloniale olandese nelle Indie Occidentali. Persino le stelle dello sport vengono chiamate con il nome di battesimo, per sottolinearne la normalità. «E nel parlarne, ci si concentra soprattutto sulle mancanze e le difficoltà» osserva Pleij.

Già nel Medioevo gli olandesi preferivano tenere un basso profilo. I mercanti dei Paesi Bassi indossavano semplici abiti neri, mentre gli italiani si pavoneggiavano in

[3] Herman Pleij, *Moet kunnen. Op zoek naar een Nederlandse identiteit* [Deve essere possibile. In cerca dell'identità olandese], Prometheus, Amsterdam 2014, p. 14.

broccati d'oro. La modestia offriva un vantaggio, perché placava le invidie e quindi facilitava i rapporti lavorativi. Tutt'oggi l'ostentazione è malvista. Pleij riassume la mentalità olandese con un elenco di espressioni e massime illuminanti: «semplicità, parsimonia, autosufficienza»; «fatti, non parole»; l'invito a «comportarsi in modo normale» senza «montarsi la testa»; gli slogan «domani è un altro giorno» o «lunga vita alla famiglia nucleare»; e la riduzione dei leader a «padri della famiglia nazionale».[4]

Nelle classi medie, anche l'educazione dei figli è improntata allo stesso egalitarismo e trova nel senso di comunità uno dei suoi punti di forza. Nessuno cerca di «surclassare i Jones» (o gli Heineken, nella fattispecie) coprendo i bambini di regali costosi o abiti alla moda. Per tacito accordo, i regali degli invitati a una festa di compleanno non devono superare i dieci euro. E le usanze del Natale olandese sono in netta controtendenza con il consumismo imperante dei Paesi anglosassoni. Il cinque dicembre, vigilia di san Nicola, gli allievi delle scuole estraggono a sorte il nome del compagno al quale faranno un regalo, dopodiché costruiscono una sorpresina con le loro mani. In genere la *surprise* (pronunciata *sur-priiz*) consiste di una replica di cartone o cartapesta dell'hobby preferito del destinatario. L'anno scorso Ina ha ricevuto un'enorme chitarra elettrica di cartone (occupa ancora metà della sua stanza). La *surprise* cela al suo interno un regalino del costo esatto di 3,50 euro, accompagnato da una poesiola che celebra il talento del destinatario e ne canzona in tono bonario le debolezze. San Nicola si festeggia allo stesso modo anche in famiglia, con pensie-

[4] *Ibidem*, p. 76.

rini artigianali, filastrocche e composizioni umoristiche, sempre assegnati con un'estrazione a sorte. Anche il menu del pranzo evita gli eccessi – niente tacchini farciti, antipasti e successioni di portate, ma un semplice piatto unico, per esempio uno stufato o una zuppa, seguito da dolci e pasticcini, di solito una pasta sfoglia alle mandorle e cioccolatini a forma di lettere dell'alfabeto.

In Olanda i bambini sono abituati ai giochi di seconda mano. Ogni aprile, nel Giorno del re, il *vrijmarkt* (mercatino) allestito al Vondelpark di Amsterdam si trasforma in un gigantesco mercato per i bambini, e lo stesso accade in tutte le cittadine e i villaggi del Paese. I bambini vendono i propri abiti smessi e i vecchi giocattoli e ne comprano di nuovi con il ricavato. È il miglior esempio di riciclo che io abbia mai visto, e un ottimo modo di insegnare ai piccoli l'arte del baratto, la consapevolezza del valore di un oggetto e la gestione delle risorse. La condivisione è apprezzata in ogni ambito. Amsterdam Noord vanta il più grande mercato delle pulci in Europa, l'IJ-Hallen, e gruppi Facebook come Amsterdam Yard Sale e Family Market offrono giocattoli e abiti per bambini a prezzi stracciati. Indossare vestiti di seconda mano non è una vergogna per nessuno. Al contrario, è conveniente, e per giunta rispettoso dell'ambiente.

Anja, un membro del mio club di lettura, ha due figli e vive in una casetta ben arredata in un nuovo quartiere residenziale. Confessa senza remore la passione per gli acquisti dell'usato online. Lo considera un buon sistema per insegnare ai bambini «il rispetto e la cura dell'ambiente, sia nel senso della natura sia in quello del loro mondo più prossimo». Dice che, diversamente dall'affanno consumistico, «una vita a ritmo più lento porta felicità e pace mentale». Ed è un ottimo espediente per sfogare la voglia di shopping senza svuotare la carta di credito.

Anche Madea, che abbiamo già conosciuto, madre di due gemelli adolescenti, è una paladina della vita semplice. È cresciuta con un guardaroba di seconda mano, e ha adottato lo stesso metodo con i figli. I suoi ragazzi non sono fissati con i beni materiali, e Madea è felice che non siano *fashion victims*, come i coetanei incontrati durante le visite al fratello negli Stati Uniti. Le vacanze di famiglia consistono in «gite nelle città d'arte e soggiorni in campeggio, che a mio avviso,» dice «offrono ai bambini la massima libertà. Ci andavo anch'io da piccola, e lo ricordo ancora come un'esperienza molto felice.»

Così, mentre i ragazzini inglesi e americani crescono rinchiusi tra quattro mura, circondati da un'inarrestabile economia dei consumi e sempre scontenti se non possono ottenere l'ultimo grido in fatto di gadget e abbigliamento, quelli olandesi giocano all'aperto, e sono felicissimi degli abiti di seconda mano e dei pattini usati. I sondaggi dimostrano che la felicità di un Paese è inversamente proporzionale alle sue disuguaglianze sociali. Nel libro *La misura dell'anima. Perché le diseguaglianze rendono le società più infelici*, Richard Wilkinson e Kate Pickett scrivono: «Come lo stato di salute, anche il tasso di felicità di un popolo aumenta nelle prime fasi di crescita economica, ma poi tende ad appiattirsi».[5] Secondo gli autori, è la diseguaglianza, non la povertà, a esercitare

[5] Richard Wilkinson e Kate Pickett, *The spirit level. Why equality is better for everybody*, Bloomsbury, 2010, p. 6 [trad. it. *La misura dell'anima. Perché le diseguaglianze rendono le società più infelici*, Feltrinelli, Milano 2012].

l'impatto più negativo sulla percezione di appagamento personale. Per certi aspetti il consumismo ha a che fare con la costruzione identitaria, ma il suo stimolo principale è la competizione di *status*: «I beni di seconda mano ci fanno sentire cittadini di seconda classe». Wilkinson e Pickett spiegano che molti problemi derivanti dalla diseguaglianza sorgono dall'ansia di riscatto sociale, con conseguenze particolarmente deleterie sui bambini:

> Conflitti e difficoltà a relazionarsi con i coetanei, disturbi dell'apprendimento, obesità e mortalità infantile, gravidanze nell'adolescenza: problemi come questi sono conseguenza delle tensioni tipiche delle società sperequate – e dello scarso riconoscimento sociale – che minano la coesione famigliare e comunitaria. La disegualianza si associa a esiti negativi perché porta a un deterioramento nella qualità dei rapporti.[6]

Gli ultimi decenni hanno visto un drastico aumento delle diseguaglianze, con l'allargarsi del divario tra ricchi e poveri in gran parte dei Paesi sviluppati. Con l'eccezione dell'Olanda, dove le diseguaglianze non si sono inasprite. Sono certa che alla base di questa «immunità» ci sia l'amore degli olandesi per la frugalità, l'avversione per ogni ostentazione, e l'assenza di gerarchie sociali. Gli olandesi preferiscono avere più tempo libero che arricchirsi, e scelgono i beni utili invece di quelli di lusso. Le abitudini apprese durante l'infanzia plasmano il carattere, e i bambini come gli adulti hanno un atteggiamento pragmatico e sicuro di sé, e non soffrono di complessi di inferiorità.

[6] *Ibidem*, p. 7.

10

Genitori felici allevano figli felici

Rina scopre l'equilibrio tra vita professionale e privata

Ogni aspetto della vita olandese conferma la stessa conclusione: le donne olandesi sono diverse da me. O più esattamente io non sono come loro. Ancora non riesco a emulare la serenità, la flemma e il pieno controllo di sé con cui si destreggiano tra casa e carriera, conservando al tempo stesso un'identità personale e indipendente dal ruolo di madri.

In un articolo intitolato *Perché le donne olandesi non sono depresse*, pubblicato sul «New York Times»,[1] la psicologa olandese Ellen de Bruin afferma che, per quanto non immuni alla depressione, le sue connazionali sono molto più felici rispetto alle donne nel resto del mondo. Dopo ricerche meticolose e colloqui approfonditi con olandesi di diversa estrazione, la dottoressa de Bruin indica il segreto della loro felicità nella libertà personale

[1] Caroline Brothers, *Why dutch women don't get depressed*, «The New York Times», 6 giugno 2007, http://nyti.ms/2szRD4O.

di cui godono e nell'ottimo bilanciamento tra sfera privata e professionale, compreso il fatto di sentirsi in diritto di lavorare part-time o addirittura di non lavorare.

Ovviamente il campione comprendeva anche molte madri. E se i bambini olandesi sono i più felici del mondo, parte del merito va senz'altro riconosciuto alle mamme. Ma quali sono le libertà conquistate dalle donne olandesi e negate alle altre, e in particolare alle americane e alle inglesi? Che cosa possiamo imparare da loro? In Olanda, la famiglia è bambino-centrica più che altrove, eppure le mamme non sembrano accusare la fatica così evidente nelle altre donne occidentali.

Come gran parte delle madri americane, anche la mia inseguiva un modello tacito e sottinteso di perfezione in stile Martha Stewart: era una schiava, asservita a casa, lavoro, figli e marito, e senza poter contare sull'aiuto di nessuno. Essere una super mamma era un punto d'onore e motivo d'orgoglio. E il metro di una buona madre è il numero di sacrifici che è disposta a fare, compreso quello della cura e del tempo dedicati a se stessa.

In America le madri vivono anche in un costante confronto con le altre. Ciascuna si ritiene direttamente responsabile di ogni successo o fallimento dei figli, e sono in concorrenza continua con i figli altrui. Quello che all'inizio era il desiderio sincero di dare il meglio ai nostri bambini è degenerato nel bisogno disperato di surclassare gli altri genitori.

Io voglio un mondo diverso per i miei figli, e credo di averlo trovato in questo angolino dell'Europa occidentale. Qui non c'è tanta enfasi sull'ideale della madre perfetta. Spesso vengo rimproverata da mia suocera

Marcia, preoccupata che mi affatichi troppo. È contenta del progetto di questo libro, ma non approva il fatto che abbia cominciato a scriverlo in gravidanza, e che mi ostini a lavorare pur dovendo badare a un neonato oltre a un bambino ancora piccolo. Giudica troppo stressante lo stile di vita mio e di Bram, con tutte le incertezze, gli orari lunghi e imprevedibili e la reperibilità perpetua tipica di due liberi professionisti. Il suo modello è quello olandese, in cui la norma sono i contratti a tempo indeterminato, un impiego part-time è più che accettabile e le ferie sono garantite. Secondo lei dovremmo prendercela più comoda. «Dovete dedicare del tempo anche a voi stessi» ci ripete di continuo. «Servono pause regolari, per riposarsi e ricaricare le batterie. Non dovreste sacrificarvi tanto.»

Le madri olandesi hanno ridefinito il significato dell'«avere tutto». Riservano molto tempo ai figli e possono decidere se essere casalinghe, lavorare part-time o a tempo pieno secondo le proprie preferenze, senza pressioni economiche o sociali. Ciascuna segue il proprio estro, senza l'angoscia del confronto con le altre.

Io e Michele siamo convinte che le pressioni avvertite altrove nel mondo sviluppato derivino in gran parte dal senso di colpa. Nei nostri rispettivi Paesi d'origine, ci si aspetta che le donne riescano a gestire casa e carriera in contemporanea. Le casalinghe si sentono in colpa perché non lavorano, e compensano diventando inarrivabili divinità del focolare. Le lavoratrici si sentono in colpa di non essere sempre disponibili per i figli, e compensano restando alzate fino a notte fonda per preparare i biscotti della festa scolastica e cucire costumi di Halloween dopo una lunga giornata in un ufficio. Nell'uno e nell'altro caso l'impresa è sovrumana, ed entrambe le categorie ne escono sconfitte.[2]

Scavando un po' più a fondo, questo groviglio di sensi di colpa, ansie e timore del giudizio altrui appare radicato nella mentalità anglosassone del «*self-made*». I ricercatori dell'Università del Texas hanno condotto una ricerca confrontando la felicità di genitori e non-genitori in ventidue Paesi europei e anglosassoni, traendone una conclusione clamorosa:

> Gli effetti negativi sulla felicità degli individui con figli si spiega interamente con la presenza o assenza di prassi sociali che permettano loro di armonizzare meglio le responsabilità del lavoro con quelle della famiglia. La regola vale sia per i padri sia per le madri. I Paesi con un pacchetto di assistenza famigliare migliore non presentavano alcun divario nella felicità dei genitori rispetto ai non-genitori.[3]

«È una benedizione avere finalmente individuato l'equilibrio giusto» mi dice Eva Brouwer, presentatrice di RTV Utrecht. «Adesso lavoro tre giorni la settimana, e se capita una visita di controllo al *consultatiebureau* non è un problema se arrivo un po' più tardi in redazione. Il primo compleanno di Rijck cadeva di lunedì, e io e mio marito lo abbiamo accompagnato insieme alla materna, abbiamo intonato canzoncine e organizzato una festic-

[2] Elissa Strauss, *Surprise, surprise: american parents are the least happy parents in the western world* [Sorpresa: i genitori americani sono i più infelici del mondo occidentale], «XX Factor», 16 giugno 2016, http://slate.me/24UwWIN.

[3] Council on Contemporary Families, *Social policies, parenthood, and happiness in 22 countries*, 16 giugno 2016, http://bit.ly/2sGgwvy.

ciola con i capellini di carta. Io ho scattato un'infinità di foto. Al lavoro sono arrivata in ritardo, ma nessuno me l'ha fatto pesare: il mio capo e i colleghi capivano che volessi partecipare a quel momento speciale nella vita di mio figlio, e hanno condiviso il mio entusiasmo.»

Eva è la prima amica che mi sono fatta in Olanda e, poiché oggi è mia ospite a pranzo, ne approfitto per sottoporla al terzo grado.

«Credi che qui le madri subiscano meno pressioni per riuscire a fare tutto rispetto alle americane?» domando.

«Per me, la nascita di mio figlio è stata uno stimolo in più per dare il meglio anche sul fronte professionale» risponde lei. «Sono diventata più efficiente proprio per evitare che l'orario di lavoro sconfinasse nel tempo che voglio dedicare alla famiglia. E credo che il part-time sia un modo magnifico di bilanciare le due cose. È fantastico che qui non sia considerato sminuente.

«Aiutano anche l'apertura e la trasparenza tipiche della nostra cultura. Beninteso, anche in Olanda la gente tiene alle apparenze, però qui è più facile parlare con franchezza dei tuoi problemi e delle tue ansie di genitore.»

Per contro, i contatti quotidiani via Facebook con le amiche americane confermano che in patria la compulsione a essere «madri perfette» è più forte che mai. La testimonianza principe è della mia amica Tara Wood, una scrittrice di Augusta, in Georgia, con una frotta di figli (sette!) e un marito «super figo» (parole sue).

Le chiedo dei suoi livelli di stress. «Sì, essere madre negli Stati Uniti può essere molto stressante. Qui le donne tendono a essere più competitive, ambiziose e in tensione, e questo aggrava le ansie, le angosce e le incertezze connaturate alla maternità. Il mio primo figlio l'ho avuto quindici anni fa, ma è soltanto da cinque che ho cominciato a sentirmi sicura delle mie decisioni e del mio stile educativo. C'è voluto del tempo, ma adesso so che il mio modo di essere donna e madre riguarda solo me. E a mia volta mi sforzo davvero di non giudicare lo stile di vita e le scelte educative diverse dalle mie. Non esiste una formula uguale per tutti.»

Sheryl Sandberg, direttrice operativa di Facebook e autrice di *Facciamoci avanti. Le donne, il lavoro e la voglia di riuscire* (Mondadori, Milano 2013), fece scalpore nel 2011 dichiarando al discorso di inaugurazione dell'anno accademico del Barnard College di New York: «La decisione più importante in assoluto della vostra carriera professionale sarà la scelta del partner».

Io sono pienamente d'accordo con lei, almeno per un aspetto della questione: il tuo compagno deve credere nella parità dei ruoli. Magari la Sandberg avrebbe potuto consigliare alle studentesse di cercarsi marito in Olanda. Gli olandesi non hanno la reputazione di irresistibili romantici, come i francesi, o di grandi seduttori, come gli italiani. Qui il corteggiamento è reciproco: è perfettamente legittimo che siano le donne a fare il primo passo. E una volta superato l'imbarazzo di pagare alla romana (o all'olandese) il conto della cena, ci si rende conto che i maschi olandesi sono un tesoro nascosto. Per cominciare, si interessano davvero a ciò che hai da dire: in Olanda, la possibilità di esprimere le proprie opinioni è un prezioso diritto unisex.

E la suddivisione dei compiti tra uomini e donne, madri e padri, è davvero progressista. Come gli scandinavi in genere, gli uomini olandesi hanno un atteggiamento che ha un peso enorme nella felicità complessiva di una famiglia: partecipano sia alla gestione domestica sia all'accudimento dei figli. La condivisione non è ancora perfetta – la cura dei bambini spetta ancora in gran parte alle donne – ma sta evolvendo molto in fretta verso la parità. Secondo un recente sondaggio dell'Istituto nazionale di statistica, gli uomini olandesi si occupano sempre più di fornelli e pulizie, lasciando le donne più libere di dedicarsi ad altro.

Anche la cultura del part-time contribuisce alla mancanza di tensioni. L'orario di lavoro medio in Olanda è più breve rispetto a qualsiasi altro Paese dell'OCSE, e il numero di ore lavorate la settimana il più basso d'Europa. Quasi metà della popolazione adulta (anche in questo caso, la percentuale più alta dell'Unione) ha un impiego part-time, con il 26,8 per cento degli uomini sotto le trentasei ore settimanali (il massimo legale) e il 75 per cento delle donne con un impiego part-time, e il dato è trasversale a tutti i livelli, dai lavoratori manuali ai professionisti.[4]

In Inghilterra, il part-time riguarda solo il 25 per cento della popolazione complessiva (13 per cento degli uomini, 43 per cento delle donne). E negli Stati Uniti la percentuale è ancora più bassa: 18,9 sul totale (12,6 per gli uomini, 25,8 per le donne). In Olanda invece è la norma. Molti padri considerano la partecipazione all'educazione dei figli e alla gestione della casa importante quanto la carriera, ci tengono ad avere un ruolo attivo in famiglia e hanno la fortuna di datori di lavoro che la pensano come loro, e sostengono le loro scelte.

Oggi il peso della presenza paterna nello sviluppo

[4] In Italia i lavoratori part-time sono il 18 per cento [*NdR*] , http://bit.ly/1F55S17.

e nel benessere dei bambini è riconosciuto anche dai ricercatori e dagli specialisti, e confermato da ampie prove scientifiche. Gli studi Health Behaviour in School-aged Children (HBSC), ovvero Comportamenti collegati alla salute in ragazzi di età scolare, su cui si fondava il rapporto dell'UNICEF sulla felicità dell'infanzia suggeriscono che l'intimità del rapporto padri-figli in Olanda è aumentata in misura proporzionale al tempo dedicato all'accudimento dei bambini.

All'istituzione della settimana lavorativa di trentasei ore come misura anti-disoccupazione, il governo olandese ha compensato gli impieghi a quaranta ore (il classico dalle nove alle cinque) con una mezza giornata extra di permesso la settimana, o una giornata intera ogni due. I padri lo chiamano *papadag* (il giorno del papà), e sempre più olandesi si sono convinti dei benefici di dedicarsi ai figli in modo esclusivo almeno una volta la settimana.[5]

Decisa a saperne di più, chiedo un parere al mio amico Mathijs. «Il *papadag* è una prassi molto diffusa, soprattutto tra i dipendenti pubblici e statali. Per me è stato naturale scegliere la settimana di quattro giorni. Mi piace passare del tempo da solo con mia figlia, e mentre lei fa il riposino o gioca con un'amichetta riesco anche a lavorare un po', magari sbrigando la posta elettronica o svolgendo altre attività che non richiedano troppa concentrazione.

«Qualche tempo fa ho letto che la presenza di un maschio adulto è importante nella vita dei bambini, soprattutto se a scuola hanno a che fare con tante maestre.

[5] È anche previsto un ulteriore permesso «paternità», pari a ventisei volte il numero di ore settimanali lavorate, usufruibile entro gli otto anni del bambino.

Il papà ha un ruolo diverso da quello della mamma, e i padri tendono a preferire le attività fisiche e all'aperto, magari con un pizzico di competizione in più rispetto alle donne. Per esempio, oggi è venerdì, il mio giorno libero, e nel pomeriggio sono andato a prendere mia figlia a scuola, ho caricato lei e un'amica in bicicletta e le ho portate a fare un giro in città. Adesso è novembre, perciò è essenziale approfittare delle poche ore di sole per prendere una boccata d'aria. Abbiamo fatto gare di corsa al centro commerciale, ci siamo divertiti a usare le porte girevoli come una giostra, poi ho comprato a entrambe un *Sinterklaas* (Santa Claus) di cioccolato.

«E dopo aver accompagnato l'amica a casa, io e mia figlia siamo rimasti in giardino a giocare a calcio. Ho anche organizzato una gara di bici con il vicino. Un po' di esercizio fisico fa bene a tutti, ed è divertente per me quanto per lei.»

In casa mia il modello è più tradizionale: io lavoro part-time e da casa, come scrittrice freelance, e mio marito ha un impiego a tempo pieno. Tuttavia anche Bram aderisce alla prassi del *papadag*, solo che nel suo caso accade durante il weekend invece che nei giorni feriali. Va al supermercato, portandosi dietro Julius, fa le pulizie e il bucato settimanale, passa l'aspirapolvere, dopodiché accompagna il bambino allo zoo o in piscina. Così, mentre Matteo dorme, io ho la possibilità di rimettermi in pari con il lavoro, finendo un articolo, aggiornando il blog o dedicandomi ad altri progetti di scrittura.

In una cultura come quella americana, in cui il senso di identità è legato in modo inestricabile al lavoro, i padri «casalinghi» rischiano l'isolamento e la derisione. Molti uomini della mia generazione sarebbero ben contenti di partecipare in modo più diretto all'accudimento dei figli, e non considerano «poco virile» cambiare pannolini, preparare la cena o fare il bucato. Ma la triste realtà è che questi ideali nobili e progressisti finiscono schiacciati dalle forti pressioni subite sul lavoro.

Negli Stati Uniti, la gestione della famiglia è considerata una faccenda privata più che collettiva. Hai voluto dei figli? Bravo, adesso arrangiati. In Olanda, invece, tutta la società si assume la responsabilità dei bambini. I genitori olandesi possono contare su un'ampia rete di sostegno, con nonni, fratelli e vicini di casa disponibili a tenere d'occhio anche i figli altrui. La famiglia ideale è allargata: i genitori che lavorano hanno l'aiuto di due coppie di nonni, dei vicini, del nido o della materna di quartiere, oltre a quello dei «genitori-supplenti» (educatori specializzati che spesso si occupano dei bambini in casa propria). È una versione moderna del villaggio tradizionale.

Ma è davvero possibile per le donne realizzarsi con un lavoro part-time e al contempo riuscire a godersi le gioie della maternità? Esiste un equilibrio ideale tra casa e lavoro anche per le più ambiziose tra noi?

Decido di rivolgere la domanda a Doortje, e la invito per un caffè. Lei e il marito incarnano l'ideale olandese, entrambi con un impiego part-time – Doortje è medico e lavora tre giorni la settimana in un ambulatorio di Doorn, e il marito è notaio in uno studio quattro giorni la settimana –, tre figli e un cane.

«Perché hai scelto il part-time?» chiedo a Doortje.

«Non ho mai neanche preso in considerazione l'ipotesi di lavorare a tempo pieno» risponde lei. «Dopo la laurea, quando dovevo decidere del mio futuro, non ho ragionato solo in termini di carriera, ma ho puntato subito a realizzare il mio sogno di mettere su famiglia. Per questo ho scelto di diventare medico di base. Gli orari sono più flessibili, e dopo la nascita dei bambini ho adottato la settimana di tre giorni. Anche se, calcolando le ore di impegno extra, di fatto lavoro più che a tempo pieno» si affretta ad aggiungere.

«Di quante ore stiamo parlando?»

«Comincio alle otto meno un quarto, e di solito rincaso tra le sei e le sette e mezzo di sera. In sostanza la mia giornata lavorativa è di dieci-undici ore. E dopo la buonanotte ai bambini, spesso devo rimettermi al computer. E poi ci sono le giornate di riunione, e i weekend di reperibilità. Il vantaggio è che molte di queste responsabilità sono gestibili da casa, perciò non mi escludono dalla vita di famiglia, e mi lasciano anche un po' di tempo per me stessa. Il lunedì e il mercoledì, i miei giorni liberi dall'ambulatorio, posso andare in palestra o a bere un caffè con le amiche. E quando i bambini tornano da scuola, ho la possibilità di dedicarmi a loro. Tengo molto a essere presente nel loro quotidiano.»

Poi scoppia a ridere. «È buffo che tu mi abbia chiesto come riesco a barcamenarmi tra casa e lavoro. Proprio ieri sera la mia amica Suzanne mi ha scritto ponendomi la stessa domanda. Mi crede una super mamma. Vuoi leggere la mia risposta?»

Ovvio che sì. Doortje mi allunga il cellulare, ed ecco il suo SMS:

> Finalmente, dopo avere strillato che era ora di andare a letto, perché il papà e la mamma avevano ancora molto lavoro da fare e dovevano sistemare la cucina, e dopo aver

> scritto un'e-mail sugli orecchini del costume di Madonna per il saggio scolastico di Mijntje e colorato gli ombrellini di carta per la festa di compleanno di Emmy, adesso i bambini si sono addormentati. E il papà non ha ancora portato fuori la spazzatura. Perciò, se domani mi vedi passare in bicicletta con la faccia stravolta dalla stanchezza, questo è il motivo.

Per Doortje e molte altre come lei, la vita moderna comporta ancora tutte le difficoltà e le tensioni tipiche dei genitori in ogni parte del mondo. Tuttavia, grazie alla cultura del part-time, lei riesce comunque a ritagliarsi un po' di tempo per se stessa. E questo è un elemento essenziale alla felicità delle madri.

Michele impara a rilassarsi

Nei primi tempi della mia vita olandese avevo proseguito con i ritmi frenetici appresi a Londra. Mi ero accollata una grande quantità di incarichi, perciò efficienza e velocità erano cruciali. Credevo davvero che il mio stakanovismo sarebbe stato apprezzato. Secondo le mie abitudini, il lavoro non ha un orario prestabilito: prosegue finché hai finito, e pazienza se ti condanni a un mucchio di straordinari non pagati. La professione definisce la tua identità, ed essere bravo nel tuo lavoro è la misura del tuo valore come individuo. E io ero una lavoratrice modello. Ma mi aspettava una sorpresa.

A quel tempo Ben aveva un anno, e aveva cominciato l'inserimento nel nido del quartiere. I miei modesti introiti mi davano il diritto a un sussidio di Stato, con cui pagavo buona parte della retta, e a Ben il nido era piaciuto subito. Era un bambino allegro e socievole, sempre stimolato dalla presenza di coetanei, perciò io non avevo scrupoli a lasciarlo là: lui ne era felicissimo. E poi l'atteggiamento olandese in merito è molto più rilassato. In Inghilterra i genitori temono che l'ambiente istituzionale di nidi e scuole materne abbia ricadute negative sulla psiche infantile, mentre gli olandesi li vedono come ambienti ideali per la socializzazione tra coetanei. E non si preoccupano di germi e malattie: al contrario, li considerano utili a rafforzare il sistema immunitario.

In Germania mi avrebbero bollata come *Rabenmutter* (una «mamma corvo», una specie di uccelli nota per trascurare la prole), ma in Olanda non c'era niente di male a conservare un impiego invece che rinunciare per il bene dei figli. Entrambe le scelte – o una combinazione delle due – sono considerate altrettanto legittime. Data la mia formazione inglese, e poiché in Olanda riuscivo a trovare soltanto lavori part-time, finii per farmi assumere da tre case editrici diverse. Non riuscivo proprio a capire perché tutti mi offrissero incarichi di appena uno o due giorni la settimana. Davo per scontato che lo facessero per risparmiare. Ho impiegato un po' a rendermi conto che qui è la norma. Gli olandesi si vantano di essere «campioni europei del part-time», come ha spiegato Rina. Tutti – genitori e single – lo considerano il modo migliore per tenere in equilibrio casa e lavoro, e chi ha figli apprezza la libertà di dedicarsi a loro, e non viene giudicato male dalla società o sottoposto a mobbing in ufficio. In Inghilterra e negli Stati Uniti si parla tanto di passare «tempo di qualità» con i figli perché la quantità è limitata. In Olanda, invece, poiché non sono una rarità, non c'è alcun bisogno di riempire quelle ore con un'offerta di attività rutilanti. Per me e Rina è stata un'illuminazione.

Madea, che lavora come project manager, mi dice che lei e il marito hanno optato per il part-time alla nascita dei gemelli, così da condividerne l'accudimento alla pari. «Abbiamo scelto intenzionalmente di guadagnare di meno per avere più tempo da dedicare ai bambini.» Ritiene che in Olanda persista ancora una certa ineguaglianza: di norma gli stipendi degli uomini sono più alti e le donne si accollano più responsabilità in famiglia. «Non mi piace l'espressione *papadag*,» dice «perché lascia intendere che gli altri giorni della settimana siano compito della mamma. D'altra parte alle donne piace stare con i bambini. Me ne accorgo io stessa. C'è qualcosa di molto naturale nel prenderti cura di tuo figlio, perciò molte madri se ne assumono volentieri la responsabilità.»

In effetti, le olandesi in genere considerano il tempo trascorso con i figli come un privilegio, un lusso. Betty, per esempio, la nostra babysitter, ha cresciuto i suoi bambini da casalinga, e non si sentiva sminuita o inferiore al marito per il fatto di non avere una carriera. «Quello di madre è un lavoro a tutti gli effetti, e io trovavo a stento il tempo per il volontariato come consulente di allattamento. In questo ho seguito l'esempio di mia madre. Lei era stata felice di dedicarsi esclusivamente ai figli, e anche per me è stata una grande soddisfazione.»

Io e Rina ne abbiamo parlato anche quando abbiamo incontrato la storica Els Kloek, da sempre interessata alla questione femminile. Le abbiamo chiesto di confermare la nostra impressione che ad Amsterdam il senso di identità sia meno legato alla professione rispetto a Londra o a San Francisco. Qui non c'è niente di male a lavorare part-time o niente affatto.

«Esatto!» risponde lei, di slancio. «Data l'enfasi sulla famiglia e sul concetto di *gezelligheid*, le donne olandesi considerano privilegiato il ruolo di madre e casalinga. In un ufficio sono gli altri a stabilire il tuo orario di lavoro, e devi sottostare ai superiori. A casa invece sei tu a fissare le regole: sei il capo di te stessa. È un aspetto trascurato da molte femministe.»

Le donne ritratte nel suo studio sulla casalinga olandese nel corso dei secoli, *Vrouw de Huizes* (La donna di casa), sono straordinariamente forti e padrone della propria vita, anche se non sempre destinatarie di pari diritti politici. Nella realtà come nelle immagini caricaturali, le donne olandesi del passato erano «autorevoli, intraprendenti, parsimoniose, ordinatissime e fissate con le pulizie». Non c'è da stupirsi che le loro discendenti non si lascino condizionare dagli stereotipi imposti dai maschi. Qui nessuna si sforza di rientrare nei jeans attillati all'indomani del parto: semplicemente, non è una priorità. E la casalinga olandese tiene pulita la casa per se stessa, non per compiacere il marito.

«Per capirla a fondo basta guardare ciò che non è: non è una schiava o una serva, né una *femme fatale* né un angelo del focolare» scrive Els nell'introduzione del libro. E prosegue:

> In Olanda la reputazione di una donna ruota soprattutto intorno alla sua posizione dominante sia in casa sia nel matrimonio. Non ha l'eleganza *française* o la disciplina

> tedesca, e magari non organizza ricevimenti impeccabili come le omologhe inglesi, ma è una socia alla pari con il marito. Gli sta al fianco, se non addirittura al di sopra.[6]

Els sostiene che sarebbe sbagliato considerare il lavoro di casalinga come una professione. La sua collocazione è esterna all'economia, e riconoscerle uno stipendio la renderebbe dipendente dalla casa per il suo sostentamento, creando diseguaglianze con il marito. Quello di casalinga non è tanto un mestiere quanto un ruolo sociale. «Nel contesto olandese era considerato un lusso il privilegio di non lavorare. Appena la famiglia se lo poteva permettere, la moglie rinunciava all'impiego fuori casa e il marito si incaricava di mantenerla.»[7] E da un punto di vista storico, la casalinga era sovrana indiscussa della casa. Non passava ore in cucina, ma amava l'ordine e la pulizia. Non era erudita e non teneva *salons* letterari, ma era brava in aritmetica e a gestire la contabilità. Esistono moltissimi esempi storici di vedove divenute capo dell'attività di famiglia, o persino guerriere. E gli osservatori stranieri si sbalordivano di notare che in casa erano loro a portare i pantaloni.

Els ci consiglia di rivolgerci a Roos Wouters per una prospettiva contemporanea sull'emancipazione femminile in Olanda. Roos si definisce una militante politica e imprenditrice sociale. È autrice di *Fuck! I'm a feminist* (Fottiti! Io sono femminista), e tiene conferenze e laboratori sulla gestione dello stress sul lavoro. È

[6] Els Kloek, *Vrouw des huizes. Een cultuurgeschiedenis van de Hollandse huisvrouw* [La donna di casa. Una storia culturale delle donne olandesi], Uitgeverij Balans, Amsterdam 2009, p. 7.

[7] *Ibidem*, p. 10.

anche promotrice di *New Way of Working* (Un nuovo modo di lavorare), un'iniziativa per aiutare le aziende di tutto il mondo a offrire maggiore flessibilità ai dipendenti con figli, permettendo loro di lavorare più spesso da casa e di scegliere il proprio orario. La incontriamo alla biblioteca centrale di Amsterdam, uno splendido edificio moderno, spazioso e pieno di luce, accanto alla stazione ferroviaria.

Roos ha due figli, di undici e quindici anni, e per prima cosa ci racconta la sua esperienza di madre part-time. Al tempo il suo compagno aveva un impiego a tempo pieno, e lei, che lavorava tre giorni la settimana per un'emittente televisiva, era sempre in affanno per tenersi al passo con gli impegni professionali e famigliari. Un giorno, concentrata su una consegna urgente, dimenticò che il nonno non poteva andare a prendere il nipotino a scuola e di organizzare una sostituzione. Per fortuna intervenne un'altra madre, che recuperò il bambino e lo portò a casa propria, ma l'umiliazione della telefonata ricevuta quel pomeriggio determinò una svolta nella vita di Roos. Il modello tradizionale del padre in carriera e della madre con un lavoro part-time le stava troppo stretto: non era adatto alle donne ambiziose come lei.

La giornalista Brigid Schulte arriva alla stessa conclusione nel suo libro *Overwhelmed. How to work, love and play when no one has the time* (Sopraffatte. Come lavorare, amare e divertirsi quando non si ha neanche il tempo per respirare). Nella sua indagine sulla frenesia del nostro moderno stile di vita e sul culto del *surmenage*, anche la Schulte contesta il modello classico olandese: il lavoro a tempo pieno per il marito e il part-time per la moglie è ideale solo all'apparenza.[8] Di fatto rischia di creare un «sovraccarico» per le donne, costrette a passare di continuo da un ruolo all'altro e perciò sempre in affanno. Le madri lavoratrici sono le più vulnerabili, perché si accollano più responsabilità in casa e vivono in perenne multitasking, mentre gli uomini tendono a concentrarsi di più sulla professione.

E oltre all'impiego, persino in Olanda le madri sono sottoposte a un altro fattore di stress. Una nuova ricerca condotta dall'Ente governativo per le politiche sociali dimostra che anche quando godono della stessa quantità di tempo libero del compagno, le donne di fatto non lo vivono come tale, perché sono sempre assillate dalla preoccupazione per il suo benessere e per quello dei figli, e per la pulizia di casa. I ricercatori lo definiscono «lavoro emotivo».[9] A quanto pare noi madri ci rendiamo la vita difficile da sole, persino quando la società si impegna ad aiutarci.[10]

[8] Brigid Schulte, *Overwhelmed. How to work, love and play when no one has the time* [Sopraffatte. Come lavorare, amare e divertirsi quando non si ha neanche il tempo per respirare], Bloomsbury, Londra 2014, p. 29.

[9] *Echt ontspannen in vrije tijd is lastig voor vrouwen* [Per le donne è difficile rilassarsi anche nel tempo libero], «Het Parool», 8 marzo 2016.

[10] Le madri americane risultano molto, molto più stressate rispetto alle controparti olandesi, al punto da compromettere la felicità dei figli. Schulte scrive: «L'Organizzazione mondiale della sanità ha scoperto che pur vivendo nel Paese più ricco del mondo, quella americana è anche la popolazione più angosciata in assoluto. Un liceale medio oggi manifesta lo stesso livello di ansia di un paziente psichiatrico medio negli anni Cinquanta. E un dato ancora più preoccupante: secondo gli scienziati, nei bambini l'esposizione allo stress – spesso per contagio dei genitori – può alterare non soltanto gli apparati neurologico e ormonale ma persino il DNA», p. 57.

Dopo la sua illuminazione, Roos cominciò a esercitare pressioni affinché la sua e le altre aziende concedessero una maggiore flessibilità ai dipendenti – sia a tempo pieno sia part-time – e più opportunità di lavoro da casa. Ritiene che negli ultimi dieci anni la situazione sia molto migliorata. «In passato, la suddivisione del lavoro tra partner era considerata una faccenda privata, un problema che andava risolto al tavolo di cucina, non in sala riunioni. Adesso le cose sono cambiate.» A suo avviso, il movimento New Way of Working è stato di grande aiuto per cambiare il clima sul posto di lavoro, e offrire ai genitori un maggiore spazio di manovra. «Un tempo l'esempio da emulare era quello svedese; adesso gli svedesi vengono a imparare da noi» aggiunge, con orgoglio. «E lo stress del lavoro è diventato un argomento da affrontare apertamente, perché riguarda tutta la comunità.»

Poco prima di concludere l'intervista, io osservo che entrambe abbiamo trovato una «*new way of working*» personale, diventando freelance. Lei conferma che sempre più persone adottano questo sistema, favorito anche dalle aziende, che la crisi finanziaria ha costretto a maggiori risparmi. Per noi funziona, e comunque il lavoro flessibile è sempre meglio della disoccupazione.

STRESS

Il filosofo francese Cartesio trascorse buona parte della sua vita adulta nei Paesi Bassi, e gli si attribuisce la seguente frase: «Dio ha creato il mondo, ma l'Olanda l'hanno creata gli olandesi». Si riferiva alla loro battaglia per strappare terre al mare, ma il giudizio vale anche sul fronte dell'organizzazione sociale. Gli olandesi si oppongono in modo attivo e intenzionale alle gerarchie. I politici fanno del loro meglio per colmare il divario tra ricchi e poveri, per esempio con strumenti fiscali (è il gettito dalle imposte sul reddito a permettere il finanziamento del welfare e le scuole gratuite). Tuttavia l'odierna struttura sociale non è merito soltanto dei governi, ma anche della cittadinanza. Il cittadino medio non aspira a diventare il più ricco (o il «migliore»). Come dice un proverbio olandese, «se alzi la testa sopra il grano, finisci falciato». È un'esperienza interessante per un lavoratore straniero.

Durante il mio primo anno di immigrata, lavoravo contemporaneamente per un festival di poesia e per due editori in teoria concorrenti e che tuttavia non sembravano preoccuparsi di condividere una dipendente. Il clima in redazione era sereno e gli uffici stupendi, in edifici eleganti seppure un po' datati (il genere di degrado pittoresco e aristocratico tipico dell'editoria inglese un trentennio fa). L'unico deterrente erano le riunioni interminabili. I dipendenti erano troppo rilassati, perciò ogni riunione sfociava in chiacchiere, prolungandosi all'infinito. Nessuno guardava mai l'orologio. Poiché tutti partecipavano alla discussione su qualsiasi argomento, non si arrivava mai al punto, il rovescio della medaglia dei processi decisionali collettivi, ispirati al modello *polder*.

Dopo un paio di mesi, il mio superiore in una delle due case editrici mi prese da parte e mi disse: «Ti spiacerebbe prendere le cose con un po' più di calma? Il tuo atteggiamento innervosisce i colleghi, e il confronto crea squilibri». Un'amica inglese a sua volta trasferita qui aveva avuto un'esperienza identica, pur lavorando in tutt'altro settore. «È incredibile!» aveva esclamato. «Il mio capo mi ha chiesto di lavorare di meno!» Nel loro studio umoristico sull'Olanda, *The UnDutchables*,[11] Colin White e Laurie Boucke mettono in guardia i lavoratori immigrati sull'esasperazione derivante dalla flemma dei colleghi.[12] Qui il lavoro consiste nelle pause caffè, e il compleanno di un collega d'ufficio ha la priorità sulle consegne.

È strano, perché per parte loro gli olandesi si considerano lavoratori indefessi. Sono molto fieri della propria etica calvinista del lavoro. «*Arbeid adelt*», dicono: il lavoro nobilita. A me i loro ritmi non sembravano nemmeno lontanamente paragonabili a quelli degli inglesi, eppure i dati OCSE dimostrano il contrario: i livelli di produttività in Olanda sono molto superiori a quelli del Regno Unito.[13] Gli olandesi ce la mettono davvero tutta, sia quando lavorano sia quando si divertono. Un altro modo di dire corrente è: *Na gedane arbeid goed rusten* ossia «quando il lavoro è finito, goditi il riposo». Qui non capitano spesso le belle giornate, ma appena spunta il sole, i dehors dei bar si riempiono di impiegati che di propria iniziativa (ma con il beneplacito di tutti) hanno abbandonato la scrivania per una pausa caffè improvvisata. *Carpe diem*![14]

[11] Un gioco di parole tra «*dutch*», olandese, e la squadra degli «intoccabili» dell'agente federale Eliot Ness.

[12] Colin White e Laurie Boucke, *The UnDutchables. An observation of the Netherlands, its culture and its inhabitants* [Gli intoccabili olandesi. Uno studio dell'Olanda, della sua cultura e del suo popolo], Nijgh & Van Ditmar, Amsterdam 2004, p. 154.

[13] http://bit.ly/1rsPIlY.

[14] Una scuola filosofica olandese contemporanea sostiene che il tempo trascorso in ozio, in uno stato di rilassamento e riflessione pro-

A dispetto della richiesta del mio capo, io non rallentai il ritmo. Non ne ero proprio capace: ero troppo inglese. Continuai imperterrita la mia vita da funambolo, giostrandomi tre diversi lavori con tutto l'impegno e la coscienziosità di cui ero capace. Ben passava al nido quattro giorni la settimana e trascorreva il quinto con la nonna. Poi, nel 2007, arrivò Ina, e rivoluzionò tutto. L'alternativa del nido si rivelò subito impraticabile: diversamente dal fratello, lei non lo apprezzava per niente. Detestava i luoghi affollati e gli estranei, e non voleva saperne di staccarsi da me.

Al tempo, però, i lavoratori freelance non avevano diritto al permesso di maternità. La legge Sod fu promulgata un anno dopo. Perciò, nei miei otto mesi da disoccupata per restare a casa con Ina, trovai un'altra soluzione al problema del bilancio famigliare: tradussi un romanzo olandese. E quando ripresi a lavorare in forma ufficiale, accettai uno solo dei miei incarichi precedenti, portandone l'orario a quattro giorni la settimana (nel quinto traducevo da freelance: non c'è pace per gli stakanovisti). Ero stata assunta dall'unico dei miei datori di lavoro disposto a estendere il mio orario. Nel medesimo periodo, però, la direzione stava implementando la New Way of Working, perciò godevo di una certa flessibilità. Potevo lavorare da casa almeno un giorno la settimana, e organizzare i miei impegni in modo che non interferissero troppo con le esigenze dei bambini. Furono anni difficili, alle prese con un bambino di pochi anni e un altro di pochi mesi

fonda è prezioso per chi svolge un lavoro intellettuale. Vedi il bestseller di Joke Hermsen, *Stil de tijd* [Fermate gli orologi], Arbeiderspers, Amsterdam 2013.

(la situazione che io chiamo il tunnel della maternità). L'impresa era faticosa ma non impossibile, grazie alla collaborazione di un datore di lavoro comprensivo, di un buon nido e dell'adorabile vicina di casa, divenuta una sorta di terza nonna.

Un paio di anni dopo, nella mia azienda cominciò ad aggirarsi lo spettro temibile di una fusione. Temendo gli inevitabili tagli al personale, io passai notti insonni a domandarmi che cosa ne sarebbe stato di me. Andai a parlare con la responsabile delle risorse umane e, vedendomi sull'orlo di un esaurimento nervoso, lei mi fissò un appuntamento con un esperto di aptonomia (in orario di lavoro, sia chiaro).

Io avevo sentito parlare di aptonomia solo in riferimento alla nazionale di calcio olandese: per quanto ne sapevo, si trattava di una bizzarra terapia New Age impiegata per aiutare i calciatori a entrare in sintonia gli uni con gli altri, a rilassarsi ed evitare infortuni. Alcuni attribuivano la vittoria delle maglie arancioni agli Europei del 1988 all'aptonomo della squadra, Ted Troost. Io ero a dir poco scettica. Il nome stesso della disciplina aveva un sentore di setta, tipo «Scientology».

Mi ritrovai in uno studiolo accanto alla stazione centrale. Era una stanza spoglia, arredata quasi esclusivamente da un lettino da massaggi, e in un batter d'occhio mi fu fornita la diagnosi: intellettuale ansiosa che doveva smetterla di preoccuparsi tanto del futuro. L'esperto mi vietò di fare ricerche online sulla sua disciplina e di leggere manuali in merito durante la terapia. E io me ne guardai bene, allora come adesso. La terapia in sé era un curioso ibrido di psicoanalisi, medicina alternativa e massaggi. Secondo il terapista, dovevo:

- Tornare in sintonia con il mio corpo e imparare ad ascoltarne i segnali
- Imparare a farmi valere
- Ritrovare il senso delle proporzioni
- Smetterla di rimuginare
- Esprimere con maggiore chiarezza i miei bisogni
- Esercitarmi a dire «no».

In sostanza, dovevo diventare più assertiva, come le donne olandesi! La morale di base dell'aptonomia è che la salute fisica e mentale sono più importanti del lavoro. È un consiglio che molti amici inglesi dovrebbero prendere in considerazione.

Gli olandesi sono maestri dell'elusivo equilibrio tra sfera professionale e privata di cui si sente tanto parlare. Nella classifica *Better Life* (Una vita migliore) dell'OCSE, che prende in esame trentaquattro Paesi industrializzati, l'Olanda è seconda solo alla Danimarca, con l'Inghilterra al 22esimo posto e gli Stati Uniti al 28esimo.[15] La differenza di approccio salta all'occhio negli ambienti di lavoro. Nel mio caso, per esempio, nemmeno nei periodi di massima emergenza ci si aspettava che restassi per gli straordinari, anche se all'inizio ero quasi sempre l'ultima a lasciare l'ufficio. A Londra quasi nessuno finisce prima delle sette, mentre ad Amsterdam alle cinque in punto scatta l'esodo di massa. Chi ha famiglia corre a prendere

[15] http://bit.ly/2s8wbTq; in realtà mentre stiamo realizzando questa edizione italiana i dati sono leggermente variati: l'Olanda è al primo posto, il Regno Unito al 26esimo, gli Usa al 30esimo. L'Italia è al 15esimo posto (*NdR*).

i figli a scuola, e i single se ne vanno al bar o in palestra. Come ho detto, i carrieristi qui sono mosche bianche, e il presenzialismo, gli straordinari o in generale attardarsi in ufficio non è considerato un comportamento normale. Per una madre lavoratrice, i vantaggi sono evidenti. Non ero costretta a vivere nel panico di non arrivare in tempo al nido. Certo, lavoravo per una casa editrice, perciò avevo mucchi di manoscritti da leggere, ma quello potevo farlo anche a casa dopo aver messo a letto i bambini.

Ricordo che al tempo confrontai le mie giornate – una mezzoretta in bici per portare i bambini all'asilo e arrivare in redazione, e un orario di lavoro rigorosamente dalle nove alle cinque – con quelle della mia amica Helen a Londra. Per raggiungere il suo ufficio londinese dal Surrey le toccava un viaggio in treno di quarantacinque minuti. L'asilo della figlia era vicino a casa, ma Helen era sempre angosciata, perché se alla piccola fosse capitato qualcosa lei era troppo distante per intervenire in modo tempestivo. Non poteva neanche accompagnarla al mattino, pena un ritardo in ufficio, perciò se ne occupava il marito. Come molte sue pari, viveva in una tensione costante. In Inghilterra si pretende che dopo la nascita di un figlio le madri riprendano a lavorare con gli stessi ritmi, e dalla prospettiva del mio comodo nido olandese non avevo proprio l'impressione che il motivo del loro affanno fosse la maternità: la radice era la cultura stakanovista inglese, e la convinzione che sia il lavoro a definirti.

11

Tutta questione di *hagelslag*

Rina spiega l'approccio olandese alla dieta

In casa nostra, la domenica è una giornata di totale relax. Comunque a Doorn è tutto chiuso, o aperto solo il pomeriggio, nella migliore delle ipotesi. In genere è Bram a preparare la colazione, sbizzarrendosi in ricette elaborate, e mentre Julius gioca in camera sua, io siedo sul divano in salotto ad allattare Matteo e a decidere l'itinerario della passeggiata pomeridiana.

Oggi il sole e la frizzante aria autunnale ci hanno messo di buonumore. Bram si è cimentato con i *wentelteefjes*, una variazione olandese sul tema del *french toast* che nella versione di mio marito comprende formaggio di capra, fragole, mango e mirtilli. Intanto io controllo su internet i sentieri nei boschi, per organizzare una spedizione alla scoperta dell'*Amanita muscaria*, gli elusivi funghi con il cappello rosso a pois bianchi. Prima di arrivare in Olanda credevo esistessero solo nel mondo di Biancaneve, di Super Mario o dei nani da giardino. Invece qui ne crescono a bizzeffe. Sono velenosissimi (oltre che noti per le proprietà allucinogene), perciò la nostra sarà una gita all'insegna del «guardare ma non toccare».

«Tesoro, hai visto?» domanda Bram dall'angolo cucina.

Io mi volto e vedo Julius già piazzato a tavola sul suo seggiolone, con un sorriso contagioso stampato in faccia. Il nostro piccolo di tre anni si è servito da solo la colazione: una grossa fetta di pane coperta da uno strato di burro non salato e da un altro di *hagelslag*, la granella di cioccolato.

Ecco perché i bambini olandesi sono i più felici del mondo, penso io. Chi non lo sarebbe, a ingozzarsi di cioccolato appena alzato?

Sento già le grida di scandalo e condanna delle super mamme su internet. Cioccolato a colazione? È proprio il caso di cominciare la giornata con una botta di zuccheri? Per giunta Julius ha combinato un disastro: ha imbrattato il seggiolone (e se stesso) di burro, e disseminato una pioggia di *hagelslag* su tutto il pavimento.

Io e mio marito ci scambiamo un'occhiata. Rimproverarlo? Macché. Scoppiamo a ridere. Ancora una volta la realtà l'ha avuta vinta sulla perfezione. Julius addenta compiaciuto il suo panino, e Bram gli scatta una foto.

LA COLAZIONE DEL CAMPIONE

Che l'*hagelslag* sia davvero la pozione magica? È il cioccolato a colazione a rendere così felici i bambini olandesi? Almeno per quanto riguarda i coetanei americani, ripresi in un affascinante video BuzzFeed in cui vengono invitati ad assaggiare le colazioni tradizionali di vari Paesi del mondo, è evidente che quella olandese vince a mani basse. Qualsiasi bambino si alzerebbe al volo dal letto se ad aspettarlo a tavola ci fosse l'*hagelslag*. Eppure anche altrove la colazione è piena zeppa di zuccheri, sotto forma di cereali confezionati (i Coco Pops sono tra i primi indiziati). No, credo che il segreto consista nel fatto che in Olanda la colazione è un pasto di famiglia.

Secondo il rapporto UNICEF del 2013 – quello che aveva assegnato all'infanzia olandese il primato della felicità – l'85 per cento dei nostri bambini di undici, tredici e quindici anni interpellati dal sondaggio faceva colazione ogni mattina.[1] Sedersi insieme a tavola prima di andare a scuola o al lavoro è una consuetudine che rafforza i legami famigliari, e in nessun altro Paese accade con una costanza pari a quella olandese. Anzi, in Inghilterra e negli Stati Uniti spesso la colazione si salta a piè pari: l'orologio comincia a ticchettare appena svegli, e non c'è tempo da perdere!

Gli olandesi invece conoscono l'importanza dei pasti consumati con calma e regolarità, soprattutto quello che interrompe il digiuno notturno. Una quantità di ricerche dimostra i vantaggi del primo pasto mattutino: riduzione degli snack fuori orario, tipicamente a base di alimenti malsani, con conseguente diminuzione del rischio di obesità e aumento della capacità di concentrazione a scuola. Gli olandesi sono grandi fautori dell'*ontbijt* (la prima colazione), e ci guadagnano in salute e felicità. Ma la cosa essenziale è il valore che attribuiscono all'idea di inaugurare la giornata tutti insieme, condividendo un'esperienza rassicurante e che contribuisce alla coesione della famiglia.

[1] Il 60 per cento in Italia [*NdR*].

DIETA SANA E BILANCIATA?

Io mi ero molto sorpresa alla scoperta che la granella di cioccolato fosse considerata un alimento essenziale in Olanda. Possibile che qui fossero tutti ignari dei danni di grassi e zuccheri? Certo gli olandesi non hanno la reputazione di grandi gastronomi. La cucina tipica è pesante e monotona, almeno agli occhi degli stranieri. Più che edonistico, il loro è un approccio utilitaristico: prediligono i cibi facili e rapidi da preparare, economici e nutrienti. A distinguere il pranzo dalla prima colazione c'è soltanto l'intervallo di tre ore: in entrambi i casi, il piatto base è un sandwich. La cena – l'unico pasto caldo della giornata – di solito prevede un'unica pietanza, comprensiva della santa trinità di proteine, verdure e carboidrati. Non proprio roba da ristoranti stellati.

Eppure, secondo le ultime ricerche, pare che lo stile olandese sia proprio quello giusto. Uno studio Oxfam avviato nel 2014 ha assegnato all'Olanda la palma del «miglior cibo del mondo». I parametri di valutazione erano quattro: abbondanza, economicità, qualità e conseguenze in termini di tasso di obesità e diabete. Nella classifica, l'Inghilterra risultava al decimo posto, e persino lei staccava di molto gli Stati Uniti, ben piazzati per economicità e qualità ma sprofondati al 21esimo posto dall'alta incidenza delle patologie associate a un'alimentazione sbagliata.

Il rapporto UNICEF convalida le conclusioni di Oxfam. Il tasso di obesità infantile in Olanda è il più basso tra i ventinove Paesi industrializzati inclusi nel sondaggio. Solo l'8,36 per cento dei bambini olandesi di undici, tredici e quindici anni evidenzia un sovrappeso patologico, mentre in tutte le altre nazioni – tranne Danimarca e Svizzera – il tasso ha già superato il 10 per cento.[2] Insomma, secondo la ricerca, la dieta migliore al mondo non è quella francese, mediterranea o giapponese ma quella olandese. A dispetto della quantità di burro, pane e *hagelslag*, l'alimentazione qui è sana, bilanciata e accessibile a tutti.

E questa mattina lo spettacolo del mio bambino che divora allegramente la sua colazione olandese, guardandosi intorno serafico e dondolando i piedi sotto il seggiolone, mi rivela finalmente il vero significato dell'*hagelslag*. Ora che l'evidente contentezza di Julius ha zittito le voci nevrotiche dentro la mia testa, mi rendo conto che – a parte il piacere ovvio del cioccolato – a rendere mio figlio tanto felice è l'orgoglio di essersi scelto e preparato da solo la colazione. Ecco perché l'*hagelslag* funziona: è un'iniezione di sicurezza.

QUESTIONI DI ETICHETTA

Una cultura che attribuisce tanta importanza ai pasti in famiglia deve per forza avere norme e prassi sociali per definire il giusto comportamento a tavola. Qui la condivisione dei pasti – due, come minimo: prima colazione e cena – è una costante essenziale del quotidiano, perciò presumo esistano anche regole condivise per contribuire a creare il clima *gezellig* e favorire l'arte della conversazione. Ma ne esistono di specifiche olandesi?

Come sempre, rivolgo la domanda al mio consulente personale su ogni aspetto della cultura locale: mio marito. «Per la verità, mi viene in mente un'unica frase che tutti i

[2] In Italia siamo al 18 per cento [*NdR*].

bambini qui si sentono ripetere fin dalla nascita» risponde lui. «*Handen boven tafel* (le mani sopra il tavolo). Le mani devono sempre essere visibili, con il coltello nella destra e la forchetta nella sinistra. E mai appoggiare i gomiti sul tavolo.»

Il popolo più alto del mondo

La statura media in Olanda è di un metro e settantasei per le donne e di uno e ottantacinque per gli uomini. I soffitti bassi delle case tradizionali dimostrano che non sempre è stato così, ma intorno alla metà del XIX secolo gli olandesi hanno cominciato a svettare (e con loro anche i soffitti). Come mai? Ecco alcune teorie:

- Per tenere la testa sopra il pelo dell'acqua (il 26 per cento del territorio nazionale è sotto il livello del mare, e il 29 per cento esposto al rischio di straripamento dei fiumi).
- L'enorme consumo di carne e latticini (e di conseguenza di ormoni della crescita).
- L'assenza di stress (uno dei fattori associati all'arresto dello sviluppo durante l'infanzia).
- La selezione sessuale (le donne preferiscono i partner alti).
- L'alta statura è tipica degli abitanti delle pianure (gli esempi da manuale sono i Masai, i Tuareg e i Fulani). Le popolazioni dei territori pianeggianti sono per natura più alte, così come i montanari sono più bassi.
- Prosperità: la statura media di una popolazione aumenta in ragione della crescita del PIL.
- Cicli di sonno più tranquilli (vedi il capitolo 3).
- *Hagelslag* a colazione!

A tavola nessuno – bambini compresi – comincia a mangiare finché tutti i commensali non hanno preso posto. Attendere gli altri non è soltanto un segno di rispetto ma consolida il senso di comunità in quanto ogni persona conta, i giovani quanto gli anziani. E a tutti si augura *Smakelijk eten* (buon appetito) prima di sollevare la forchetta. È anche considerata buona educazione scusarsi prima di alzarsi e, appena raggiunta l'età per sedersi con gli altri, ai bambini si insegna a mangiare con la bocca chiusa e a masticare in modo silenzioso.

Michele sostiene che tutto ruota intorno al tavolo

A Londra organizzavo spesso cene, perciò ero abituata a cucinare per un gran numero di invitati. Così, appena arrivata in Olanda, il mio primo acquisto per la casa fu un tavolo da pranzo spazioso. Molti miei amici inglesi abitavano già qui, e io ero certa di proseguire la tradizione di inviti e contro-inviti. Nel corso degli anni avevo anche abitato in varie parti della Francia, e ovunque andassi l'invito a cena era una forma quasi obbligatoria di ospitalità. Per quale motivo Amsterdam avrebbe dovuto essere diversa?Ho cambiato casa, ho avuto il mio primo bambino, e ho aspettato. Ma i mesi passavano e nessuno accennava a inviti a cena, nemmeno per ricambiare i miei. Dopo un po' pensai che, per quanto straordinariamente amichevoli in ambito lavorativo, forse gli olandesi non amavano socializzare nel tempo libero. E meno ancora sembravano comprendere la consuetudine londinese di usare le cene come occasione privilegiata di networking professionale. Non mi ero resa conto che l'atteggiamento rispetto al pasto serale qui è completamente diverso. Già ferita nell'orgoglio, trovai finalmente la risposta leggendo *The UnDutchables*: «La cena è un momento riservato ai famigliari: per questo nessuno vi invita. La consuetudine per i non-parenti è un invito per l'aperitivo o per un caffè». Inviti «a bere qualcosa» me n'erano capitati parecchi – tipicamente il *borrel* delle cinque – ma mi ero sempre stupita che il ritrovo finisse tassativamente prima di cena.

In Olanda la tavola è un luogo privato, non sociale. E, lavorando come traduttrice, mi sono accorta che il termine stesso – *tafel* – spunta ovunque nei modi di dire olandesi, com'è caratteristico dei concetti molto radicati in una cultura nazionale: *aan tafel gaan zitten met iemand* («intavolare» una conversazione); *ter tafel komen* (sedersi intorno a un tavolo, nel senso di risolvere una questione); oppure *iets boven tafel krijgen* (portare qualcosa alla luce del sole). È a tavola che si affrontano i problemi, si superano i conflitti, si scambiano opinioni e si stringono nuovi accordi. Le tavole rotonde sono un format classico dei talk show televisivi: qui esperti e celebrità non siedono su un divano, ma a un tavolo.

Ed è sempre a tavola che i bambini imparano a formare e a esprimere pareri personali. La conversazione è parte integrante della dinamica famigliare. «È di importanza cruciale riservare il tempo necessario a riunirsi a colazione e a cena, per ascoltarsi a vicenda, condividere le esperienze, parlare degli eventi nel mondo e metterli in prospettiva» mi dice Carel van Eck, padre di due figli. «In casa nostra, i discorsi del primo mattino ruotano intorno alle ultime notizie: a colazione si sfoglia il giornale, si commentano i fatti salienti, e ci si informa dei programmi di ciascuno. A cena parliamo soprattutto della giornata dei bambini: com'è andata? Come hai reagito a questo o a quell'accadimento? Che cos'hai imparato?»

In Inghilterra è tipico che a colazione ciascuno si arrangi da sé, e non è insolito che i bambini cenino da soli nel pomeriggio (e magari con qualcosa di sbrigativo, come il *fish & chips*), mentre i grandi si concedono una cena più adulta e civile la sera tardi, quando i piccoli sono già a letto. In Olanda invece l'intera famiglia si dà appuntamento a tavola alle sei in punto. Visto l'orario anticipato, manca il tempo materiale per preparare piatti elaborati, perciò il menu è di necessità molto semplice, magari a base di pietanze cucinate durante il weekend e poi riscaldate. E trattandosi di una consuetudine nazionale, per i genitori che lavorano comporta anche il diritto incontestato di andarsene dall'ufficio alle cinque.

Dit zijn we (Siamo fatti così), un libro sulle tradizioni olandesi, elenca gli alimenti più tipici. La semplicità è l'elemento chiave. A pranzo un panino, di solito farcito con formaggio o prosciutto, seguito dal *boterham tevredenheid* (il sandwich di soddisfazione), una fetta di pane e burro, per riempire lo stomaco. Spesso il pranzo e a volte anche la cena sono annaffiati con latte fermentato (bleah!). A prima vista non sembra una dieta molto sana, ma bisogna ricordare che gli olandesi non sono portati per gli eccessi. La loro frugalità innata ha influito sui costumi sociali: se venite invitati per un caffè, è maleducazione prendere più di un biscotto, e al *borrel* è la famiglia ospitante a servire piccoli cracker spalmati con crema di formaggio e paté. Il razionamento garantisce la moderazione nelle quantità.

Un giorno la settimana è riservato agli avanzi, per esempio il pane secco, riciclato negli ottimi *wentelteefjes* (la specialità del marito di Rina). Un classico piatto per la cena è lo *stamppot* (purea di patate con cavolo o kale), accompagnato da salsicce e sugo. È solo un esempio dell'ampia varietà di piatti unici (zuppe o stufati) tipici della cucina olandese, che sono nutrienti, facili da preparare e si conservano per parecchi giorni. A volte mio marito ne cucina un assortimento la domenica pomeriggio e li mette da parte per la settimana.

Ricetta dei wentelteefjes

Ingredienti:

- 1 uovo
- 240 g di zucchero vanigliato (oppure zucchero con essenza di vaniglia)
- cannella in polvere
- 240 ml di latte
- qualche fetta di pane secco
- una noce di burro*

Preparazione
In una terrina, sbattete l'uovo e aggiungete lo zucchero vanigliato, la cannella e il latte. Eliminata la crosta, immergete le fette di pane nel composto fino ad assorbirlo tutto (o versando l'avanzo sulle fette). Scaldate il burro in un tegame e friggete le fette per circa cinque minuti, girandole a metà cottura. Servite e gustate!

* Alcune ricette aggiungono una spruzzata di rum o spremuta d'arancia alla miscela.

In Olanda però l'importanza di sedersi a tavola non riguarda tanto il cibo quanto la conversazione. La cena di famiglia è un esempio supremo di *gezelligheid*, e per molti genitori olandesi il raduno serale è una regola aurea. Anche Anne, la mia amica di Amsterdam trasferita a Londra, si è accorta della differenza culturale. «Mi ha molto colpito la mancanza di cene in famiglia. In Inghilterra i bambini mangiano prima, e con un menu più "infantile" (bastoncini di pesce, fagioli stufati, ecc.), magari sorvegliati da un genitore, ma più spesso parcheggiati davanti al televisore. In Olanda invece ci si siede a tavola tutti insieme e si parla della giornata da pari a pari. Forse è per questo che i bambini olandesi sono meno impacciati con gli adulti?»

Le ricerche condotte negli Stati Uniti[3] dimostrano che questa consuetudine (o la sua assenza) è fortemente predittiva dello sviluppo dei bambini: quelli che cenano insieme ai genitori almeno cinque volte la settimana durante l'adolescenza dimostrano una minore tendenza a fumo, alcol e marijuana, meno comportamenti violenti, gravidanze precoci e sospensioni a scuola. Lo stesso gruppo presenta anche un rendimento scolastico migliore e una maggiore probabilità di proseguire gli studi al college.

Anche tenuto conto di qualche norma di galateo, le cene olandesi sono improntate a un clima molto informale, che favorisce il dialogo. Nel XVI secolo, Hadrianus Julius, incaricato di scrivere il primo studio sull'identità olandese, dichiarò che la popolazione locale era «troppo brusca e grossolana per le forme più raffinate di civil-

[3] Robert D. Putnam, *Our kids. The american dream in crisis* [I nostri figli. La crisi del sogno americano], Simon & Schuster, New York 2015.

tà». Anche Herman Pleij accenna all'assenza storica di maniere cortesi. D'altra parte in Olanda non esisteva una corte reale, sostituita da una struttura di governo decentralizzata, perciò gli olandesi non hanno mai acquisito l'abitudine al cerimoniale, e tutt'oggi disdegnano gran parte delle regole di etichetta. Pleij spiega: «Ai nostri occhi [l'etichetta] è superflua. Preferiamo andare al sodo senza perdere tempo in convenevoli». Quindi, sebbene a tavola vengano osservate le regole di base spiegate sopra da Rina, si cerca di evitare le artificiosità che sarebbero d'intralcio alla comunicazione.

Al nostro incontro, il professor Ruut Veenhoven aveva sottolineato le differenze tra le cene olandesi e il *tableau* di quelle francesi. Proviamo a immaginarci in Francia per un momento. È sera tardi, la tavola è imbandita con pietanze elaborate e che spesso richiedono un uso complicato delle posate, e i bambini devono sedere composti e comportarsi da belle statuine. Ora torniamo in Olanda: la famiglia siede a tavola nel pomeriggio, i piatti sono semplici e i piccoli chiacchierano a ruota libera insieme ai grandi. Quale bambino non preferirebbe il secondo scenario? L'approccio olandese promuove apertura e comunicazione, con regole chiare ma non inibenti, e rafforza i legami famigliari, producendo di conseguenza bambini più sereni.

12

Parliamo di sesso

Michele deve rispondere ad alcune domande imbarazzanti

Da qualche tempo mi sono appassionata al blog di Pia de Jong, una scrittrice olandese al momento residente a Princeton, nel New Jersey, insieme alla sua famiglia. È sempre affascinante osservare lo shock culturale in versione speculare: come si trovano gli olandesi all'estero? A quanto sembra – ma non c'è da stupirsi – per molti aspetti gli Stati Uniti sono l'opposto dell'Olanda. In uno dei suoi articoli Pia racconta di aver dovuto firmare un modulo distribuito dalla scuola in cui si impegnava a erudire la figlia sui benefici dell'astinenza sessuale. In alcuni Stati ogni conversazione sulla contraccezione deve comprendere un'enfasi sulle conseguenze negative e malsane del sesso. La premessa è che, visto il rischio di malattie a trasmissione sessuale, l'unica alternativa sicura è la castità.

In Olanda l'atteggiamento è molto meno puritano, e gran parte degli adolescenti fa la sua prima esperienza nell'ambiente protetto della propria casa. Eppure, malgrado genitori e società siano più permissivi, i sondaggi indicano che, in media, quella prima esperienza non accade a un'età più precoce rispetto ad altri Paesi europei o agli Stati Uniti.[1] Ciò che invece appare chiaro – secondo uno studio dell'Università Rutgers – è che nove adolescenti su dieci usano il preservativo fin dalla prima volta. Il dato è confermato dal rapporto UNICEF del 2013 (che fissa il totale al 75 per cento), e le ricerche dell'Organizzazione mondiale della sanità indicano che le adolescenti olandesi sono in testa anche per l'uso della pillola. Ergo, molte meno gravidanze indesiderate.

Il quadro non potrebbe essere più diverso nel Paese d'origine mio e di Rina, con gli Stati Uniti primatisti delle nazioni sviluppate per il numero di gravidanze tra i quindici e i diciannove anni di età, seguiti da Nuova Zelanda, Inghilterra e Galles.[2] Mi domando quanti ragazzini inglesi e americani perdano la verginità in casa propria.

Non nego che il sesso possa essere un argomento delicato e imbarazzante. Anzi, io sono cresciuta in un clima da «niente sesso, siamo inglesi», in cui l'intero discorso si riduceva ad ammiccamenti, gomitatine e sciocchi doppi sensi. Non era un tema di cui potevi parlare apertamente, e di certo non con i tuoi genitori.

[1] Rutgers for Sexual and Reproductive Rights, *Spring Fever* [Febbre di primavera], http://bit.ly/1J2NMAy.

[2] Guttmacher Institute, *Teen pregnacy rates declined in many countries between the mid-1990s and 2011* [Tra la metà degli anni Novanta e il 2011 in molti Paesi sono diminuite le gravidanze in età adolescenziale], 23 gennaio 2015, http://bit.ly/2sA58kl.

E a scuola l'educazione sessuale aveva i toni gelidi di una lezione di biologia, accompagnata da impacciati libercoli con disegni di api e fiori e paragrafi «esplicativi» pieni di perifrasi e reticenze. Con mia madre l'argomento era tabù. La mia unica fonte di informazioni era stata una compagna più grande che un giorno, nello spogliatoio della piscina, mi rivelò in tono brutale i fatti della vita. Da adolescente, mio padre mi lasciò sul comodino un mucchio di brochure sui contraccettivi, ma in seguito nessuno ne fece mai parola. A maggior ragione ho trovato liberatorio l'approccio olandese. Qui non si usa il «discorsetto». L'educazione sessuale avviene in modo graduale, a mano a mano che il bambino si incuriosisce del proprio corpo, l'enfasi è sulla sensualità oltre che sulla sessualità, e le informazioni sono chiare, con regole precise sul rispetto di sé e degli altri.

Le scuole offrono corsi di educazione all'intimità e all'affettività adatte all'età degli allievi, ma il consiglio per i genitori è di non nascondere niente ai figli: nessun argomento è off-limits. L'idea è di soddisfare la curiosità crescente del bambino con risposte semplici e non reticenti, adeguate al suo livello di comprensione e maturità. È stato uno dei primi consigli che ho ricevuto dagli altri genitori.

Anzi, a pensarci bene, questo approccio pragmatico è talmente diffuso che io stessa non riesco a ricordare un «discorsetto» specifico sul tema.

Settimana della febbre primaverile[3]

La traduzione più letterale (e umoristica) di *Lentekriebels* sarebbe: «settimana del prurito primaverile». All'arrivo della bella stagione, tutte le scuole elementari olandesi partecipano a un programma nazionale di sette giorni di educazione sessuale rivolta ai bambini dai quattro ai dodici anni. I più piccoli assistono a lezioni su temi come l'innamoramento. Gli altri scoprono in che modo stanno cambiando i loro corpi, quali saranno le tappe del loro sviluppo sociale ed emotivo e le regole del sesso sicuro e consensuale.
Gli obiettivi sono:

- Dare ai bambini un'immagine positiva di sé e sviluppare le loro competenze nell'ambito dei rapporti affettivi e della sessualità.
- Garantire che i giovani abbiano tutte le informazioni necessarie prima dell'inizio della pubertà, affinché in seguito corrano meno rischi.
- Educare i bambini all'amicizia, all'amore e all'affettività, non soltanto impartire loro informazioni sui cambiamenti fisiologici e la riproduzione. E fornire loro un codice di condotta sicura.

Qualche tempo fa ho chiesto a mia cognata Sabine come avesse affrontato la questione con i suoi figli. Il minore oggi ha diciassette anni. La famiglia vive a

[3] http://bit.ly/1wyZJaA.

Hemmestede, una città della costa, dove Sabine lavora come stilista. «Di sesso abbiamo sempre parlato apertamente,» ha risposto lei «ma non c'è mai stato un momento in cui ho messo i bambini seduti per "il discorsetto". La loro educazione sessuale è avvenuta in modo meno artificioso, rispondendo alle domande che sorgevano di volta in volta.»

La *Groeigids Puberteit* (Guida alla pubertà) distribuita dal servizio sanitario a tutti i genitori con un figlio di dieci anni afferma che i ragazzi con rapporti famigliari più saldi tendono ad aspettare più a lungo prima di sperimentare con il sesso. Ed è interessante notare che non una volta il libretto usa il termine «minori». La legge olandese fissa l'età del consenso a sedici anni, come quella americana, ma non considera «stupro» un atto consensuale tra adolescenti coetanei.

Confesso che all'inizio mi aveva scandalizzata la consuetudine dei genitori olandesi di permettere ai figli di invitare a dormire amici dell'altro sesso, ma anche questo è conforme al clima di tolleranza generale. In Olanda vale lo stesso approccio rispetto alle droghe leggere o alla prostituzione: sono fenomeni tollerati, purché nel rispetto delle regole. Perciò la sessualità tra adolescenti è accettata, ma gli olandesi preferiscono che accada in un ambiente controllato, cioè sotto il tetto dei genitori. E a quanto pare, disporre di un luogo famigliare in cui fare sesso contribuisce alla prassi del sesso sicuro.

Non fraintendetemi, non è che qui valga tutto. Le regole esistono eccome, ma vengono stabilite con totale trasparenza e di comune accordo con i figli.

Ai suoi, Sabine aveva detto di non sentirsi ancora pronta a diventare nonna, e che perciò dovevano comportarsi in modo responsabile: «Gli amici che invitavano per la notte dovevano aver passato almeno una giornata da noi, per darmi la possibilità di conoscerli meglio. Perciò era escluso che i ragazzi uscissero la sera, rimorchiassero uno sconosciuto e se lo portassero a casa. Sarò anche antiquata, ma non mi andava l'idea di ritrovarmi un adolescente mai visto prima seduto a colazione la mattina dopo».

E nella pratica era sempre filato tutto liscio. I due figli maschi – oggi il maggiore ha diciannove anni – non hanno invitato molte ragazze a casa, e la primogenita – ora ventunenne – ha un fidanzato fisso da parecchi anni. «Stanno insieme da secoli, ma all'inizio lui non si fermava a dormire. Una volta, da brillo e insieme a un amico, si è arrampicato alle tre del mattino sul tubo della grondaia. Un'impresa pericolosissima. Ma, com'è tipico di Joosje, appena i due sono atterrati sul suo balcone lei li ha rispediti al mittente... anche se passando dalla porta.»

Un'altra amica olandese che ha chiesto di restare anonima, per non causare imbarazzi alla figlia, dice che la ragazza ha cominciato a usare la pillola a quindici anni. La scusa era l'acne «ma in realtà non era tanto grave», precisa la mia amica. Poco dopo la figlia le aveva presentato il fidanzatino, un ragazzo della sua stessa età. «Il fatto che fossero coetanei ha reso tutto più semplice. Stavano scoprendo la sessualità insieme. Io mi sarei opposta se il ragazzo fosse stato molto più grande di lei.» La figlia non aveva ancora raggiunto l'età legale del consenso, ma nemmeno il fidanzatino, perciò il problema non si poneva. Dopo un paio di mesi, lui ha cominciato a fermarsi per la notte. Sapendo che se non a casa i due avrebbero comunque fatto sesso altrove, la mia amica non aveva sollevato obiezioni mentre il marito, che è cresciuto nel sud dell'Olanda e ha avuto un'educazione più conservatrice, ha impiegato più tempo ad abituarsi all'idea. Le domando quando e come aveva parlato di sesso per la prima volta alla figlia. «Non c'è stata una prima volta specifica. E poi i ragazzi imparano molto già per conto loro, dai libri e dai film. Credo sia una cultura importata dalla Scandinavia.» In effetti i libri olandesi per bambini sono parecchio più espliciti in tema di sesso e intimità rispetto a quelli inglesi o americani. Ina, che ha otto anni, ne ha appena letto uno, raccomandato per la fascia tra i sette e i nove anni, in cui il protagonista sorprende la madre divorziata a fare sesso in salotto con la sua nuova fidanzata.[4]

APERTURA STORICA

Un libro di Ineke Strouken sulle tradizioni olandesi[5] mi permette di capire meglio le radici di questa cultura sana e tollerante rispetto al sesso. In Olanda la mentalità aperta e la libertà rispetto alla scelta del partner sono fenomeni di lunga data. Qui per esempio lo *speed dating* non è nato ieri, è una moda fin dal 1573. Per permettere ai giovani di incontrarsi, in passato si organizzavano fiere informali dette *Meidenmarkten* (mercato delle

[4] Haye van der Heyden, *Het geheim van de gebroken ruit* [Il segreto della finestra sfondata], Leopold, Amsterdam 2009.

[5] Ineke Strouken, *Dit zijn wij. De 100 belangrijkste tradities van Nederland* [Siamo fatti così. Le 100 tradizioni più importanti dei Paesi Bassi], Pharos Uitgevers/Nedelands centrum voor volkscultuur, Culemborg 2010, capitolo 54.

fanciulle) e *Vrijersmarkten* (mercato dei pretendenti). L'«incontro» poteva essere piuttosto diretto: il giorno stesso era perfettamente lecito che la coppia si appartasse tra le dune (sempre nella speranza che seguisse una proposta di matrimonio). Fino a metà del secolo scorso, era normale che le comunità riservassero un luogo ai *rendez-vous* galanti, per esempio il vicolo dietro la chiesa. E molte celebravano la *billenavond* (la serata dei glutei), in cui ogni ragazza con un mazzetto di viole all'asola poteva essere baciata senza bisogno di chiederle il permesso.

Il *nachtvrijen* (corteggiamento notturno) era una tradizione diffusa nelle classi lavoratrici del XVII e XVIII secolo. A quanto sembra, al tempo era normale che i ragazzi si arrampicassero fino alla stanza dell'amata per fare sesso con lei. (Immagino che il fidanzato di mia nipote fosse al corrente dell'usanza. O forse è un lettore di Shakespeare.) Le scenette osé sono frequenti anche nella pittura d'interni dei fiamminghi nel Secolo d'oro, e in particolare in Jan Steen. E alla fine della Seconda guerra mondiale, i soldati americani restarono talmente scioccati dal comportamento disinibito delle ragazze olandesi che bisognò distribuire un manualetto di condotta alle truppe. Insomma, la reputazione progressista degli olandesi non è cosa di oggi. Ha parecchi precedenti storici.

DOMANDE DIFFICILI

I miei bambini hanno un'indole indagatrice. Mio figlio Ben, in particolare, vuole sapere tutto, ed entrambi hanno cominciato a farmi domande su anatomia e riproduzione non appena hanno imparato a parlare. Perciò non sono mancati i momenti d'imbarazzo. Ben aveva due anni e mezzo quand'è nata Ina. Felicissimo di avere una sorellina, lui si era subito offerto di aiutarmi a cambiarle il pannolino, e di conseguenza si era incuriosito dei genitali tanto diversi dai suoi. Io gli ho spiegato quali fossero le varie parti, indicandole con il nome corretto. A quel punto lui mi ha chiesto a che cosa servissero. Qualche giorno dopo, in presenza di ospiti, di punto in bianco ha domandato: «Mamma, ma allora ti faccio male al clitoride quando ti siedo in braccio?». Per fortuna la domanda è stata accolta con più risate che disagio (a parte il mio).

Abitando ad Amsterdam, è inevitabile passare spesso in bici o a piedi davanti alle vetrine delle prostitute. Crescendo, i bambini hanno dimostrato un certo interesse nei loro confronti, che comunque è scemato piuttosto in fretta. Abbiamo letto insieme articoli sul traffico di esseri umani e sulle nuove schiavitù, e discusso a fondo della prostituzione (libera scelta o sfruttamento?), compresa la questione delle tasse sul reddito. Abbiamo anche parlato delle spose bambine: mia figlia ha una posizione molto netta a riguardo. Insomma, i miei figli sono bene informati e hanno una mentalità aperta rispetto alla sessualità in genere, ma sanno anche distinguere tra giusto e sbagliato. Non ignorano l'esistenza dei pedofili ma, come dice Ben, quelle sono persone malate, perciò vanno aiutate, non ostracizzate.

Alle elementari, entrambi hanno seguito i corsi su intimità fisica e rispetto, e imparato che è sempre lecito dire di no se non ti senti a tuo agio, che la situazione sia sessuale o anche semplicemente di gioco. Per la verità la cosa più difficile da spiegare ai miei figli non è stata di natura sessuale ma culturale: poiché sono cresciuti in una società prevalentemente laica, per loro le credenze religiose erano ben più misteriose del sesso. E nell'Olanda egualitaria, anche il concetto di classe risulta piuttosto alieno.

Con Ben mi è capitato di navigare in internet tra foto di uomini e donne nudi, dopo che una conversazione sulla fecondazione artificiale aveva portato a un dibattito sulle riviste pornografiche e, inevitabilmente, alla domanda su che aspetto avessero. A volte mi domando se non mi sia spinta un po' troppo oltre nella mia adesione all'approccio liberale e disinibito degli olandesi. A mio figlio mancano ancora un paio d'anni per diventare adolescente, ma le sue ultime domande sul tema comprendono: «Il sesso è divertente? E come? Che cosa fanno di preciso i gay? Come si fa a donare lo sperma? E in clinica ti domandano se preferisci le donne o gli uomini, per scegliere le riviste giuste da consegnarti? Come ti masturbavi da piccola?». Sono interrogatori come questo a farti desiderare di poter delegare ad altri il compito di chiarire i dubbi dei tuoi figli. Ed è qui che entra in scena la dottoressa Corrie, vera e propria istituzione della televisione olandese.

Il *Dokter Corrie Show* va in onda ogni domenica alle 18.15, ed è pensato per un pubblico tra i nove e i dodici anni. In un misto di commedia e documentario, la dottoressa (che ostenta un improbabile apparecchio ai denti) discute di sesso con adolescenti e celebrità, aiutandosi nelle spiegazioni con modellini anatomici, diagrammi e volontari. Ecco alcuni dei temi affrontati dal programma: erotismo, omosessualità, preservativi, pubertà, sesso e internet, innamoramento, consensualità, naturismo, masturbazioni e pomiciate. Ogni argomento viene affrontato nel dettaglio e con totale disinvoltura, in un tono che punta sia a intrattenere sia a informare i bambini, ma soprattutto a dotarli degli strumenti necessari a comportarsi in modo sensato. Ben e i suoi amici non si perdono una puntata, mentre Ina preferisce guardare altre trasmissioni, per esempio le partite di calcio. Semplicemente, non è ancora pronta per certe informazioni.

SESSO AL MUSEO

Questa settimana la scuola di Ben è chiusa per un corso di aggiornamento degli insegnanti, e un amico del suo gruppetto ha suggerito una visita al museo della scienza e della tecnica. Posto sopra il tunnel che permette al traffico di defluire dal centro di Amsterdam verso la periferia nord, il NEMO è un gigantesco centro scientifico per bambini improntato a interattività e sperimentazione. All'età di Ben io non avrei mai scelto una meta simile per una giornata di vacanza, o comunque non da sola, ma d'altra parte abitavo in aperta campagna, e a quel tempo certe istituzioni non erano pensate per l'infanzia. Invece mio figlio e i suoi amici sono abbastanza coraggiosi da avventurarsi in città per conto proprio, e al tempo stesso così adorabilmente nerd da voler visitare un museo.

E il NEMO è molto interattivo. Ti permette di entrare in una gigantesca bolla di sapone, di usare una leva idraulica per azionare un ascensore o di costruire un enorme circuito elettronico. Comprende anche «*Teen Facts*», una serie di sale dedicate agli adolescenti, in cui puoi simulare il bacio alla francese infilando la mano in un tubo di gomma contenuto in una cabina e chiedendo a un compagno sull'altro lato di fare lo stesso, o entrare in una sala costruita per assomigliare a un sex shop. Quando ho chiesto a Ben se pensavano di visitare anche quel settore, lui ha risposto: «Certo».

Al ritorno ho indagato un po', chiedendogli un parere sulla sala dedicata alla pubertà. «Oh, erano tutte cose che sapevo a memoria, mamma. Insomma, spiegavano cos'è una vulva!» L'esposizione più specificamente concentrata sul sesso lo ha lasciato perplesso. «Non ci è piaciuta. C'erano i preservativi, e quelli li avevo già visti, anche se solo in foto. Ma c'erano anche i vibratori. Che schifo!» Sembra quasi contrito quando ammette che il sex shop l'avevano superato di gran carriera. «Non ci interessava proprio. Credo sia pensato per ragazzini un po' più grandi di noi.»

È la prova che quando si soddisfa la loro naturale curiosità, i bambini sono in grado di assimilare senza problemi le informazioni adatte alla loro età, e di ignorare il resto. Se l'argomento non viene ammantato di segretezza, vergogna o imbarazzo, i piccoli sanno decidere da soli cosa e quanto vogliono sapere. Le ricerche indicano che i tabù portano a fissazioni sessuali e al complesso del «frutto proibito». E alcuni studi sembrano dimostrare che la necessità di masturbarsi di nascosto e in fretta e furia determini un condizionamento fisico che in età adulta può portare a problemi di eiaculazione precoce. Non proprio un esito auspicabile per tuo figlio.

Io sono anche convinta che non si debba insegnare ai bambini a vergognarsi del proprio corpo. Qui d'estate i piccoli giocano nudi per la strada, e ancora l'estate scorsa, a otto anni, Ina e il suo amico Tijn facevano il bagno insieme nella piscinetta gonfiabile. Era uno spettacolo vederli sguazzare in perfetta innocenza, e loro si divertivano come matti.

QUESTIONI DI GENERE

Non posso sostenere che i gusti e i passatempi dei miei figli siano tipici, nemmeno per l'Olanda. A tre anni, per esempio, al ritorno dall'asilo, Ben mi chiese di iscriverlo alla scuola di danza. Gliene aveva parlato un suo amichetto. Otto anni dopo, lui e quello stesso amico, Angus, si stanno preparando per l'esame Cecchetti di quarto livello in quella stessa scuola. Anche altri compagni hanno frequentato il corso. Uno di loro, Ernst, è diventato Ernesta ed è passato alla scuola di danza per bambine. Quanto sarebbe stata diversa la loro esperienza, se avessero vissuto nel mondo di Billy Elliot! La mia sorellastra inglese ha tre figlie, tutte e tre concorrenti di gare di ballo, e mi dice che i maschi sono sempre i benvenuti. In genere però tendono a rinunciare intorno ai nove anni, a suo avviso per effetto della cultura dominante. «Credo che siano soprattutto i padri a condizionarli. Preferiscono portarli agli allenamenti di calcio, e quelli che invece proseguono con la danza sono considerati "strani".»

Secondo alcune teorie, i gusti e le passioni dei bambini si sviluppano in contrasto con quelle dei fratelli. Forse per questo quattro anni fa mia figlia ha scelto di entrare in una squadra di calcio. Al momento è l'unica femmina. Mentre Ben è in sintonia con il suo lato femminile, Ina è sempre stata un maschiaccio. Anche a lei piace ballare, ma di imparare insieme alle bambine non ne voleva sapere, perciò la direzione l'ha accolta nel corso maschile (niente querele per discriminazione), finché il livello è diventato troppo impegnativo per lei, perché i compagni erano tutti più grandi.

Una questione oggi molto dibattuta nel mondo anglosassone è il marketing mirato in base al genere. Su entrambe le sponde dell'Atlantico è in corso un'infuocata e legittima contestazione della polarizzazione di giocattoli e abbigliamento, rigorosamente distinti in «rosa» e «azzurro»: il modello maschile sono i supereroi, quello femminile le principesse. In Inghilterra, i forum delle mamme sono pieni di animate discussioni sull'impatto negativo del modello «principessa», e della sua associazione a un'erotizzazione prematura. Nel 2010, un sito web ha lanciato la campagna «Lasciamo che le bambine siano bambine», per boicottare «la vendita di prodotti che ammiccano alla sessualità, la enfatizzano o la sfruttano». Target, la nota catena di negozi americana, ha annunciato nel 2015 la decisione di non etichettare più i suoi giocattoli in base al genere;[6] la notizia è stata accolta con entusiasmo e plauso da una parte, lamentele e resistenza dall'altra.

In un articolo pubblicato dal «Telegraph» nel 2007,[7] la giornalista Sarah Womack definiva «menomate» le bambine della nuova generazione, attribuendo a questa forma di marketing la responsabilità del posizionamento

[6] A. Pawlowski, *Target removing «gender-based signage» for kids after complaints from parents* [In seguito alle proteste, Target elimina la distinzione di genere dalle etichette], «Today», 10 agosto 2015, http://on.today.com/2txRPhE.

[7] Sarah Womack, *The generation of «damaged» girls* [La generazione delle bambine menomate], «The Telegraph», 20 febbraio 2007, http://bit.ly/2sIXlB3.

dell'Inghilterra nel primo studio sul benessere del bambino condotto dall'UNICEF, in cui il Paese risultava ultimo in classifica, e la sua infanzia «la più infelice e malsana nel mondo sviluppato». Anche l'Associazione psicologi americani (APA) ha infilato i guantoni, dichiarando che «il marketing improprio della società dei consumi sta portando all'erotizzazione dell'infanzia».[8] Eppure anche in Olanda esistono le precoci distinzioni di genere. Alle feste di carnevale non mancano certo damine e pirati, e i negozi di giocattoli hanno settori rosa o azzurro. Tuttavia i bambini olandesi più grandicelli non sembrano avere gusti tanto polarizzati in termini di giochi o vestiti, e decisamente non esibiscono segni di una sessualità prematura.

Io attribuisco la differenza all'assenza di maschilismo. Le olandesi sono troppo sicure e assertive per lasciarsi trasformare in bamboline sexy. La misoginia e la riduzione delle donne a oggetto sessuale non sono molto diffuse tra i *polder*. Adesso ogni volta che torno in Inghilterra resto colpita dalla quantità di trucco usato dalle inglesi. L'unica spiegazione possibile è che, a dispetto dei giocattoli rosa e azzurri, i modelli di genere olandesi siano più sani. Il Paese è popolato di donne forti e pragmatiche e di uomini che considerano i mestieri di casa, il bucato e l'accudimento dei figli come un aspetto naturale della mascolinità.

[8] Secondo la presidente della task force della APA, Eileen Zurbriggen, «l'erotizzazione delle bambine nei media di oggi è sensibile, ed è altamente probabile che influisca negativamente sul loro sviluppo. Come società, è nostro dovere sostituire tutte queste immagini erotizzate con altre di ambientazione positiva. Lo scopo dovrebbe essere trasmettere a tutti gli adolescenti – maschi e femmine – un messaggio in grado di favorire uno sviluppo sessuale sano», http://bbc.in/2sIXVie.

Il Gay Pride è da anni un evento pubblico di primissimo piano, e l'omofobia un fatto piuttosto raro. Il matrimonio omosessuale è legale dal 2001, come pure il diritto all'adozione e al riconoscimento della famiglia. Perciò i bambini sono esposti fin da piccoli all'intero spettro dei modelli di genere.

E durante il nostro incontro nella biblioteca di Amsterdam, ho scoperto che anche i figli di Roos Wouters sfidano gli stereotipi. «Ho un maschio femminile e una femmina mascolina» mi ha spiegato. «Da piccolo, il colore preferito di mio figlio era il rosa, e quando mi ha chiesto un pigiama rosa, io gliel'ho comprato senza esitazioni. Mentre mia figlia ha sempre scelto giochi come il meccano e le macchinine, e detesta gli orpelli da principessa. A undici anni indossa ancora abiti da maschio, ma si è lasciata crescere i capelli. I suoi coetanei hanno smesso di costringere maschi e femmine in compartimenti stagni, perciò lei sente meno l'esigenza di ribellarsi.»

Abbiamo discusso di come contrastare il condizionamento negativo degli abiti e dei giocattoli suddivisi per genere. Al liceo qui molti ragazzi indossano gioielli e abiti rosa e a fiori, e la gran parte delle ragazze porta i jeans e pochissimo trucco. Quindi, la risposta mi sembra una sola: dipende tutto dall'esempio degli adulti – nella fattispecie, i genitori olandesi, con la loro mentalità concreta, e i loro vestiti pratici.

13

Gli adolescenti olandesi non si ribellano

Michele pensa al futuro

Ben ha raggiunto l'età in cui tutti cominciano a complimentarsi su quant'è cresciuto. Zigomi e mento sono diventati più spigolosi, le spalle si sono allargate, e sebbene non conclamata, la sua pubertà è senz'altro imminente. Ben è anche autonomo e indipendente. Deve esserlo. Mentre ai bambini delle elementari si offrono varie forme di doposcuola,[1] dalle medie in poi è previsto che gli olandesi vadano a scuola in bici senza accompagnatori, e finiscano i compiti per conto loro, prima del ritorno dei genitori dal lavoro.

Negli anni a venire intendo tenere fede all'approccio rilassato adottato qui, ma mi domando se la tempesta ormonale dell'adolescenza porrà fine alla pace e alla tranquillità domestica. Di tanto in tanto, Ben ha già cominciato a mettere il muso: è evidente che la pubertà

[1] Come il nido, anche il doposcuola è sovvenzionato dallo Stato in funzione delle fasce di reddito.

incipiente sta condizionando i suoi umori. La domenica in particolare può rivelarsi problematica, perché la mancanza di una routine fissa tende a renderlo svogliato e suscettibile. Non so cosa aspettarmi in futuro, perciò mi preoccupo. In ogni caso, sono decisa a mantenere con lui un dialogo aperto. Voglio che mio figlio continui a confidarsi con me, come ha sempre fatto.

Finora la mia esperienza con gli adolescenti olandesi è stata positiva al 100 per cento. I tre figli di mia cognata – due maschi e una femmina – hanno dieci anni più dei miei, e non li ho mai visti comportarsi in modo sgradevole, maleducato o impacciato in presenza degli adulti. Il loro atteggiamento è sempre aperto e socievole, mai imbronciato, aggressivo o scontroso. Idem per le nostre babysitter, tutte adolescenti adorabili, e per il quindicenne che ci consegna il giornale, che ogni mattina ci rivolge un saluto sorridente e garbato.

Come devo comportarmi per garantire che Ben diventi un adolescente gentile e amichevole quanto i suoi coetanei olandesi? Loro sono abbastanza sicuri di sé da scegliere abiti *cool* ma decisamente non sexy, e non sembrano sentire il bisogno di contestare gli adulti da mattina a sera. Basterà la cultura in cui è immerso a compiere il miracolo? Di certo gli adolescenti che incontro qui non somigliano neanche lontanamente ai ragazzini erotizzati e discinti che vedo in Inghilterra. Io non sono contraria alle uniformi scolastiche, ma ho notato che gli studenti inglesi costretti a indossarle tendono per reazione ad affermare la propria identità in modi estremi. Una tecnica che avevo adottato anch'io da ragazzina, vestendomi di nero da capo a piedi, con borchie, spille da balia e trucco stracarico (una mise piuttosto ridicola per una quattordicenne). In Olanda non esistono le divise scolastiche, ma i ragazzini portano comunque l'uniforme: jeans e scarpe da tennis. E Ben sostiene che nessun compagno di scuola è mai stato vittima di bullismo per il suo abbigliamento.

Quando ho portato a mia madre la nuova foto di classe di Ben, lei ha sgranato gli occhi. Si aspettava di vederlo in divisa. Poi ha cercato di contare i maschi e le femmine, ma non riusciva a distinguerli: nella gran parte dei casi, acconciatura e abiti erano identici. A quanto pare, se insegni ai tuoi figli a pedalare e vestirsi da soli, imparano anche a prediligere scelte pratiche. Forse in mancanza di una divisa scolastica non si sentono tenuti ad affermare la propria individualità: non hanno niente da dimostrare. O magari in una società tollerante e aperta, gli adolescenti non hanno bisogno di esprimere la propria sessualità con una segnaletica eccessiva o provocante? Dunque, meno regole uguale meno ribellione? Non lo so ma, almeno visti da fuori, gli adolescenti olandesi non hanno proprio l'aria di essere dei contestatari.

E nemmeno gli adulti. Gli olandesi sono notoriamente prudenti. L'assennatezza equivale a maggiore felicità? E il conformismo ad appagamento? O forse il rapporto di causa-effetto è inverso: sono felici, quindi non hanno bisogno di violare le regole. Possibile che siano tanto equilibrati e immuni alle passioni? Di certo godono di una reputazione analoga a quella tedesca e scandinava, e all'opposto dei popoli mediterranei, considerati più impetuosi. Poi però mi vengono in mente i fiumi di birra, gli eccessi del carnevale nell'Olanda meridionale, e il tifo sfrenato negli stadi da calcio. No, decisamente gli olandesi non sono sempre sobri e razionali.

Simon Kuper ha scritto un articolo illuminante sul

«Financial Times», confrontando lo stile educativo dei genitori olandesi e americani rispetto agli adolescenti. Spiega che i primi creano «zone di ordine», in cui la sperimentazione è tollerata ma monitorata e contenuta. L'esempio più lampante è il permesso di fare sesso in casa: «I genitori olandesi affrontano la sessualità dei figli così come la società olandese in generale tratta la droga o la prostituzione: la autorizzano, ma stabilendo luoghi e regole appropriati». Gli americani, per contro, cercano di imporsi punendo le trasgressioni. Di conseguenza, i comportamenti socialmente inaccettabili come l'uso di droghe illegali o la promiscuità diventano clandestini, e più allettanti per gli adolescenti proprio in quanto proibiti. In sostanza si crea un circolo vizioso. «L'Olanda ha fatto l'impossibile per far apparire banali il sesso precoce e le droghe» scrive Kuper. «È un esperimento che consiglio ai conservatori americani.»

Mi è capitato di discutere l'adolescenza olandese durante uno dei miei frequenti incontri con un paio di colleghe traduttrici e connazionali immigrate qui. Il tema era sorto dallo sbalordimento di una di loro alla vista di una coppia madre e figlia adolescente che camminava per strada tenendosi per mano. L'altra ha commentato su quant'è diversa la situazione inglese, in cui a suo avviso i bambini sono tenuti nella bambagia fino ai dodici anni, e poi abbandonati a se stessi. «A partire da quell'età, tendono a distanziarsi il più possibile dai genitori» ha aggiunto. Se ripenso alla mia adolescenza, ricordo che mia madre mi aveva lasciato campo libero – ma con un intero manuale di regole in tasca. Regole non negoziabili. E ricordo che tutti noi consideravamo gli adulti come il nemico. «Qui invece gli adolescenti sono ben contenti di passare del tempo con i genitori, e persino di andare in vacanza con loro.» Quell'osservazione mi colpì molto. Da ragazzina, vedevo le vacanze di famiglia come un incubo, e mi rifiutai categoricamente di parteciparvi dai quindici anni in poi.

Sfogliando i giornali, il weekend scorso, sono rimasta incantata da un inserto pubblicitario della BMW con protagonista una famiglia olandese: genitori e tre figli, tutti biondi, e con il maggiore che svettava già di una spanna rispetto al padre. Le foto li raffiguravano insieme al ristorante, a giocare a bocce e in viaggio in auto. Certo, era la proiezione di un ideale, ma resta il fatto che l'ideale prevedeva la piena partecipazione dei teenager alla vita di famiglia. Con questo, non sempre il sogno corrisponde alla realtà. Anche i genitori olandesi si lamentano dei figli adolescenti, e per gli stessi comportamenti dei loro pari ovunque nel mondo. Ecco un tweet della giornalista Sylvia Witteman:

> 19.02, 11 luglio 2014. *Ik heb hier een stel pubers in huis die al dagenlang het begrip «lamlendigheid» haarscherp in kaart brengen.*[2]

La documentarista anglo-olandese Sunny Bergman tiene un blog in cui racconta le sue disavventure con i figli. Li ha cresciuti a colpi di alimentazione senza zuccheri, libri di Astrid Lindgren e profonde conversazioni filosofiche, e adesso se li ritrova drogati di video idioti e musica smielata su YouTube:

[2] 19.02, 11 luglio 2014. I teenager di casa stanno elevando ad arte il concetto di indolenza.

> Un messaggio a tutti i genitori con bambini piccoli: potete impegnarvi con tutta l'anima, ma i vostri sforzi rischiano comunque di rivelarsi vani... Di punto in bianco quei pargoli da favola diventano adolescenti, si stravaccano sul divano e si incollano a uno schermo. Accendono il cellulare con la scusa di chiedere i compiti al gruppo su WhatsApp, e poi passano il pomeriggio a guardare video-blogger non stop.[3]

Bergman racconta alcune delle attività predilette dei video-blogger: farsi il bagno nella Coca-Cola, ustionarsi i polsi con il deodorante o procurarsi il vomito con banane e Sprite. Tutte trovate d'ingegno tipiche dei ragazzini inglesi, e per me è quasi un sollievo scoprire che almeno tra le quattro mura di casa i teenager olandesi sono mine vaganti come tutti gli altri. Resta però da spiegarne l'impeccabile comportamento in pubblico. E poi, come riescono i genitori olandesi a conservare un rapporto tanto stretto con loro? Il segreto è nella tolleranza? Decido di indagare.

Ma le prime indicazioni che ricevo non le ho sollecitate io. Tra i dieci e gli undici anni, tutti i bambini olandesi vengono convocati dall'ambulatorio pediatrico del quartiere per una visita di controllo e una verifica della crescita. Ben ha quasi undici anni quando arriva il suo turno. Noi ci presentiamo puntuali all'appuntamento, solo per ritrovarci parcheggiati per ore in sala d'attesa. L'infermiera è una signora anziana, e indossa il genere di camicione multicolore che io associo ai negozi hippie di abiti indiani e incensi. Non impiego

[3] https://www.vpro.nl/.

molto a capire il motivo della lungaggine: la signora ama chiacchierare, e quando infine chiama Ben intavola una conversazione dettagliata sui suoi hobby e passatempi. Io e mio figlio ci scambiamo occhiate perplesse: nessuno dei due riesce a capire se il preambolo sia solo un tentativo di metterlo a suo agio o una sorta di test psicologico.

Dopodiché lo pesa e misura la sua altezza. A scuola questa visita è attesa con particolare trepidazione, perché comprende una previsione sulla statura futura. Ben risulta conforme alla media olandese, e da adulto dovrebbe raggiungere il metro e ottantaquattro. Non male per un ragazzino olandese solo al 12,5 per cento (nonni paterni: olandese-tedesco e ungherese; nonni materni: inglesi). Forse c'è davvero qualcosa nel latte. Infine, in tono plateale, l'infermiera domanda: «Sai cosa ti aspetta adesso, vero?». Ben la guarda preoccupato. Che cosa significa? Gli toccheranno altre vaccinazioni?

Lei ruota sulla poltroncina, apre un armadietto alle sue spalle, ne estrae un libretto e lo consegna a Ben. Il titolo recita a grandi lettere rosse: *PUBERTÀ*.

«Proprio così! Stai per entrare nella pubertà!» esclama lei, come se stesse annunciando una festa a sorpresa.

Sollevato, Ben mi allunga il libretto, insieme a una brochure che illustra lo sviluppo dei genitali. Sembra molto più orgoglioso della scheda con la scritta: STATURA PREVISTA: 1,84 CM. Più tardi, quando la volto sul retro, trovo di nuovo la dicitura *PUBERTÀ*, stampata a caratteri cubitali. Casomai qualcuno l'avesse dimenticato.

Ecco il testo sul frontespizio:

> Cari genitori,
> vostro figlio ha raggiunto la pubertà. Durante questa fase dello sviluppo, i bambini acquisiscono una nuova identità, e diventano adulti. La loro crescita non è soltanto fisica ma anche emotiva e mentale. [...] Alcuni genitori lo considerano un periodo difficile, ma per vostro figlio è importante che continuiate a dimostrare interesse per il suo mondo e a dargli tutto il vostro sostegno.

Nelle pagine successive trovo una miriade di informazioni utili e di cui ero completamente ignara. Scopro, per esempio, che il bulbo oculare ha scatti accelerati di crescita, provocando dolori agli occhi e cefalee, o che adesso anche gli adolescenti maschi, e non solo le femmine, si radono il pube. (Voglio proprio vedere come reagirà Ben alla sua prima ceretta.) Ci sono consigli su quando giustificare un'assenza da scuola: sì in presenza di febbre (dai 38 gradi a salire), no nel caso di un semplice mal di stomaco o mal di testa. Con questi sintomi, il bambino sarà più a suo agio a scuola, almeno secondo l'ente sanitario.

La guida raccomanda ai genitori di non commentare sugli abiti eccentrici dei figli, pena incoraggiarli a sottolineare la propria autonomia con scelte ancora più estreme (vedi il mio caso a quattordici anni). Il consiglio di evitare conflitti a muso duro mi ricorda l'osservazione dei miei amici Heleen e Thomas sull'aggiramento della parola «no» tipico degli olandesi. La guida cita anche l'importanza del buon esempio. Gli adolescenti si accorgono subito se predichi bene e razzoli male. «Anche i genitori sono esseri umani, perciò è naturale che commettano errori. In generale, però, devono impegnarsi a dare il buon esempio, altrimenti rischiano di parlare a vuoto. E, cosa ancora più importante, le norme che avete rispettato anche voi resteranno impresse nei vostri figli per il resto della vita.»[4]

Si consiglia anche di incoraggiare una buona igiene. Temo che con Ben si sia già arrivati a quel punto. Di colpo sembra diventato allergico all'acqua. E in merito allo sviluppo emotivo: «I giovani hanno la possibilità di svilupparsi in modo emotivamente equilibrato se i genitori nutrono aspettative chiare e realistiche nei loro confronti, e ne rispettano l'indipendenza».[5] Fin qui, niente da eccepire.

I genitori devono avere fiducia nei figli:

> Ora non avrà più bisogno tanto spesso del vostro permesso. Ma ricordate che la stragrande maggioranza degli adolescenti non frequenta cattive compagnie, non fa uso di droga e non risponde male. Al contrario, in genere sono felici di passare tempo in famiglia e amano i loro genitori. La ricerca scientifica lo dimostra. Il gap generazionale è meno profondo di quanto pensiate.

È vero che i rapporti genitori-figli qui sono spesso ottimi. Nella sezione appagamento di vita del rapporto UNICEF del 2013, i ricercatori affermano che gli olandesi indicavano i buoni rapporti famigliari come principale fattore del senso soggettivo di benessere, mentre in Francia, per esempio, un adolescente su quattro lamentava difficoltà di comunicazione con i genitori.

[4] *Groeigids Puberteit* [Guida alla pubertà], a cura dell'Ente sanitario nazionale GGGD, p. 53, http://bit.ly/2sJnW17.

[5] *Ibidem*, p. 36.

Certo, anche in Olanda le nuove generazioni si sono scontrate con quelle più vecchie e severe – con la rivoluzione giovanile degli anni Sessanta, per esempio – ma oggi il conflitto intergenerazionale è pressoché azzerato. La società è meno autoritaria e la vita famigliare più democratica. Di fatto non c'è niente a cui ribellarsi.

FIDUCIA

Decido di confrontare la teoria con la pratica. Il mio primo referente, come al solito, è mia cognata Sabine. Il suo consiglio principale in merito all'educazione degli adolescenti è il seguente: «Sono ancora convinta che la cosa più importante sia continuare a tenere aperte le comunicazioni, e insistere sulle conseguenze di alcuni comportamenti, come l'abuso di droga, alcol o social network. Bisogna fidarsi di loro e, soprattutto, dimostrare quant'è importante non spingere i genitori a perdere la fiducia».

Le ricerche indicano nei rapporti di fiducia un fattore essenziale per la felicità e, secondo Sabine, con i figli bisogna coltivarla fin da piccoli. Con gli anni diventano più indipendenti, per esempio chiedendo di andare a scuola da soli. Per formarli all'autonomia, i genitori devono fare un passo indietro, contando che i ragazzi siano già abbastanza sensati da non esporsi a rischi inutili e da evitare comportamenti incoscienti, e che sappiano assumersi la responsabilità per le proprie azioni e la propria sicurezza. Il grado di fiducia cresce insieme a loro: più diventano grandi, più bisogna lasciarli andare.

Chiedo a Sabine quali regole aveva stabilito per i suoi figli durante l'adolescenza. Ai suoi occhi, la più importante era il divieto all'uso di televisione, tablet e cellulare prima delle cinque del pomeriggio. A suo avviso questa prassi li ha incoraggiati a dedicare più tempo alle attività all'aperto e allo studio. «E poi, diciamo la verità, un po' di noia non ha mai ammazzato nessuno!» Nessun coprifuoco particolare – che variava in funzione delle attività –, ma con l'intesa di rientrare in tempo per la cena delle sei.

In linea di massima gli olandesi ritengono che le regole vadano discusse con i figli, e stabilite di concerto. Il dialogo è cruciale. Negli anni Sessanta la rivoluzione giovanile spalancò le porte a un'era di permissivismo e antiautoritarismo, ma quel ciclo sembra tramontato, e oggi si tende a fissare più limiti ma sempre di comune accordo. In *Opvoeden in een verwenmaatschappij* (L'educazione nella società della bambagia), Marijke Bisschop sostiene che la mancanza di regole genera figli viziati, e molti esperti di pedagogia sono d'accordo con lei.

A suo avviso, i bambini vanno educati all'indipendenza, all'autonomia e all'assunzione di responsabilità. Gli adolescenti devono imparare a superare le difficoltà da soli, e ad affrontare le conseguenze del proprio comportamento. È essenziale non abituarsi ad attribuire sempre agli altri l'origine dei propri problemi: magari la causa sei tu, e se vuoi che le cose cambino devi cominciare cambiando te stesso. La Bisschop osserva anche che molti genitori impongono standard troppo alti. Le aspettative devono essere realistiche. L'iperprotettività o l'eccesso di pressioni, la sorveglianza costante e i troppi impegni rischiano di rendere i ragazzi insicuri, deboli, capricciosi, inetti, dipendenti, indecisi, viziati, frustrati, intolleranti, scontenti, infelici, vulnerabili e irrispettosi!

Tra i vari consigli pratici, trovo la raccomandazione di non aiutare i figli adolescenti a cercare un oggetto che hanno perso, e di non rimpiazzarlo. Mi riprometto di provarci. Se Ben perde il cellulare, lascerò che ne senta la mancanza. Se intervengo sempre per risolvere i guai in cui si è cacciato con le sue stesse mani, non imparerà mai ad assumersi la responsabilità delle sue azioni. L'occasione di sperimentare il nuovo regime si presenta poco tempo dopo, quando Ben mi telefona da scuola: per la terza volta ha perso la chiave del lucchetto della bici. Gli rispondo che sono troppo impegnata sul lavoro per andare a prenderlo, e che è compito suo accertarsi che la bicicletta non venga rubata. La sua soluzione è quasi eroica: non potendo aprire il lucchetto, decide di caricarsi la bici in spalla. Di fatto però finisce per trascinarla, con il risultato di forare una gomma. La bicicletta resta dal meccanico per due giorni. La chiave viene ritrovata una settimana dopo. La riparazione della gomma gli costa tre mesi di paghetta.

La Bisschop suggerisce anche un altro sistema per sviluppare il senso di responsabilità: lasciare che i figli organizzino da soli le proprie uscite. E propone alcune regole di base per ridurre al minimo il caos della stanza, regole che decido di implementare seduta stante, con qualche ritocco in funzione delle nostre esigenze specifiche.

Ben trae soddisfazione dal nuovo regime, che lo fa sentire padrone dei suoi spazi. Purtroppo devo ancora insistere per ricordargli di spegnere la luce e aprire le tende. Se dipendesse da lui, la stanza sarebbe sempre sigillata e illuminata con l'elettricità. Forse è diventato un vampiro. Il pavimento è ancora ingombro di vestiti per gran parte della settimana, ma – con mia enorme sorpresa – nel weekend Ben si ricorda da solo di metterli nel cesto della biancheria da lavare. La *Guida alla pubertà* usa proprio l'esempio dell'ordine in camera per illustrare un'altra raccomandazione: non diluire gli effetti positivi di un complimento con il ritornello: «Quanto vorrei che ti comportassi sempre così!». Non c'è che dire: gli esperti della sanità olandese conoscono i genitori come le proprie tasche.

Regole domestiche per teenager

- Niente avanzi di cibo, piatti sporchi, lattine o bottiglie nella stanza.
- Niente vestiti per terra.
- Gli abiti da lavare vanno messi nella cesta del bucato almeno una volta la settimana.
- La porta va tenuta chiusa (così i genitori non vedono il casino).
- Gli asciugamani umidi vanno stesi ad asciugare.

LO SVILUPPO DEL CERVELLO ADOLESCENTE

Durante la serata di presentazione della nuova scuola, faccio conoscenza con la rappresentante di classe di Ben, la signorina Lydwin. Ben me l'ha descritta come una rock star: non soltanto ha il piercing, ma in passato suonava in un gruppo metal, e per giunta insegna astronomia. Al confronto mi sento decrepita e polverosa. Di persona, Lydwin è davvero una ragazza giovane, con un'aria trendy e simpatica. Parla al gruppo dei genitori della transizione tra elementari e medie, spiegandoci che i nostri figli stanno per entrare in un nuovo mondo, con standard diversi rispetto al passato. La differenza principale sono i compiti, e ci invita a prestare attenzione al tempo che i nostri figli dedicano allo studio. In linea di massima, dice che dovrebbero bastare tre quarti d'ora al giorno: se un bambino impiega di più, è il segnale che non sta pianificando nel modo corretto gli impegni della settimana (e in quel caso, la scuola gli offrirà un aiuto per organizzarsi meglio). Sottolinea con forza che lo svolgimento dei compiti non dovrebbe penalizzare gli allenamenti sportivi, gli hobby o le attività ricreative.

Con cadenza regolare, gli allievi affronteranno test suddivisi in due categorie: conoscenza teorica e applicazione pratica. Sono ambiti che richiedono competenze differenti. Fino ai tredici anni circa, il cervello di un bambino sta ancora sviluppando la capacità di mettere in pratica le conoscenze, quindi alcuni potrebbero non essere ancora abbastanza maturi. «Per la scuola è importante poter identificare i bambini in difficoltà, così da poter offrire un aiuto mirato» precisa. Trovo rassicurante l'ipotesi di un sostegno, invece degli scenari da «se non ce la fai, peggio per te» tipici dei *gymnasia* olandesi più tradizionali. E a proposito dello sviluppo intellettuale, Lydwin ci consiglia un libro molto influente, *Nella testa degli adolescenti* di Eveline Crone (Feltrinelli, Milano 2015), cui si attribuisce il merito di aver rivoluzionato la visione olandese dei teenager. L'insegnante lo definisce illuminante sui moventi, i limiti e le capacità dei nostri figli a quest'età.

La settimana successiva, vado in bici in biblioteca e chiedo il titolo in prestito. Non è tanto un manuale di educazione quanto un trattato sullo sviluppo neurologico del cervello adolescente. Eveline Crone insegna Psicologia evolutiva e dell'educazione all'Università di Leida, e il suo libro è un po' tecnico, ma cercherò di riassumerne gli aspetti principali.

Durante l'adolescenza, i rapporti con gli amici assumono un'importanza prioritaria, con un aumento conseguente delle pressioni tra coetanei e dell'impulso a conformarsi. Allo stesso tempo, gli ormoni stanno ingranando la quarta, attivando i recettori nel cervello, perciò le emozioni sono elevate all'ennesima potenza (pensate a Romeo e Giulietta).

I tipici comportamenti «adolescenziali» dipendono dal fatto che non tutte le regioni del cervello maturano in contemporanea. Le funzioni di pensiero sociale e razionale sono i gregari, mentre il centro del piacere guida la volata. Per questo gli adolescenti perseguono comportamenti adrenalinici senza riflettere sulle conseguenze. Gli adulti hanno un sesto senso per le situazioni di rischio, un riflesso condizionato appreso dalle esperienze precedenti, mentre gli adolescenti devono soppesare i pro e i contro prima di trarre una conclusione sensata, e tendono a concentrarsi più sugli esiti positivi. Per intenderci: un adulto respingerebbe d'istinto la proposta: «Facciamo un bel tuffo con gli squali». Un adolescente invece pensa: «D'accordo, è pericoloso... però anche interessante, divertente... fico!».

I giovani riescono a calcolare i rischi quando la situazione li lascia emotivamente freddi, ma se appena sollecita il centro del piacere, non riescono più a distinguere le possibili conseguenze delle loro azioni. La Crone illustra il concetto con l'esempio di una ragazza che esce con i soldi che le ha dato la madre per comprare un cappotto invernale, e poi li spende per farsi un tatuaggio.

La parte del cervello responsabile dei comportamenti a rischio o azzardati è iperattiva negli adolescenti, e li spinge a cimentarsi in ogni sorta di imprese sportive, come le acrobazie con il surf o lo skateboard. I neuroni specchio (un tipo particolare di cellule nervose) permettono loro di imparare semplicemente osservando gli altri: a un ragazzino basta guardare un compagno per emulare una sequenza complessa di passi di danza (un talento che da adulti si perde).[6] Di solito anche la predisposizione per la musica emerge a quest'età (ma i bambini prodigio come Mozart sono rarissimi, precisa la Crone). Il pensiero creativo e flessibile sono attributi positivi del cervello adolescente, come pure il talento matematico. Gli adolescenti sono portati per natura a pensare fuori dagli schemi.

Negli esperimenti in cui si simulava la situazione di un casinò, gli adolescenti tendevano a optare in favore di una piccola probabilità di grossa vincita invece di una probabilità più alta ma con un guadagno inferiore. Si dimostravano più felici degli adulti quando vincevano, e meno abbattuti quando perdevano.[7] La ricerca ha rivelato

[6] Eveline Crone, *Het puberende brein*, Uitgeverij Bert Bakker, Amsterdam 2008, p. 160 [trad. it. *Nella testa degli adolescenti*, Feltrinelli, Milano 2015].

[7] *Ibidem*, pp. 112-13.

anche che prendono decisioni migliori quando la situazione viene presentata nel modo più semplice possibile. Secondo la Crone, «non ha alcun senso spiegare a un adolescente tutti i rischi potenziali di un'azione. Molto meglio dirgli che non sarebbe una buona idea, punto».[8]

Nei test somministrati all'Università di Leida, «i giovani evidenziavano minore attività cerebrale rispetto agli adulti dopo un feedback negativo, e un'attività cerebrale più spiccata dopo un feedback positivo. A quanto pare, il cervello di un adolescente si alimenta di incoraggiamenti e conferme, mentre trae poco vantaggio da punizioni e critiche».[9] Un'altra dimostrazione dell'efficacia del rinforzo positivo. Gli olandesi ne hanno fatta una prassi, e infilano un complimento in ogni conversazione con i figli.

Un'ultima cosa: non date di matto se vostro figlio fa le ore piccole e poi fatica ad alzarsi la mattina. Il problema è fisiologico. Il rilascio di melatonina nel cervello adolescente è più lento, perciò la difficoltà ad addormentarsi la sera è reale. Al tempo stesso, però, il cervello ha bisogno di molto riposo per svilupparsi, e questo può determinare un deficit di sonno cronico, che a sua volta aggrava i problemi comportamentali. Il consiglio della Crone è di lasciare che i ragazzi dormano più a lungo nel weekend e durante le vacanze. La loro non è pigrizia. Hanno davvero bisogno di sonno extra per crescere. L'Olanda ha recepito il messaggio. Negli ultimi tempi è stata avanzata la proposta di rimandare l'orario d'inizio delle lezioni nelle scuole secondarie, affinché i teenager abbiano tutto il riposo necessario e siano più lucidi nel corso della giornata.

[8] *Ibidem*, p. 116.
[9] *Ibidem*, p. 68.

Teenager e sonno

- I cambiamenti fisiologici fanno sì che gli adolescenti tendano ad addormentarsi e svegliarsi più tardi.
- Il rilascio di melatonina nel cervello è più lento, quindi la sonnolenza si presenta solo intorno alle 23.00.
- Il fabbisogno di sonno è di otto ore per notte, e a volte oltre, durante i periodi di crescita più accelerata.
- Gli adolescenti tendono ad avere cicli di sonno irregolari durante la settimana, con un conseguente scompenso del ciclo circadiano.[10]
- Il deficit di sonno condiziona negativamente il rendimento scolastico e può causare depressione ed esacerbare gli sbalzi umorali.

Come aiutare gli adolescenti a migliorare i cicli di sonno:

- Spiegare loro i cambiamenti fisiologici in atto.
- Permettere che dormano più a lungo nel weekend e durante le vacanze.
- Vietare i videogiochi, l'uso di smartphone o tablet un'ora prima di coricarsi, perché l'esposizione agli schermi elettronici influisce sul rilascio di melatonina. Suggerite loro di leggere un libro.
- Incoraggiate i vostri figli a praticare uno sport, perché l'attività fisica contribuisce a un sonno migliore.

Parlando con un'ex collega, vengo a sapere di un allarme particolarmente sentito in Inghilterra, quello che

[10] National Sleep Foundation, *Teens and sleep* [Gli adolescenti e il sonno], http://bit.ly/1X34u5z.

lei definisce «catastrofe da social network». La figliastra quattordicenne ha stretto amicizie online con una sfilza di personaggi discutibili, compresi tossici e un tizio al momento agli arresti domiciliari. Le domando se la scuola ha affrontato l'argomento con gli studenti, e lei risponde che in classe gli insegnanti hanno discusso dell'uso improprio di internet, e proiettato un paio di film sul tema, ma che non è servito a niente. Il problema non è che i ragazzi non siano al corrente dei rischi: il guaio è che sono convinti che a loro non possa succedere niente. Una compagna di classe della figlia sta addirittura organizzando un appuntamento con un uomo adulto, che le ha promesso in regalo un paio di sneaker costose. «Non si rende proprio conto del pericolo» dice la mia amica. «È convinta di saper gestire la situazione.»

Non dubito che cose simili accadano anche in Olanda, ma mi domando se l'abitudine all'indipendenza e all'assertività renda i ragazzi meno inclini a lasciarsi irretire. Chiedo a vari genitori olandesi se sorveglino l'uso di internet dei loro figli, e quanto li considerino vulnerabili. In gran parte rispondono di non ritenere i propri figli particolarmente a rischio. Si fidano di loro, e contano che si comportino in modo sensato nelle amicizie online e che rispettino certe regole, per esempio quella di non fornire mai il proprio indirizzo o numero di telefono. Annemarie, la mamma di un amico di Ben, ha quattro figli, compresa una ragazza di tredici anni. «Per carattere non sono una persona ansiosa» dice quando le domando del suo rapporto con la figlia. «E lei non è un'ingenua, perciò posso fidarmi. Quando mi capita di accennare a questioni come i selfie sexy sui social network, lei mi guarda allibita, come a dire: "Mica sono scema!".» Poi aggiunge un'osservazione interessante:

«A volte ho l'impressione che le persone con meno figli siano più protettive. Io ne ho quattro e per giunta lavoro, quindi devo concentrarmi sulle soluzioni più pratiche».

Mia cognata Sabine dice che la figlia non le ha mai dato preoccupazioni. Le regole in casa erano chiare: informare sempre la madre di dove andassero, rientrare all'orario concordato, non passare ore di fila incollati ai videogiochi, e così via. Sul fronte delle droghe pesanti, la scuola offriva tutte le informazioni necessarie, e a casa ne hanno sempre parlato liberamente. Un'altra mia amica, che abita a Rotterdam, mi dice che la figlia tredicenne ha tenuto lei stessa una presentazione di sensibilizzazione sulla droga a scuola. È un tema molto popolare per gli *spreekbeurten* olandesi (le esercitazioni di discorso in pubblico), ed esistono persino siti web che insegnano a organizzare conferenze sull'argomento.

Ora che sono più grandi, i due figli maggiori di Sabine dicono di aver capito il valore delle regole stabilite in casa. «A volte ho l'impressione che si debba proteggerli da loro stessi» commenta lei. «In passato doveva essere più facile, quando c'era meno televisione e internet e i cellulari non esistevano ancora.» Come ogni genitore, Sabine si è impegnata a limitare l'uso di dispositivi elettronici e a incoraggiare i figli a passare più tempo all'aperto. Metà del giardino di casa è occupato da un trampolino, e i miei nipoti si divertono ancora adesso a saltarci.

INDIPENDENZA

Consulto una vicina di casa, Tessa, la sorella maggiore della mia amica Arwen e produttrice di film per bambini.

Ha due figlie di quindici e diciassette anni, che frequentano l'equivalente del classico in un popolare liceo del centro di Amsterdam. La famiglia abita in una bellissima casa sulla sponda del canale, con la vernice azzurra del rivestimento di legno un po' scrostata dall'umidità. Tessa si dice fortunata di avere due figlie abbastanza responsabili e sensate da non darle grandi preoccupazioni (il risultato di un'educazione ragionevole e precoce). Da sempre, Tessa ha adottato il sistema di allentare progressivamente il «guinzaglio», dosando il proprio bisogno di «guidare, limitare o restringere la libertà» delle ragazze. «Perché» spiega «lasciarle andare significa accettare la possibilità che qualcosa possa andare storto.»

Adesso entrambe le figlie sono molto indipendenti, e Tessa dice che con gli adolescenti l'eccesso di consigli non richiesti è controproducente: molto meglio aiutarli a pensare con la loro testa. Nel suo caso non sono mai sorte difficoltà con i videogiochi o i social network, così le chiedo qual è stato il suo approccio rispetto ad alcol e droga. (In Olanda l'età legale per il consumo di alcolici e cannabis è diciotto anni, e per entrare in un coffee shop è obbligatorio mostrare un documento di identità.) «Credo sia meglio non proibire niente per principio» risponde lei. «Le mie figlie non bevono superalcolici, ma di tanto in tanto con gli amici si concedono un bicchiere di vino o una birra. Gli spinelli non li ritengo tanto dannosi, e so che li hanno provati. In alcune delle loro cerchie sono comportamenti rituali, ed è naturale che loro vogliano sentirsi parte del gruppo. Mi sembra più importante insegnare ai ragazzi a compiere scelte consapevoli, e a conoscere i propri limiti. Dopodiché, puoi fidarti di loro. E nel mio caso, finora è andato tutto bene.»

Mi piace il suo approccio liberale, e ne capisco l'attrattiva per gli adolescenti. Come Sabine, anche Tessa e suo marito stabiliscono le regole di comune accordo con le figlie, oppure le fissano di volta in volta (per esempio il coprifuoco in funzione dell'attività specifica). E il fatto di riunirsi ogni giorno a colazione e a cena offre ampie opportunità di informarsi dei loro programmi. Per la sua famiglia – come per molte altre, in Olanda – la prassi di sedersi intorno a un tavolo è fondamentale.

E sempre come Sabine, anche Tessa ha vietato l'uso dei dispositivi elettronici prima delle 17.30, e non controlla i compiti delle figlie: è inteso che se la sbrighino per conto loro. È un aspetto che mi sembra essenziale. Un amico inglese che vive qui ha sempre aiutato la figlia con i compiti, con il risultato che a diciotto anni la ragazza non ha ancora imparato a studiare da sola, ed esige un sostegno e un supporto costanti. Io di certo non vorrei trovarmi in una situazione simile, e mi domando come potrà cavarsela la ragazza all'università. Abituati a contare sempre sull'aiuto dei genitori, i figli non studiano più se non sei tu a implorarli o assillarli, e in fondo hanno ragione: nessuno ha insegnato loro che la scuola è una loro responsabilità.

Domando a Tessa se ha qualche rimpianto. «Se potessi tornare indietro, insegnerei prima alle mie ragazze ad aiutare in casa, così adesso lo farebbero di propria iniziativa. Ma nessuno è perfetto!»

PAURA DEL FALLIMENTO

Ovunque nel mondo, l'adolescenza è un periodo di esplorazione e di scoperta identitaria. I genitori olandesi ne tengono conto, e affrontano le sperimentazioni dei figli in modo calmo e ragionevole. Cercano di evitare i conflitti e semmai tendono a offrire un sostegno. Gli adolescenti possono anche apparire sicuri fino all'arroganza, e dare l'impressione di non volere alcun aiuto, ma spesso è solo una maschera per nascondere timori e insicurezze.

In Olanda si parla molto di paura del fallimento, tanto che esiste un termine specifico: *faalangst*. Sul fronte scolastico non mi pare che gli studenti subiscano pressioni tali da provocare angoscia, tuttavia si presta una grande attenzione a cogliere per tempo i problemi specifici che possono intralciare il rendimento, dalla dislessia alla sindrome da deficit di attenzione e iperattività (ADHD) alla semplice ansia da prestazione (a dispetto del clima poco competitivo). È raro che un allievo delle elementari venga bocciato, ma dalle medie in poi un risultato insufficiente agli esami può significare dover ripetere l'anno, oppure venire trasferiti a un indirizzo meno impegnativo, con la conseguenza di doversi separare dagli amici. Le scuole però sono sempre pronte a dare una mano. Molte offrono programmi di supporto per i bambini che soffrono di *faalangst*. Di certo a me avrebbero fatto comodo.

Non ho l'impressione che le scuole inglesi prendano molto sul serio questo tipo di disturbo, anche se mia madre, che è consulente di sostegno, dice che in tempi recenti si avvertono segnali del contrario. «C'è una maggiore consapevolezza, per l'attenzione mediatica ad alcuni casi di suicidi di studenti molto brillanti» mi spiega. «Perciò anche qui si comincia a discutere del modo migliore di potenziare la resilienza.» La convinco a sollevare la questione della gestione dello stress scolastico con la preside della scuola locale, e a indagare un po' per mio conto. Ecco la sua risposta: «Nessuna delle secondarie che ho contattato propone corsi o lezioni di gestione dello stress. Alcune però hanno dimostrato interesse per l'argomento».

Qui, invece, la nuova scuola di Ben (come molte altre) offre un laboratorio di gestione dello stress persino sul suo sito web. Il figlio di un'amica del mio club di lettura era stato identificato come vulnerabile all'insicurezza, e dice che il corso di autostima lo ha aiutato moltissimo.

E anche i genitori hanno a disposizione una quantità di strumenti. La sempre affidabile *Guida alla pubertà*, per esempio, cita «corsi di parenting e ambulatori gratuiti presenti in ogni parte del Paese».

Paura del fallimento: dritte per gli adolescenti[11]

1. Cerca di identificare con precisione le tue paure. Quali circostanze ti mettono più in agitazione? Come reagisci e cosa pensi quando ti trovi in quella situazione? Circoscrivere il problema facilita la soluzione.
2. Preparati a fondo per le prove che ti suscitano più ansia (per esempio gli esami).
3. Impara a spezzare la catena dei pensieri negativi: quando cominci a rimuginare e ad agitarti, fermati.
4. Impara a placare i sintomi fisici dello stress con esercizi di rilassamento, meditazione, respirazione profonda e così via.

[11] http://bit.ly/2rGUhB6 (adattato dall'elenco dell'Università di Leida).

5. Quando la pressione è troppa, prenditi una pausa. Durante un esame, vai in bagno o bevi un bicchiere d'acqua.
6. Sii realistico negli obiettivi. Non puntare troppo in alto.
7. Riconosci i tuoi meriti e le tue responsabilità. Non attribuire tutti i successi o i fallimenti al caso.
8. Concediti la possibilità di commettere errori, e di imparare dall'esperienza.
9. Se ti capita una giornata no, non permettere che condizioni *in toto* la tua immagine di te.
10. Visualizza il successo, non il fallimento.

I corsi più popolari hanno titoli come *Capire gli adolescenti* o *L'educazione positiva*. Da un lato consigliano di lasciare ai ragazzi il loro spazio e una certa libertà, e di fare un passo indietro per non interferire troppo con le loro vite; dall'altro rammentano ai genitori che gli adolescenti hanno bisogno di un orientamento chiaro, in parte per gli effetti fisiologici dello sviluppo cerebrale. In aggiunta ci sono troupe teatrali che si esibiscono nelle scuole per mettere in scena con sketch comici le tensioni classiche tra genitori e teenager.

GEZELLIGHEID E ADOLESCENTI

Per pura coincidenza, proprio in questo periodo la scuola di Ben ha organizzato una conferenza per i genitori. Il titolo è *Conservare la* gezelligheid, ovvero come preservare il clima accogliente e sereno tanto caro agli olandesi anche quando la casa è piena di adolescenti musoni e in piena tempesta ormonale. Io ci vado in bicicletta, affrontando impavida la pioggia battente di ottobre. La sede della nuova scuola di Ben si trova in un edificio prefabbricato sulla sponda sud-ovest del fiume Ij, ma la struttura variopinta a tre piani mi sembra molto attraente – niente a che vedere con gli squallidi «moduli» con cui il mio liceo inglese suppliva alla mancanza di spazio. L'auditorio in cui, zuppi d'acqua, si radunano i genitori è ampio e luminoso. La sede definitiva sarà pronta l'anno prossimo, e avrà le stesse caratteristiche: rivestimenti di legno con le strisce di vernice rosse, gialle e arancioni.

L'oratrice, Catharina Haverkamp, è un'educatrice-attrice, una cinquantenne alta e dinoccolata, madre di quattro figli tra gli undici e i diciotto anni. Dice che è stata l'incompetenza genitoriale a spingerla a diventare un'esperta (il messaggio sottinteso è: «Non sono migliore di voi»), e il suo intervento riguarderà soprattutto il *bemoediging*, che significa al tempo stesso confortare e incoraggiare. A suo avviso, è l'elemento chiave per una vita domestica felice e per una buona educazione dei figli.

Comincia rivolgendo domande al pubblico: quanti figli abbiamo, quanti anni hanno, se c'è qualcosa in particolare di cui vorremmo parlare, e così via. Per rispondere «sì» basta alzarsi in piedi; restare seduti significa «no» (una tipica tecnica di sondaggio all'olandese; in passato si teneva o si levava il cappello: *petje aan petje af*). Mi colpisce l'età di molti genitori presenti in sala. Gli olandesi mettono su famiglia più tardi rispetto a qualsiasi altra popolazione del mondo. In aggiunta, una notevole percentuale del pubblico ha tre o quattro figli; le famiglie numerose sono tipiche della borghesia olandese, che dispone di maggiori risorse sia in senso economico sia di tempo.

È subito evidente che il tema della conferenza è come favorire la felicità dei bambini, un'aspirazione condivisa da tutti i genitori. In una scuola inglese o americana si sarebbe parlato di pagelle e rendimento. Come Lydwin, Catharina cita Eveline Crone, i cui studi dimostrano l'importanza del senso di appartenenza per la serenità degli adolescenti.

L'insistenza sullo studio indica che il genitore teme il fallimento del figlio, e la paura non è mai un buon consigliere. Un tempo anche lei accoglieva suo figlio con la frase prediletta di ogni madre: «Com'è andata a scuola?» e, come quasi tutti i coetanei, lui rispondeva a monosillabi, e metteva il muso. Dal punto di vista del bambino, la preoccupazione dei genitori appare come una forma di controllo, e diventa un peso. Molto meglio dimostrare fiducia e sicurezza nelle loro capacità. «Non perdete di vista l'amore» consiglia Catharina. «Un sorriso affettuoso ottiene risultati migliori del terzo grado.» Con Ben io ho il problema opposto: è un chiacchierone inarrestabile, e da sempre mi racconta le sue giornate nel minimo dettaglio. Però mi appunto la tecnica, ripromettendomi di sperimentarla con Ina.

In estrema sintesi, ecco il messaggio della conferenza: non siate ipercritici ma affettuosi e incoraggianti, date il buon esempio, e accettate vostro figlio così com'è. Non pretendete che sia come voi, o come avreste voluto essere. Per illustrare il concetto, ci mostra un ficus in vaso. «Immaginate che questo sia vostro figlio,» dice «mentre voi sognavate una violetta. L'idea è che non si può coltivare un ficus come se fosse una violetta. Non chiedetegli come mai non è fiorito. Occupatevi di lui secondo la sua natura. Potete dargli un terriccio più ricco e aggiungere fertilizzante, ma non è il caso di strappargli le foglie nel tentativo di farlo somigliare a una pianta diversa» (risata del pubblico).

All'uscita, molti genitori definiscono stimolante la conferenza. Parliamo di come i nostri bambini stanno affrontando lo studio nella nuova scuola, ma nessuno si affanna a fare confronti. Come ho detto più volte, qui la competizione non è *comme il faut*.

ALCOL E DROGA

Come abbiamo visto, il tasso di gravidanze e malattie a trasmissione sessuale è molto basso tra gli adolescenti olandesi.[12] Anche l'abuso di alcol, così diffuso tra i coetanei inglesi, non sembra costituire un problema. Per questo parametro, secondo uno studio dell'OCSE, i primi in classifica sono Inghilterra, Estonia e Danimarca, mentre l'Olanda è ultima dei ventisei Paesi esaminati, insieme a Stati Uniti (per le leggi più severe sulla vendita di alcolici ai minori), Italia e Islanda. La ricerca suggerisce anche che i ragazzini legati da un buon rapporto ai genitori

[12] Joop Garssen e Carel Harmsen, *Number of teenage mothers unprecedentedly low* [Numero di madri minorenni al minimo storico], Cbs, 15 ottobre 2013, http://bit.ly/2rBsCWS. Thomas Rogers, *Solving America's teen sex problem* [Soluzioni al problema della sessualità tra gli adolescenti americani], «Salon», 30 ottobre 2012, http://bit.ly/2ty9wxs. Amy T. Schalet, *Not under my roof. Parents, teens and the culture of sex* [Non sotto il mio tetto. Genitori, adolescenti e la cultura del sesso], University of Chicago Press, Chicago 2011.

bevono meno.[13] Il numero di minori dediti all'alcol e al fumo in Olanda è in caduta libera. L'uso di droghe è di particolare interesse, visto l'approccio liberale del Paese. La vendita di marijuana è legale nei coffee shop, che però non possono aprire entro un raggio di 250 metri dalle scuole, e sono accessibili solo ai maggiorenni. I dati ufficiali per il 2011 indicano che circa il 19 per cento dei maschi e il 14 per cento delle ragazze delle scuole secondarie hanno provato la cannabis.[14] Se però lo chiedete ai ragazzi, la risposta è che tutti fumano spinelli! Secondo mio marito, il fatto stesso che siano tanto a portata di mano li rende meno attraenti. Lui stesso aveva fumato da ragazzo, e la sua reazione era stata: «Be', tutto qui?». Perciò non ha mai preso il vizio.

PERCHÉ GLI ADOLESCENTI OLANDESI SONO FELICI

Quando lo abbiamo incontrato, l'estate scorsa, il professor Ruut Veenhoven dell'Università Erasmus di Rotterdam, alias «professore della felicità», aveva detto che le sue ultime ricerche confermavano gli adolescenti olandesi come i più felici del mondo. «Quasi tutti i teenager sono felici,» precisa «ma quelli olandesi lo sono un po' di più.» Nell'ultimo sondaggio somministrato dall'Organizzazione mondiale della sanità, in Olanda il 90 per cento delle ragazze e il 96 per cento dei ragazzi nella fascia dei quindici anni si è dichiarato «molto soddisfatto della vita». Inghilterra e Stati Uniti erano rispettivamente al

[13] *Groeigids Puberteit*, cit., p. 101.
[14] *Groeigids Puberteit*, cit.

18esimo e al 22esimo posto in classifica, eppure anche là circa l'80 per cento dei quindicenni si è definito felice.

Quando gli abbiamo chiesto quale fosse il segreto degli adolescenti olandesi, Veenhoven ha attribuito la loro contentezza a un più alto grado di «addestramento all'indipendenza». Qui i ragazzi godono di maggiori libertà e non vivono sotto una campana di vetro come altrove. Il professore ha anche accennato a differenze nelle prassi didattiche delle scuole secondarie, che in Francia si distinguono per il metodo verticalizzato (l'insegnante spiega, l'allievo ripete), mentre in Olanda prevale quello orizzontale (con il docente in veste di coach). Il primo approccio riduce autonomia e autostima, un effetto aggravato dal clima competitivo.

Il professore aveva anche sottolineato l'importanza della disponibilità di un sostegno psicologico nelle scuole olandesi, e della relativa uguaglianza economica nel Paese. In Olanda è più facile essere soddisfatti di ciò che si ha, e si tende a invidiare meno il prossimo. «Credo anche che i genitori olandesi interferiscano meno con le scelte di amicizie dei figli» aveva aggiunto.

AMICIZIE

Uno dei fattori chiave per un'infanzia felice è il rapporto con i coetanei, e anche in questo l'Olanda stravince, con una maggioranza schiacciante di ragazzi che definiscono «simpatici e disponibili» i compagni di scuola nel sondaggio UNICEF del 2013 (con la Svezia seconda in classifica per questo parametro; l'Italia è invece 13esima, *NdR*).

Un recente articolo del «Guardian» attribuisce l'infelicità dei bambini inglesi al dilagare del bullismo nelle scuole.[15]

> La violenza e i rapporti insoddisfacenti con gli insegnanti collocano i bambini inglesi al penultimo posto in un sondaggio sulla felicità scolastica di quindici Paesi.
> Secondo un recente sondaggio internazionale, gli studenti inglesi sono più infelici di quasi tutti i coetanei stranieri, in particolare a causa di un grave problema di bullismo che compromette il loro senso di sicurezza. Una recente indagine della Children's Society stima che mezzo milione di bambini tra i dieci e i dodici anni subisce maltrattamenti da parte dei compagni di scuola; il 38 per cento degli interpellati ha dichiarato di aver subito percosse nell'ultimo mese.

Margreet de Looze, assistente di cattedra presso l'Università di Utrecht e responsabile delle ricerche alla base dell'ultimo rapporto UNICEF, ci ha riferito che le scuole olandesi hanno un tasso bassissimo di bullismo rispetto agli altri Paesi occidentali, «anche se i genitori non se ne rendono conto, data l'attenzione riservata al fenomeno dai media locali». (I genitori olandesi si fanno sentire se ritengono che qualcosa non stia andando per il verso giusto.)

Quando le ho domandato se a facilitare i rapporti con i compagni sia l'assenza di tensioni e stress a scuola, lei

[15] Sally Weale, *English children among the unhappiest in the world due to bullying* [I bambini inglesi sono tra i più tristi al mondo a causa del bullismo], «The Guardian», 19 agosto 2015, http://bit.ly/2tcCPqb.

si è detta d'accordo, e ha aggiunto: «Anche la mancanza di competizione ha il suo peso. In base ai sondaggi, gli studenti olandesi non si sentono pressati sul fronte del rendimento, e il livello di stress condiziona molto la serenità mentale. Perciò sì, sono certa che anche questo aspetto influisca sui rapporti tra coetanei».

A quel punto le ho chiesto quanto si poteva considerare affidabile il sondaggio HBSC su cui si erano basate le classifiche del rapporto UNICEF. «È proprio questo il problema. Non possiamo escludere che i bambini si definiscano "felici" per condizionamento culturale, ma noi ne abbiamo tenuto conto, inserendo parametri di felicità oggettiva, non soltanto soggettiva. Per esempio, una parte dell'indagine valutava i sintomi fisici – frequenza o predisposizione a mal di testa, mal di stomaco e cagionevolezza in genere – che a loro volta sono indicatori di malessere psicologico. In quest'ambito, gli olandesi hanno ottenuto un punteggio molto basso, il che a nostro avviso comprova la loro maggiore serenità.»

Conclusione

Lanciamo una rivoluzione

Michele

Io e Rina stiamo dando gli ultimi ritocchi al libro quando arriva aprile. È passato un anno, ed eccomi di nuovo nel mio appezzamento a cercare di restituirgli un aspetto decente. Il lungo inverno piovoso l'ha tramutato in una palude, roba da dare i reumatismi anche a una mucca, e l'orto si è riempito di gramigne e di fango. Per fortuna le piantine dei bambini, coltivate in nursery rialzate rispetto al livello del suolo, l'hanno scampata. Martijn sta passando un rullo sul terreno, nel tentativo di appiattirlo un po' prima del tosaerba. Ben ha sarchiato il terriccio lungo la staccionata, dove conta di seminare il suo giardino di fiori selvatici per attirare le farfalle, un progetto che lanciamo ogni anno, e che ogni volta fallisce miseramente: il terreno è troppo umido e fertile, e preferisce produrre ortiche e convolvoli rampicanti. Io mi cimento nella potatura del mio giovane salice, regolando un po' a casaccio le fronde nella speranza che alla fine arrivi a somigliare a quelli ubiqui nella campagna olandese. L'aria è piena del canto degli uccelli, e i narcisi danzano alla brezza.

Adesso i bambini hanno nove e undici anni, e il cambiamento più visibile è nella loro indipendenza. Dubito che quest'estate Ina si tufferà nuda nella piscinetta davanti a casa. Adesso va a scuola per conto suo e a volte fa incursioni con le nuove amiche nell'orrendo centro commerciale, a provare vestiti di H&M. Però è ancora una lettrice vorace, continua a giocare a calcio e a prendere ottimi voti. Per pura coincidenza, oggi è a giocare al parco con Tijn e un gruppo di amici, proprio come un anno fa.

Ben sta per finire la prima media, e ogni giorno si alza da solo, si prepara il pranzo e arriva a scuola in tempo, con i compiti fatti e la cartella in spalla. Sono rimasta sbalordita dal livello avanzato del *gymnasium*: in latino, per esempio, sono passati da zero a cento in sessanta secondi. Nel tempo libero continua a frequentare il corso di danza classica e moderna, ma adesso anche lui va matto per i video su YouTube (non che non fossi stata avvertita). I suoi voti sono buoni, anche se non quanto quelli del suo amico Floris, che si è messo d'impegno per passare all'indirizzo liceale l'anno prossimo. Quel che resta delle mie ambizioni da mamma inglese fa il tifo per lui.

Non c'è alcun dubbio che l'ambiente olandese abbia esercitato un'influenza profonda sull'educazione che io e Rina stiamo impartendo ai nostri figli. Ha trasformato il nostro atteggiamento e la nostra mentalità di genitori, e alterato in modo radicale il nostro comportamento.

Rina

Nel mio caso, ha significato adottare un approccio più rilassato rispetto all'istruzione precoce. Ora non mi preoccupo più delle competenze scolastiche di Julius. Ho capito che alla sua età il vero sviluppo avviene attraverso il gioco.

Tra poco compirà quattro anni, ma non gli organizzeremo una festa in casa: lui stesso ha detto di non volerla. L'ultimo giorno dell'anno, porteremo un vassoio di cupcake e una torta arcobaleno all'asilo, e Julius regalerà ai compagni una matita con una sua foto e un biglietto: «Grazie di aver giocato con me. Con affetto, Julius». Nello spirito delle mini-vacanze olandesi, la famiglia festeggerà la ricorrenza trascorrendo tre giorni a Efteling, un fiabesco parco a tema fondato molto prima di Disneyland.

Non mi affannerò a tramutare il piccolo Matteo in un bambino prodigio: anche per lui niente DVD su Einstein ma riposo e regolarità. Ho smesso di aspirare al modello della madre perfetta. Adesso seguo il mio istinto, e punto a ciò che è meglio per i miei bambini.

Michele

L'Olanda ha cambiato il mio atteggiamento rispetto al lavoro e mi ha insegnato a perseguire un equilibrio più sano tra vita professionale e privata. Adesso sono libera di dedicare i weekend ai bambini e spesso li passiamo all'aria aperta, nel nostro appezzamento o pattinando al parco di fronte a casa. Comincio anche a vedere i frutti dell'educazione olandese nell'autonomia e nel senso di responsabilità dei miei figli. Da qualche tempo Ben frequenta ogni sabato un'accademia professionale di danza all'altro capo della città, e l'accordo per concedergli l'iscrizione era che si organizzasse da solo per andare e tornare. La prima volta che ha preso i mezzi pubblici per tornare a casa nel centro di Amsterdam c'era una manifestazione, e i tram non potevano passare. Lui mi ha telefonato per avvertirmi del ritardo, e con tutta calma si è avviato a piedi verso la prima fermata sul lato opposto del corteo, un tragitto di tre chilometri. Ha superato la calca di manifestanti senza battere ciglio, ed è riuscito a orientarsi anche in una zona di Amsterdam che conosceva poco. Appunto questo è lo scopo dell'educazione all'indipendenza: sviluppare la resilienza dei bambini, la loro capacità di risolvere i problemi senza perdere la calma.

◆ ◆ ◆ ◆

Entrambe sottoscriviamo a pieno titolo il rapporto dell'UNICEF: è vero che gli olandesi allevano i bambini più felici del mondo. Eppure il loro sistema non è una novità. È identico a quello con cui erano cresciuti gli adulti inglesi e americani di oggi, solo che l'hanno perso di vista, distratti dalla gara generale verso una presunta perfezione. Già nel 1873, nella sua *Guida per le madri*, un ostetrico di Birmingham, il dottor Pye Henry Chavasse, raccomandava «aria fresca, cibi semplici ed esercizio fisico», e nel XVIII secolo Jeremy Bentham, padre dell'utilitarismo, predicava la «massima felicità per il maggior numero possibile di persone». Dovrebbe essere questo lo scopo della vita. «Puntate a fare del bene invece che all'affermazione personale», consigliava Bentham. Il nostro obiettivo dovrebbe essere aiutare il prossimo e prenderci cura di noi stessi e dei nostri figli, non vivere in un confronto perenne con gli altri. Anche il manuale

Il bambino. Come si cura e si alleva del dottor Spock, pubblicato nel 1946, faceva appello al buon senso fin dall'incipit: «Fidatevi di voi stessi. La sapete più lunga di quanto crediate». Quindi l'approccio olandese è alla portata di tutti: l'abbiamo da sempre sotto gli occhi, e abbiamo smesso di notarlo solo in tempi molto recenti.

I sondaggi internazionali dell'OCSE dimostrano l'importanza di un'infanzia felice, un indicatore del benessere e del successo anche nella vita adulta. Ecco perché l'Istituto di statistica nazionale inglese ha lanciato un programma di «misurazione del benessere nazionale» nel 2012 e nel 2014. Oggi è una prassi standard del governo, allo scopo di individuare nuovi sistemi per incrementare la felicità.

Che cosa contribuisce alla felicità autentica del bambino?

Per i neonati e i più piccoli:

- Una routine prevedibile di pappe, sonno e cambi regolari.
- Un ambiente domestico *gezellig*: un rifugio sicuro.
- Genitori presenti e disponibili a offrire amore incondizionato.
- Gli strumenti necessari ad apprendere per gradi a diventare autonomi e autosufficienti.
- Molto tempo per giocare.
- Regole e limiti sufficienti a sentirsi al sicuro.

«Molti genitori farebbero qualsiasi cosa per i loro figli, tranne permettere loro di essere se stessi», scrive l'artista di strada Banksy, riassumendo alla perfezione un problema al cuore della pedagogia contemporanea. Gli olandesi credono nell'apprendimento fine a se stesso: lo studio deve servire ad aprire la mente, non a brillare agli esami. I genitori possono contribuire evitando di esercitare pressioni sui figli sul fronte del rendimento. Basta con il condizionamento precoce. Buttate via il DVD del piccolo Einstein, prendete il vostro bambino e portatelo a fare una passeggiata. Scordatevi il figlio immaginario che sognavate di avere e lasciate che il vostro bambino sia se stesso: imperfetto, come tutti noi, ma felice. Permettetegli di godersi la sua infanzia. Lasciatelo giocare.

Il gioco è una scuola di vita, e le attività all'aperto sono essenziali per la crescita, la maturazione e lo sviluppo di tutti i sensi. Rotolarsi nell'erba, correre e giocare alla lotta contribuiscono a formare l'identità corporea. Incoraggiate il vostro bambino a giocare all'aperto anche quando piove: mica è fatto di zucchero. E per gradi e in modo controllato, permettetegli di uscire da solo, di andare in bicicletta e diventare indipendente.

La felicità trae nutrimento dai rapporti amichevoli e non competitivi con i compagni. Anche lo Stato dovrebbe implementare le misure per incoraggiare la socialità invece della concorrenza, ripensando e reinventando il sistema scolastico e riducendo il divario di opportunità tra poveri e ricchi. Non è un caso che i politici inglesi stiano esercitando pressioni per la realizzazione di una scuola che promuova la formazione del carattere, la resilienza e le competenze comunicative, invece che trasformare i bambini in prodotti preconfezionati della fabbrica degli esami. Gli olandesi non sono pionieri della didattica, ma non hanno perso tempo ad adottare metodi innovativi pensati e collaudati in altri Paesi, come l'Italia, la Finlandia, la Germania. E ancora non hanno smesso di indagare il proprio sistema scolastico e di guardarsi intorno in cerca di nuove idee per migliorarlo.

I bambini sono felici quando hanno il tempo e la libertà di dedicarsi ai loro hobby senza preoccuparsi di vincere medaglie. Il talento e la passione sono stimoli per se stessi. E comunque, se ci è permesso essere olandesi anche in questo, vogliamo mettere le cose in prospettiva? Essere un campione ha sempre un costo: è proprio necessario?

Forse è nella natura umana aspirare a diventare qualcuno, e nei Paesi che non sono afflitti da problemi gravi nell'accesso all'istruzione, all'assistenza sanitaria, al cibo e alla casa, magari è inevitabile inventarsene di inesistenti. Spesso i genitori inglesi cadono nella trappola di volere per i propri figli tutto ciò che loro non hanno avuto, che si tratti di forniture illimitate di giocattoli, di attenzioni parentali assolute o dell'iscrizione a una scuola di prestigio. Sono animati dalle migliori intenzioni, ma i bambini traggono maggiori benefici da un'educazione alla libertà e all'autonomia, attraverso il progressivo allentamento del guinzaglio. Per citare il «professore della felicità», Ruut Veenhoven, se non cadono, non impareranno mai a rialzarsi.

L'infanzia è una sola e determinerà il resto della nostra vita. Saperlo può trasformarla in un problema. I genitori sono ipersensibili ai rischi cui è esposto un neonato. Le madri ricordano fin troppo bene gli ultimi mesi della gravidanza, quando il nostro cucciolo era ancora al sicuro dentro la nostra pancia. È stato l'ultimo momento in cui eravamo noi a decidere dove sarebbe andato. Ma dopo averlo dato alla luce, è nostra responsabilità tenere a bada il terrore che gli capiti qualcosa di brutto, e non perdere il senso delle proporzioni. Per il suo bene. Altrimenti il suo incontro col mondo sarà sempre traumatico.

Esiste un antidoto all'eccesso di cure parentali? Be', per cominciare, più figli avete e meno avrete la possibilità di coprirli di attenzioni. Tempo ed energie sono risorse limitate, diversamente dall'amore, che è inesauribile. Ripensando al passato, le mamme e i papà con più pargoli ridono delle proprie ansie per il primogenito. Gli iperprotettivi spesso incolpano i fattori esterni – la scuola, gli insegnanti, la gente – ma dovrebbero farsi un'esame di coscienza. Chi soffre di un complesso di inferiorità ha la tendenza a compensare i propri presunti fallimenti, vivendo in forma vicaria i successi dei figli. Questo però è egoismo. Ai bambini servono amore, incoraggiamento, sostegno e affetto. Vostro figlio è un individuo a sé stante, non una vostra estensione. Una delle lezioni più preziose che dobbiamo apprendere è che il bambino non è una versione in miniatura di noi stessi.

In media, i genitori olandesi si sentono realizzati e liberi, e tendono a godersi di più la vita. Non sono iperprotettivi perché contano su una società collaborativa e si fidano delle persone intorno a loro. L'indipendenza e l'autonomia rendono felici. Come anche il dialogo. Già riunire la famiglia a tavola e parlare con i figli è un buon inizio. Impegnandoci a dedicare più tempo ai bambini sconfiggeremo in automatico la cultura del superlavoro. I datori di lavoro devono rispettare i diritti dei dipendenti, ma anche i dipendenti dovrebbero lottare affinché siano tutelati.

La felicità è una famiglia affettuosa e un buon rapporto con i genitori (adulti ottimisti e incoraggianti, non assillanti e ansiosi). Un atteggiamento positivo da parte dei genitori rafforza l'autostima dei figli, e il rispetto ricevuto dagli adulti favorisce nei bambini la sicurezza di poter risolvere da soli i propri problemi.

Nelle società individualistiche come quelle anglosassoni i genitori si assumono da soli la responsabilità della prole. Forse è arrivato il momento di una rivoluzione sociale, una sfida non soltanto per le famiglie ma per la società nel suo complesso. I cambiamenti culturali sono già in atto, con una maggiore flessibilità sul posto di lavoro, l'incremento negli impieghi part-time e in quelli multipli di freelance e lavoratori a progetto. Ma l'esempio olandese dimostra che si può fare molto di più, per esempio creando una cultura più collaborativa nell'accudimento dei bambini. I nostri figli non crescono nel vuoto, e la condivisione di responsabilità con altri genitori, nonni e vicini di casa allevia il peso per tutti. Le ricerche condotte presso l'Università di Leida dimostrano che questa rete di sicurezza collettiva contribuisce in modo significativo a tenere i bambini sulla retta via anche in seguito.

La nostra vita qui ci ha insegnato molto sul carattere degli olandesi. Una delle cose che abbiamo più faticato ad accettare è l'enfasi sulla mediocrità. Il proverbio «sii normale» la riassume alla perfezione. Gli olandesi usano l'umorismo e l'autoironia per non perdere il senso delle proporzioni, e non sono tanto fissati con lo *status* e il successo. Beninteso, anche in Olanda esistono le classi (una società senza classi è un'utopia), ma il rango sociale non definisce l'identità e lo stile di vita quanto in Inghilterra, né la ricchezza definisce lo *status* quanto in America. Qui anche la famiglia reale gira in bicicletta.

Herman Pleij scrive che quella olandese è una delle società più felici del mondo da oltre cinque secoli. Attribuisce questo risultato non al numero di milionari, ma «alla sensazione che ciascuno abbia ciò che gli è dovuto». Nelle interviste che abbiamo realizzato, o durante le conversazioni con gli amici per discutere i temi di questo libro, gli olandesi si sorprendevano spesso del nostro giudizio positivo sul loro Paese, sul loro stile educativo e sulla loro cultura. Qui si tende piuttosto a considerare il mondo anglosassone come leader culturale, e a importarne in blocco le tendenze.

L'Ente per le politiche sociali del governo olandese, che come l'UNICEF gestisce anche sondaggi sul benessere, ha scoperto che l'82-87 per cento della popolazione si considera felice. I motivi per cui gli interpellati si definiscono tali sono decentralizzazione, uguaglianza, intraprendenza personale, impegno individuale, autosufficienza, pragmatismo e senso di appartenenza alla comunità. La soddisfazione rispetto alla propria vita privata risultava in media del 7,8 su 10. Eppure *Sturen op geluk* (Navigare verso la felicità), un saggio del sociologo olandese Paul Schnabel, afferma che sebbene almeno quattro quinti degli olandesi si dichiarino felici, solo l'1 per cento della popolazione ritiene che il Paese si stia muovendo nella direzione giusta. Per paradosso, gli olandesi sono convinti che l'Olanda stia andando a rotoli!

Nel mondo anglosassone, l'ossessione a vincere la gara dell'affermazione sociale ha determinato gravi conseguenze sulla società. Poiché non esistono milioni di impieghi da sogno, e le possibilità di arricchirsi sono limitate, le forze di mercato hanno imposto un atteggiamento darwiniano da sopravvivenza del più adatto. Ma è davvero una visione sensata? Gli olandesi hanno preso tutt'altra strada, e tuttavia vi sembra che il loro Paese abbia fallito rispetto agli altri nel mondo occidentale? A noi pare il contrario. Per giunta hanno stravinto la classifica dei bambini più felici del pianeta, e non è forse questo il traguardo più importante?

Bibliografia

Chua, Amy, *Il ruggito della mamma tigre*, Sperling & Kupfer, Milano 2011.

Druckerman, Pamela, *Il metodo maman*, Sonzogno, Milano 2013.

Geske, Coleen, *Stuff Dutch people like* [Cosa piace agli olandesi], Stuff Dutch People Like, Amsterdam 2013.

Hardyment, Christina, *Dream babies. Childcare advice from John Locke to Gina Ford* [Bambini da sogno. Consigli di puericultura da John Locke a Gina Ford], Frances Lincoln, Londra 2007.

Jordan, Pete, *In the city of bikes* [Nella città delle bici], Harper Perennials, New York 2013.

Martin, Wednesday, *Nella giungla di Park Avenue*, De Agostini, Milano 2016.

Putnam, Robert D., *Our kids. The american dream in crisis* [I nostri figli. La crisi del sogno americano], Simon & Schuster, New York 2015.

Schalet, Amy T., *Not under my roof. Parents, teens and the culture of sex* [Non sotto il mio tetto. Genitori, adolescenti e la cultura del sesso], University of Chicago Press, Chicago 2011.

Schulte, Brigid, *Overwhelmed. How to work, love and play when no one has the time* [Sopraffatte. Come lavorare, amare e divertirsi quando non si ha neanche il tempo di respirare], Bloomsbury, Londra 2014.
Shorto, Russell, *Amsterdam. A history of the world's most liberal city* [Amsterdam. Storia della città più liberale del mondo], Abacus, Londra 2013.
Vries, Raymond de, *A pleasing birth* [Un parto piacevole], Temple University Press, Philadelphia 2004.
White, Colin e Boucke, Laurie, *The UnDutchables. An observation of the Netherlands, its culture and its inhabitants* [Gli intoccabili olandesi. Uno studio dell'Olanda, della sua cultura e del suo popolo], Nijgh & Van Ditmar, Amsterdam 2004.
Wilkinson, Richard e Pickett, Kate, *La misura dell'anima. Perché le diseguaglianze rendono le società più infelici*, Feltrinelli, Milano 2012.

Pubblicazioni in inglese

OCSE, *How's life? 2015. Measuring well-being* [Come va la vita? Rapporto sulla felicità nel mondo], OCSE Publishing, 2015.
OMS/HBSC, *Social determinants of health and well-being among young people* [Fattori sociali determinanti per la salute e il benessere dei giovani], Organizzazione mondiale della sanità, 2012.
Wouters, Cas, *Not under my roof. Teenage sexuality and status competition in the USA and the Netherlands since the 1880's* [Non sotto il mio tetto. Sessualità e

competizione di *status* tra gli adolescenti americani e olandesi dalla fine dell'Ottocento], http://hdl.handle.net/2027/spo.11217607.0003.205.

Pubblicazioni olandesi

Bisschop, Marijke, *Opvoeden in een verwenmaatschappij. Hoe maak je je kind toch gelukkig?* [L'educazione nella società della bambagia. Cosa devo fare per rendere felice mio figlio?], Lannoo Uitgeverij, Houten 2005.

Botermans, Jack, *Gezelligheid kent geen tijd. Nederland en zijn tradities, van kaatsen tot carnaval tot haringhappen*, Terra Lannoo, Houten 2010.

Bruijn, Johan de e Strouken, Ineke, *Typisch Nederlands. Tradities en trends in Nederland*, Reader's Digest, Schiedam 2011.

Crone, Eveline, *Het puberende brein*, Uitgeverij Bert Bakker, 2008 [trad. it. *Nella testa degli adolescenti*, Feltrinelli, Milano 2015].

Erp, Barbara van e Sterken, Femke, *Dit is het boek voor ouders met een leven*, Nijgh & Van Ditmar, Amsterdam 2015.

Feddema, Gitty e Wagenaar, Aletta, *En als we nou weer eens gewoon gingen opvoeden* [E se riprendessimo a crescere figli normali?], Spectrum, Amsterdam 2013.

HBSC, *Gezondheid, welzijn en opvoeding van jongeren in Nederland*, Universiteit Utrecht, Utrecht 2014.

Kloek, Els, *Vrouw des huizes. Een cultuurgeschiedenis van de Hollandse huisvrouw* [La donna di casa. Una storia culturale delle donne olandesi], Uitgeverij Balans, Amsterdam 2009.

Pleij, Herman, *Moet kunnen. Op zoek naar een Nederlandse identiteit* [Deve essere possibile. In cerca dell'identità olandese], Prometheus, Amsterdam 2014.

Strouken, Ineke, *Dit zijn wij. De 100 belangrijkste tradities van Nederland* [Siamo fatti così. Le 100 tradizioni più importanti dei Paesi Bassi], Pharos Uitgevers/Nederlands centrum voor volkscultuur, Culemborg 2010.

Ringraziamenti

Grazie a Marianne Velmans di Doubleday per avere avuto l'idea geniale del libro, di averci incaricate di scriverlo e di averlo seguito come una sua creatura. Grazie a Lizzy Goudsmit per averlo reso più leggibile, a Kate Samano e a Sarah Day per l'accurata correzione delle bozze.

Transworld: Grazie alla squadra dell'ufficio diritti, Helen Edwards, Ann-Katrin Ziser, Josh Crosley; a Sophie Christopher dell'ufficio pubblicitario e a Alice Murphy-Pyle dell'ufficio marketing.

Grazie a Elik Lettinga per avere acquistato al volo i diritti olandesi.

Grazie ai nostri esperti: Margreet de Looze, Ruut Veenhoven, Els Kloek, Sara Harkness e Charles Super.

Grazie alla squadra di supporto di Michele: Martijn, Ben e Ina, Arwen van Grafhorst, Mouwen Paulien, Thomas Durner e Heleen Suer, le magnifiche signore di Noord Leest, Lesley Wolsey, Joanna Nakopoulou e Iain Wolsey, Eline e Mattijn van Ling, Roman Krznaric, gli allievi della scuola Montessori di Boven 't IJ, Dineke Valenkamp, Cinthya van Bakel, Lydwin van Rooyen, Janneke Horn, Helen Garnons-Williams, Simon Prosser, Leyla Moghadam, Leilah Bruton, Kirsty Dunseath, Tessa van Grafhorst, Sabine David, Madea Le Noble, Victoria Silver, Francine Brody, Mel Rush, Arnold Auée, Gonda Bruijn, Katrien Hoekstra, Joris Luyendijk, AnneMarie Vaalburg.

Grazie alla squadra di supporto di Rina: Bram, Julius e Matteo, Hester Velmans, i miei genitori, Julio e Thelma Acosta, Rhada Rhamcharan, Elma Van Biljon, Eva Brouwer, Tara Wood, Abdelkader Benali, Doortje Graafmans, Mark Hoetjer, Mariska Scoutens, Esther Buitendijk, Ottilie Cools, Maria van Lieshout, Gouwri Krishna, Anne Leenheer, Dingena Kortland, Irma Lauffer, Leilah Bruton, Mark Möderscheim, Jet van der Hoeven, Ewoud Verheij, Jop De Kwaadsteniet, Michelle Barrionuevo-Mazzini, Frans Liefhebber.

INDICE

Finito di stampare nel mese di agosto 2017 presso
Grafica Veneta – Via Malcanton, 2 – Trebaseleghe (PD)
Printed in Italy

Rizzoli
LIBRI

ISBN 978-88-17-09592-1